BASTEI
LÜBBE

Über die Autorin:

Désirée Nick gehört zum Feinsten und Gemeinsten, was deutsche Bühnen derzeit zu bieten haben. Die Entertainerin und Schauspielerin arbeitete als klassische Baletttänzerin an der Deutschen Oper Berlin und später als katholische Religionslehrerin, bevor sie ihren medialen Siegeszug begann. Schlagfertig, geistreich, eloquent und divenhaft inszeniert sie sich auf deutschen Bühnen und im Fernsehen als wunderbare Zumutung. Das Beweismaterial zu ihrem satirischen Selbsthilferatgeber »Gibt es ein Leben nach Vierzig« entstand unter vollstem Körpereinsatz und größten persönlichen Risiken der Autorin.
Désirée Nick lebt mit ihrem Sohn in Berlin.

Désirée Nick

GIBT ES EIN LEBEN NACH VIERZIG?

Eine Anleitung zum Entfalten in
Theorie und Praxis

BASTEI
LÜBBE

BASTEI LÜBBE TASCHENBUCH
Band 60573

1. + 2. Auflage: Oktober 2006

Vollständige Taschenbuchausgabe
der im Gustav Lübbe Verlag erschienenen Hardcoverausgabe

Bastei Lübbe Taschenbücher und Gustav Lübbe Verlag
in der Verlagsgruppe Lübbe

Lektorat: Daniela Bentele-Hendricks
Umschlaggestaltung: Bianca Sebastian
Titelbild: © Markus M.Mey/LOCAL IMAGES
Satz: Druck & Grafik Siebel, Lindlar
Druck und Verarbeitung: Ebner & Spiegel, Ulm
Printed in Germany
ISBN-10: 3-404-60573-X
ISBN-13: 978-3-404-60573-6 ab 01.01.2007

Sie finden uns im Internet unter
www.luebbe.de

Der Preis dieses Bandes versteht sich einschließlich
der gesetzlichen Mehrwertsteuer.

Gewidmet Wonderbra und La Perla

»Wie soll ich wissen, welcher Mann der Richtige für mein Leben ist, wenn ich vorm Kleiderschrank nicht mal weiß, was ich anziehen soll?«

Ich danke allen, die mich für meine Träume belächelt haben –
sie haben meine Vision von mir gestärkt.

Ich danke allen, die mich in ein Schema pressen wollten –
sie haben mich gelehrt, den Wert der Freiheit zu schätzen.

Ich danke allen, die mich belogen haben –
sie haben mir die Macht der Wahrheit bewusst gemacht.

Ich danke allen, die nicht an mich geglaubt haben –
sie haben mir den Mut geschenkt, Berge zu versetzen.

Ich danke allen, die mich verlassen haben –
sie haben mir Kraft für Neues gegeben.

Ich danke allen, die mich verraten und missbraucht haben –
sie haben mich wachsam werden lassen.

Ich danke allen, die mich verletzt haben –
sie haben mich gelehrt, im Schmerz größer zu werden.

Ich danke allen, die mich verunsichert haben –
sie haben mir meine Standpunkte klar gemacht.

Ich danke besonders jenen, die mich lieben, als das, was ich bin –
denn sie sind es, die mir Kraft und Zuversicht zum Leben geben.

Inhalt

Weiblich, 39, Single = 5 vor 12

Es war einmal ein Mädchen, das war wunderschön. Man nannte es Désirée.

Ihr Haar war dick, blond und seidig glänzend. Ihre Haut war rosig und rein, durchsichtig und zart wie ein reifer Pfirsich – sie fühlte sich an wie der edelste Samt. Die Lippen waren voll und dunkelrosa … die Augen groß und leuchtend wie Scheinwerfer … die Wimpern lang und dicht wie die einer Puppe aus Biskuitporzel lan.

Ich war vier Jahre alt, und seitdem ging es bergab …

Ab dreißig ist man in dem Alter, da man endlich den Kopf sortiert hat, aber der Körper beginnt, in sich zusammenzufallen.

Man muss seine Beine nicht mehr so oft rasieren, dafür aber den Damenbart pflegen.

Und ab vierzig ist ein unverheirateter, attraktiver Multimillionär leichter zu finden als ein Bikini, der sitzt.

Das lässt doch hoffen, oder? Sich in der Mitte des Lebens noch mal so richtig am Riemen zu reißen lohnt sich, denn Männer sind gar nicht so schlimm. Männer sind wie schöne Terrakotta-Fliesen: Wenn man sie erst mal ordentlich flachgelegt hat, kann man jahrelang auf ihnen herumtrampeln.

Gelingen wird Ihnen die Sanierung Ihres Privatlebens allerdings nur, wenn Sie radikal umdenken. Ab fünfunddreißig wird es schließlich ernst für uns. Glauben Sie nicht, dass es für eine erfolgreiche Schauspielerin, einen Show- und Medienstar leichter ist, einen Kerl abzukriegen. Es kann ein verdammt hartes Schicksal sein, blondes, langes Haar, Körbchengröße C, Beine wie Marlene Dietrich, einen Hintern wie Naomi Campbell und einen Verstand wie Angela Merkel zu besitzen!

Ich kenne niemanden, dem öfter die Frage gestellt wurde: »Warum sind Sie nicht verheiratet, Frau Nick?« Wer sagt, dass man mit vierzig verheiratet sein muss?

Das ist ja so, als würde man einem Siebzigjährigen sagen: »Na, wann brichst du dir denn endlich den Oberschenkel? Alle deine Freunde haben bereits Arthrose. Junge, worauf wartest du noch, es ist an der Zeit!«

Ich hätte viele Möglichkeiten gehabt zu heiraten. Mein Problem war immer, dass ich nie wusste, welchen ich nehmen soll. Ein Leben lang der Schande des Singledaseins ausgesetzt zu sein, habe ich immer als das kleinere Übel betrachtet. Wieso sollte ich nur einen einzigen Mann glücklich machen, wenn ich als Single ein Vielfaches an Glück mit so viel mehr Männern teilen kann?

Und wieso sollte ich mir mein Sexleben ruinieren?

Sex in der Ehe ist wie Einkaufen an der Tankstelle: Wenn man früh um vier dringend was braucht, dann weiß man, wo man es kriegen kann, und es liegt immer an derselben Stelle. Leider ist die Ware nicht sehr frisch!

Außerdem habe ich die Hoffnung noch nicht aufgegeben, aus meinem Leben etwas Sinnvolles zu machen. Und ich bin mir nicht sicher, ob mir Weiß überhaupt steht.

Kurz: Ich denke, also bin ich Single.

Die Freiheit ist nun mal das größte Gut, das der Mensch besitzt, Freiheitsentzug die härteste Strafe, die ihn ereilen kann. Das kollidiert beträchtlich mit dem Traum von Treue, Romantik und Sesshaftigkeit, den wir Frauen in uns tragen.

Wenn wir einem Partner »alles« geschenkt haben, kommt irgendwann der Tag, an dem wir erkennen: Keine gute Tat bleibt ungestraft!

Ist die Suche nach Liebe nicht der größte Impuls, den die Menschheit kennt?

Wir alle waren in gewissen Phasen unseres Lebens Single, und es gibt keine Garantie, dass wir es morgen oder in zehn Jahren nicht wieder sind. Wenn Sie einige schöne Jahre hatten, dann danken Sie Gott dafür. Vielleicht sind Sie sogar in einer Beziehung, die außerordentlich glücklich verläuft. In diesem Fall brauchen Sie mein Buch trotzdem.

»Wieso?«, höre ich Sie fragen. Nun, um Ihnen in allen Facetten zu zeigen, wie das Leben wäre, wenn Ihr Partner sich im Laufe der nächsten siebzig Jahre vielleicht wagt, zu verändern, Ihre Liebe in Stagnation gerät und Sie diesen einzigen Menschen, von dem Sie wissen, wie er seine Sockenhalter gebügelt und seine Eier geschaukelt haben will, verlieren würden.

Für wen halten Sie sich, wenn Sie vom Schöpfer erwarten, dass er Sie bis in alle Ewigkeit von Glücksgefühl zu Glücksgefühl trägt? Das Leben ist kein Hollywoodfilm! Durch die Sünde wird das Gute erst möglich, durch Ihre Enttäuschung mit Partner X ist erst die Saat gesät für jemanden, den Sie wirklich verdient haben.

Vielleicht lesen Sie dieses Buch aber auch als taufrischer Single, mit einem brutal missbrauchten, zerschmetterten Herzen. Wenn Sie also in einer Phase sind, dass Sie sich fragen, ob Ihre Tränen überhaupt jemals wieder versiegen werden und ob Ihre neu entdeckte Affinität zu Celine-Dion-Songs halten wird, dann rettet dieses Buch Ihr Leben. Es wird Ihnen zeigen, wie Sie aus Ihrer Misere herauskommen und alles hinter sich lassen, sodass Sie wieder fit sind, um praktisch jungfräulich dem nächsten Arschloch in die Arme zu laufen, das Ihnen das Konto abräumt und mit Ihrer besten Freundin schläft.

Warten Sie bloß nicht auf die »große Liebe«. Gefühle lassen sich nicht messen. Und wenn Sie im Moment einen Zipfel fragilen Glücks erhascht haben, dann bleibt dieser Veränderungen unterworfen. Mag das Glück auch flüchtig sein, so lehrt es uns, bescheiden zu werden: Von nur einem Quäntchen Liebe in Ihrem Leben können Sie bereits verdammt gut leben – wenn der Typ liquide ist.

Wer immer Sie sind, dieses Buch wird Ihnen zeigen, dass ein Leben als Single ab dreißig keine Schande, sondern die Chance für einen Neuanfang ist: Es macht Spaß, denn es schenkt Ihnen das Beste, was der Mensch hat: Freiheit! Die Freiheit, von der jeder träumt, der in Abhängigkeiten und Beziehungen lebt.

Diese Freiheit verleiht Ihnen den göttlichen Spaß am Dating, am Flirten, das Glück eines ersten Kusses, die Freude am Make-up und am Break-up. Diese himmlisch romantischen Abende und Nächte voller Leidenschaft, die Sie längst vergessen hatten.

Und die ach so erkenntnisreichen Stunden, wenn Sie den Samstagabend im Bademantel und mit Gesichtsmaske einsam mit dem Pizzamann vorm Fernseher verbringen.

Single zu sein ist der Spaß am Leben allein. Wie wär's denn, mal wieder vierundzwanzig Stunden inmitten von Rosenblättern in der Badewanne zu sitzen? Oder die Fenster weit aufzureißen und die Heizung aufzudrehen, ohne dass sich jemand beschwert?

Tauchen Sie ein in eine Welt voller Kerzen und Katzen. Eine neue Welt. Unsere Welt. Essen Sie den Riesenbecher mit ihrer Lieblingssorte Häagen Dasz ganz alleine auf.

Vielleicht haben Sie sich auch vorgenommen, in der Mitte des Lebens einen Neuanfang zu planen. Dann wird dieser Ratgeber für Sie zur Bibel, zu einem Handbuch des Überlebenstrainings. Meine Liebe, Sie benötigen ein völlig neues Zeitmanagement, denn proportional zum Alterungsprozess wächst der Aufwand, den man betreiben muss, um sein Äußeres intakt zu halten. Wenn man arm und hässlich ist, lässt sich nicht viel dran ändern. Aber wenn man reich ist, sollte man besser gut aussehen. Mit zwanzig hat man noch das Gesicht, das einem der Herrgott gab. Ab fünfzig hat man das Gesicht, das man sich verdient hat.

Sie müssen in der Mitte des Lebens Ihre Zukunft generalstabsmäßig planen, damit Glück und Zufriedenheit zu stabilen Faktoren Ihres Alltags werden. Und der größte Störfaktor auf dem Weg zum Glück heißt MANN. Befreien Sie sich von ungesunden Abhängigkeiten, falschen Erwartungen an Partnerschaft sowie festgefahrenen negativen Lebensmustern. Nie zuvor im Leben hatten Sie die fantastische Chance, das Schiff Ihres Lebens selbst zu steuern. Mit vierzig gehören Sie zwar bei der Jugend zu den Alten – aber bei den Alten gehören Sie zu den Blutjungen!

In dreißig Jahren werden Sie so alt sein, dass der Kellner, bei dem Sie ein Drei-Minuten-Ei bestellen, das Geld im Voraus haben will. Dann wird es zu spät sein für Veränderungen. Handeln Sie also jetzt!

Wenn Ihre Geburtstagstorte so hell erstrahlt wie ein bengalisches Feuerwerk, wenn die Kerzen mehr gekostet haben als der ganze Kuchen, dann setzen Sie den Rotstift an, um Ihre persönliche Biografie letzten Korrekturen zu unterziehen.

Das setzt einen zwar unter Druck, aber bedenken Sie: Alter schützt vor Liebe nicht, aber Liebe vor dem Altern. Beginnen Sie damit, das Älterwerden als Gewinn und nicht als Verlust zu betrachten.

Spielen Sie eiskalt alle Vorteile aus, die Ihnen das Älterwerden bringt: Zum Beispiel ist Vergesslichkeit eine legitime Schwäche unter Senioren ab fünfunddreißig.

Vergessen Sie also als Erstes, wann Sie geboren sind. Nicht, dass ich mit meinem Alter lüge, ich kann mich partout nicht mehr daran erinnern. Ich war, bin und bleibe neununddreißig, verdammt noch mal!

Alter verrät sich nicht nur durch Äußerlichkeiten, sondern auch durch Lebensstil. Wer Hawai-Toast liebt, outet sich als Kind der fünfziger Jahre. Sie sollten auch ganz schnell vergessen, dass Sie bei den Großeltern auf dem Schoß gesessen haben, als »Am Laufenden Band« mit Rudi Carrell lief. Vergessen Sie alles, was es vor »Dalli-Dalli« mit Hans Rosenthal im Fernsehen gab. Ansonsten liefern Ihre Kinder Sie bei einem Unfall gleich in ein geriatrisches Sanatorium ein. Schminken Sie sich ab, dass es heutzutage noch möglich ist, in Würde zu altern. Seitdem ich mich damit abgefunden habe, war ich elf, als »Denver-Clan« lief. Joan Collins mit Schleierhut und Crystal Carrington mit Schulterpolstern sind die ersten TV-Heroinen, an die ich mich erinnern kann.

Auch Wortwahl und Habitus geben Ihr wahres Alter preis. Was nützen Silikonimplantate und eine aufgespritzte Mundpartie, wenn die Frau ab fünfzig beim Tischgespräch Darmentschlackung, Slip- und Schuheinlagen thematisiert? Ich empfehle Ihnen, sich nach erfolgreich abgeschlossener Allroundsanierung ein paar hochkarätigere Sorgen zuzulegen.

Die gute Nachricht in der Mitte des Lebens ist: Das Glas ist nicht halb leer, sondern halb voll.

Die schlechte Nachricht ist: Ich spreche von dem halb vollen Glas, in dem sehr bald Ihre dritten Zähne schwimmen werden.

Das ist auch ein Grund, warum ich unbedingt reich werden will: Mit Implantaten lassen sich die Lebenslügen ums Alter besser aufrechterhalten.

Das entscheidende Lebensgefühl in diesem Alter definiert sich aber über unser Liebesleben. Ob wir deprimiert oder glücklich sind, hängt von der Libido ab.

Vierzig ist noch lange nicht das Alter, in dem man sich mit Essen als Ersatzbefriedigung zufrieden gibt. Nein – mit vierzig haben Sie ein Recht darauf, vom Leben verwöhnt zu werden. Ein erfolgreicher Mann sollte immer mehr verdienen, als die Frau in ihren kühnsten Träumen ausgeben kann. Verabschieden Sie sich von der Opferbereitschaft einer jugendlichen Naiven.

Leider jedoch sind in unserer Altersklasse adäquate Männer so rar wie Parkplätze: Die guten sind weg, und was frei ist, hat einen Haken.

Mit vierzig kann man Männern auch nicht mehr hinterherlaufen. In diesem Alter müssen Sie schon rollerbladen, wenn Sie noch einen abkriegen wollen. Schwer zu vermittelnde Härtefälle sollten anfangen, Ihren Freundeskreis zu sanieren. Wenn Sie anfangen aufzuräumen, fangen Sie bei Ihren Freundinnen an.

Umgeben Sie sich mit Begleiterinnen, die älter und dicker sind als Sie selbst. So werden Sie zur Lichtgestalt, die im Kreise eines antiken Umfeldes umso heller erstrahlt. Den blutjungen Konkurrenten hat man voraus, dass man gelernt hat, Liebschaften klug und routiniert zu arrangieren. Pudern Sie gelangweilt Ihre Nase, während die attraktiven Dinger in jugendlicher Torheit keine Tretmine auslassen, auf die ein Normalbürger nur treten kann: Sei es Neid, Eifersucht, Szenen im Restaurant oder diese unsouveränen Outfits, die schreien: »Nimm mich, ich bin ein Opfer!« Das alles ist dem Fluchtverhalten eines Mannes nur dienlich. In der Zwischenzeit lackieren Sie nonchalant Ihre Krallen: nicht um den Männern zu gefallen, oh nein, sondern um sich gegen andere Frauen zu verteidigen! Solange mein Nagellack nicht trocken ist, bin ich praktisch wehrlos.

Ich glaube, ich will genau den Mann, den jede Frau sucht: stark, nachdenklich, großzügig, sensibel und fürsorglich, ein Mann wie ein Baum, ein Ernährer, der mich an die Hand nimmt und mir die Welt zeigt.

Die Tür zu meinem Herzen aber öffnet man mit Humor. Denn Humor speist sich aus der Kenntnis um die Natur des Menschen. Im Humor spiegelt sich Menschenliebe und die Liebe zum Leben. Wenn ich mit einem Mann lachen kann, beginnt für mich der Zauber.

Oft hat mich der Humor eines Mannes so verhext, dass mir Geld völlig egal wurde.

Auf diesem Mist sind die gröbsten Fehler meines Lebens gewachsen.

Liebe ist der Triumph der Gefühle über den Verstand. Mich hat Liebe immer blind gemacht. Man kann sagen, ich habe mich in kompletter Dunkelheit durchs Leben getastet. O.K., ich bin noch mal davongekommen: Der Hocker, auf dem ich sitze, wurde von mir selbst bezahlt, aber verdient habe ich eigentlich einen Fauteuil, an den ich mich anlehnen kann. Und dies gilt stellvertretend für jede Frau.

In meiner Generation hatte man mehr Lover als jede Frau vergangener Zeiten. Was einem mit Floskeln wie »Genieß doch deine Freiheit« schmackhaft gemacht werden sollte. Bis der »Richtige« kommt, hatte man verdammt viel Spaß mit all den Nieten. Doch in unserer Generation hat man nicht gelernt, wie sich Karriere und ein Privatleben stabil vereinen lassen.

Die Probleme bleiben nicht aus, wachsen unbemerkt wie eine böse Hefepilzinfektion, und eines Tages steht die große Krise vor der Tür! Trennung, Einsamkeit, Torschlusspanik oder das »Ich habe vergessen ein Kind zu kriegen«-Syndrom.

Dabei sind wir doch alle nur auf der Suche nach Liebe und geben dabei unser Bestes! Wie kommt es also zu all den Katastrophen, von denen das Privatleben intelligenter, ansonsten überlebensfähiger Menschen in der Mitte des Lebens erschüttert wird?

Die Frau um die vierzig ist heutzutage soziologisch gesehen eine nie da gewesene Spezies, quasi eine Mutation: fit, erfahren, eloquent, finanziell unabhängig, selbstbewusst und dank minimaler chirurgischer Eingriffe schöner denn je, muss man sie beinahe schon als widernatürlich attraktiv bezeichnen. Frauen von Ende dreißig stehen heutzutage ganz hoch im Kurs! Wer was für seinen Körper getan hat, strahlt den Reiz der Reife aus. Wer nichts für seinen Körper getan hat, lässt sich Fett absaugen. Hinzu kommt, dass die moderne Frau befreit ist vom sozialen Stigma, allein erziehende Mutter oder gar kinderlos zu sein. Sind die Kinder aus dem Haus, die sie in den Zwanzigern bekam, startet die Vierzigerin von heute frisch gebotoxed eine eigene Karriere und kramt ihre verschütteten Talente hervor: als Malerin, als Visagistin beim Fernsehen, als Empfangschefin beim Frisör, als Currywurstbudenbesitzerin oder Köchin im Kindergarten. Oder sie baut sich ein neues Leben auf: mit einem zehn Jahre jüngeren Mann, der eine Finca auf Mallorca hat. Im Grunde kann sie machen, was sie will! Lesbisch werden, in einer Patchworkfamilie leben, Volkshochschulkurse besuchen, eine Partei gründen, Benefizveranstaltungen organisieren, einen Clownskurs machen, einen Lachworkshop leiten oder sich einen Swami suchen und Yogalehrerin werden. Meistens aber ist sie ein Profi, der sich im Beruf freigeschwommen hat, als »Karrieremädel« gilt und plötzlich Sehnsucht nach dem Brautkleid und einem neuen Nachnamen hat: ein ganzer Kerl im Job und hoffnungslos verkitscht in ihren Ansprüchen an die Liebe – eine Kombination, die prädestiniert ist zum Scheitern von Beziehungen.

Man nennt sie auch »eine starke Frau«. Hinter jeder Ally McBeal steht ein Korb mit dreckiger Wäsche. Nach außen hin hat sie ihr Leben im Griff, liebt ihren Beruf und braucht keinen Mann, der ihre Rechnungen bezahlt. Sie ist eine erfolgreiche Persönlichkeit. Doch der so genannte Existenzkampf lässt die Sehnsucht nach Romantik und Hingabe, Verletzlichkeit und Nestbau übermächtig werden. Schwach sein dürfen, sich anlehnen können, beschützt werden, auf Händen getragen werden … das sind die Elemente, um welche wir von der Emanzipation betrogen wurden. Die Jagd nach Erfüllung des romantischen Traums treibt die absonderlichsten Stilblüten: Die »starke Frau« wird zum kleinen Mädchen und hat auf einmal nichts mehr im Griff: Sie verliebt sich in egozentrische Machotypen, bei denen sie ganz Frau sein kann, wartet tagelang darauf, angerufen zu werden, und kann sich auf nichts konzentrieren außer auf ihn.

Folgerichtig ist der Mann verschreckt. Er hat sich doch extra eine starke Partnerin ausgesucht, und nun gibt sie die Handlungskontrolle ab. Wo ist die starke Frau geblieben, die er kennen gelernt hat? Sie klammert, hält es keinen Abend ohne ihn aus, will nur noch für ihn da sein und kann ohne ihn nicht mehr weiterleben.

Also begibt sich der Mann erneut auf die Suche nach einer »wirklich starken Frau«, und das ganze Dilemma beginnt von vorn. Zurück bleibt ein Typ, der verteufelt wird, und eine Frau, die um ihn kämpft wie eine Löwin – und zwar mit all den geschliffenen Waffen, die ihr zur Verfügung stehen. Er versteht die

Welt nicht mehr: Wer ist dieses tobende Ungeheuer, das da vor ihm steht? Sie leidet und fühlt sich mal wieder am Boden zerstört: Wie konnte sie nur auf so ein mieses Schwein hereinfallen? Und glauben Sie mir: Je älter man wird, desto tiefer sitzt der Schmerz, desto langsamer steht man wieder auf.

Eine selbstständige Frau ist sehr oft eine einsame Frau, ohne dass dies je ihr Lebensplan gewesen wäre.

Wer will schon alleine alt werden?

Was immer Frauen aber auch anfangen, sie müssen doppelt so gut wie die Männer sein, damit man sie halb so sehr respektiert. Welcher Mann wird schon gefragt: »Wie bringen Sie Karriere, Familie, Haushalt und Kinder unter einen Hut?«

Ich tue das dauernd, ohne Zeit zu haben, mir diese Frage je zu beantworten.

Tja, Mädels, da haben wir uns ganz schön was aufgehalst mit der Emanzipation. Nun müssen wir das Pensum eines ganzen Kerls in der Karriere schaffen, nebenbei die Supermutti spielen, die gern mal spontan erschienene Geschäftsfreunde und eine Horde Kinder bewirtet, und das alles immer korrekt gekleidet und perfekt frisiert.

Und dass man mit vierzig zur Oma gemacht wird und grauhaarig im Schaukelstuhl als Märchenerzählerin sein Leben in der Kittelschürze gemütlich abhakt, das kennen wir doch nur noch aus tschechischen Kinderfilmen.

Oftmals geht nach einer Trennung mit vierzig der ganze Datingstress noch mal von vorne los. Wir pfeifen uns Anti-Aging-Präparate ein und begeben uns auf Freiersfüßen in ein zweites Leben! Wer wirklich richtig reich ist, der lässt sich mal eben zwanzig Jahre aus dem Gesicht bügeln, die Reiterhosen absaugen und den Busen aufblasen.

Andere operieren sich die Nase, lassen sich das Doppelkinn wegzaubern und tragen ihren Ferrari im Mund in der Form eines neuen Esszimmers.

Im Gegenzug fordert diese Generation vom Schicksal natürlich das ganz große Glück ein.

Die pseudopsychologische Halbbildung der Frauenzeitschriften und unzählige Ratgebersendungen haben aus uns Kaffeeklatschexpertinnen gemacht, deren Weisheiten in der Umsetzung am eigenen Leibe scheitern. Werden wir betrogen, hat man uns anerzogen, erst mal tief durchzuatmen und nichts zu sagen. Man soll sich nicht hysterisch, sondern therapeutisch verhalten, damit der Kerl nicht die Flucht ergreift. Er fühlt sich ja automatisch als Opfer, weil man ihn überführt hat. Wir gehen also nach Hause und rufen eine Freundin an. Wir suchen die Fehler bei uns. Wir analysieren ununterbrochen. Wir haben einen kleinen Kreis professioneller Freundinnen, die mit uns den Penisneid des Partners erörtern und unsere Kindheitsschemata sezieren. Wir forschen nach Motiven. Das macht die Sache nicht besser, denn wir tun es in Isolation, ohne den Partner. Der entdeckt an den neu hinzugekommenen »Frauenabenden« seinen Jagdtrieb, verabredet sich mit einem Kumpel und gabelt irgendein unsägliches Flittchen auf, um die Gattin / Freundin in Zukunft auch sexuell zu entlasten.

Oder sind Sie weniger feinstofflich, sondern eher »grobporig« veranlagt? Vielleicht gehören Sie zu der Gruppe von Frauen, die erstmals an der Treue des Partners zweifeln, nachdem dieser bereits routiniert seine fünfzigste Affäre abgewickelt hat? Wenn Sie ein »Was ich nicht weiß, macht mich nicht heiß«-Exemplar sind, dann genießen Sie ungetrübt die Jahre in Ihrer Seifenblase, aber bedenken Sie, dass der Tag, an dem Ihr Märchen endet, unmerklich näher rückt und eines Tages wie ein Hammer trifft – denken Sie an Uschi Glas!

Ich, die allein erziehende Großstadtromantikerin, habe genau wie Sie unter Einsamkeit, Enttäuschungen, dem Älterwerden, unerfüllter Lust, verschmähter Liebe und hohen Hacken zu leiden.

Als ich mit dreißig der Schande des Singledaseins ausgesetzt war, dachte ich, sterben zu müssen. Ich kam mir uralt vor und fühlte mich als abgehangener Ladenhüter, den kein Mensch haben will. Ich hatte ein Gespür dafür entwickelt, genau die Männer anzuziehen, bei denen ich keinerlei Chance habe, nämlich Weicheier mit Angst vor Nähe, Aufrichtigkeit und Verantwortung. Schwächlinge, die ich aufpäppeln musste und die aus meinen Kräften Nutzen ziehen wollten, ohne jemals an meine Bedürfnisse zu denken. Sie machten mich unglücklich, indem sie nie anriefen, wenn sie es versprochen hatten, mich belogen, betrogen und hintergangen haben und die sich, wenn ich sie am meisten brauchte, verkrümelten wie billige Kekse.

Männer sind wie Hosenknöpfe: Wenn's eng wird, springen sie ab. Ich wünschte, mein Geschmack, was Männer angeht, wäre so unfehlbar wie meine Stilsicherheit in Schuhen.

Wann immer ich öffentlich meiner Wut auf Männer Luft mache, sei es privat, in Talk-Shows oder auf der Bühne, erlebe ich, wie identisch die Erfahrungen und Enttäuschungen meiner Generation sind. Glauben Sie mir, nachdem ich ca. eine Million Selbsthilfebücher gelesen habe, weiß ich, dass es die Männer sind, die zu wenig lieben!

Was haben uns diese Bücher genützt? Da stehen Sachen drin wie: »Natürlich schläft er herum. Es ist für ihn die einzige Möglichkeit, so zu tun, als gehöre sein Leben ihm.« Frauen arbeiten ständig an sich, quälen sich, lassen sich beraten, wollen sich verändern, suchen nach psychologischen Mustern, während die Männer wie eh und je am Vergaser rumbasteln, Fußball schauen, abblocken, fremdgehen und ansonsten fröhlich vor sich hin pfeifen. Wenn es um die Wahrheit geht, dann sind sie so verschlossen wie der Schließmuskel von Wladimir Klitschko. Und was das Schlimmste ist: Kaum ist eine Beziehung beendet, wird nahtlos der frei gewordene Platz durch eine Nachfolgerin besetzt, die frisch rasiert in der Bettenschleuse gewartet hat, ohne dass wir es ahnten. Oder die Kerle genießen ihre neu erworbene Freiheit und fühlen sich nach einer Trennung befreit und glücklich wie nie zuvor. Sie schreiben SMS wie: »Ich bin glücklich, ein Leben ohne dich – wunderbar!« Und selbst wenn sie einem erzählen, sie hätten gelitten wie ein Schwein, stellt sich im Nachhinein raus, dass sie drei Tage am Stück mit der Fernbedienung im Bett gelegen haben. Das war 's dann auch schon!

Ich bin noch nie einem wirklich sensiblen Mann begegnet. Ich meine, richtig sensibel, so wie wir.

Schwule ausgenommen, aber bei denen läuft ein anderer Film. Sie sind die besten Freunde, die eine Frau sich wünschen kann, aber die Probleme, die Heteros einem liefern, unterscheiden sich im Stil frappant von der Struktur schwuler Beziehungen. Meine schwulen Freunde werden verstehen, wenn ich jammere »Komisch, gestern hab ich mir Haarspray gekauft, und heute ist die Flasche schon wieder leer«, aber über mein Prämenstruelles Syndrom, welches zur Folge hat, dass ich einen jungen Gott von der Bettkante schubse, den sie anbetungswürdig finden, möchte ich mit ihnen lieber nicht reden.

Zur Not kann man auch mal ein paar Jahre ohne einen Mann an der Seite überleben. Das sind die Zeiten, in denen bei mir immer ein Karriereschub stattgefunden hat. Da fange ich an zu sublimieren. Für mich ist Schreiben eine erotische Sache. Man darf den Orgasmus gar nicht zum Ziel haben, man muss sich nur auf den Lauf der Dinge einlassen. Wenn die körpereigenen, kreativen Schleusen erst mal geöffnet sind, nimmt die Natur ganz von selber ihren Lauf, und ein Höhepunkt jagt den anderen. Aber erst, wenn Sie es nicht darauf anlegen. Wenn Sie einen Orgasmus erzwingen wollen, haben Sie schon verloren. Dann sind Sie nämlich von vornherein verkrampft und konzentrieren sich auf die falschen Elemente, denn Sie beobachten sich selbst.

Nicht, dass Sie mir jetzt vorwerfen, ich schweife ab – nein, dieser Vergleich lässt sich als Urgesetz des Lebens auf alle Bereiche übertragen. Besonders auf die Liebe. In dem Moment, wo wir einfordern, erhalten wir nichts. Erst indem Sie loslassen, geben Sie Ihrem Leben die Chance zu schwingen. Verharren Sie nicht in Erstarrung, sondern lassen Sie den Druck raus. Wenn Sie immer noch erwarten, dass sich Ihr Partner ändern möge, dann werden Sie endlich erwachsen!

Wenn Sie sich selbst verbiegen, um sich Ihrer Beziehung anzupassen, ist ein Scheitern langfristig vorprogrammiert, denn es wird Ihnen nicht gelingen, auf Dauer Ihre wahren Bedürfnisse zu verleugnen. Ihr Beziehungskonto wird automatisch negativ belastet. Die Schuld, die Ihr Partner hat, kann zwar storniert werden, aber irgendwann ist Zahltag! Ändern Sie weder Ihren Partner noch sich selbst, sondern Ihre Erwartungshaltung an Beziehungen. Kein Mensch kann Ihnen dauerhaftes Glück auf Jahrzehnte zusichern. Unter der Last dieser Erwartungshaltung bricht jede Partnerschaft zusammen. Menschen verändern sich, entwickeln sich. Kalkulieren Sie das mit ein. Es ist ein typischer Fehler der Menschen, in Zeiten des Sonnenscheins nicht an den Sturm zu denken. Eine Enttäuschung ist immer auch eine Erlösung, ein Erwachen, denn die Zeit des Sich-Täuschens ist endlich beendet.

Verabschieden Sie sich von irrealen Erwartungen an eine Beziehung, und suchen Sie Ihr Glück unabhängig davon.

Seien Sie auch attraktiv ohne Ihren Partner, bleiben Sie immer begehrenswert auch für andere Menschen, und definieren Sie sich nicht über eine Partnerschaft. Und lernen Sie um Himmels willen, NEIN zu sagen.

Ich habe Freundinnen, die sprechen acht Sprachen, aber NEIN können sie in keiner einzigen sagen. Ich selber habe oft im Leben viel zu spät die Notbremse gezogen und war viel zu nachgiebig, wenn es um Kompromisse ging. Oftmals ist es auch Bequemlichkeit, die einen verleitet, sich selbst zu verleugnen – muten Sie sich keinesfalls zu, dass Sie sich selbst betrügen.

Ich lebe heute ein harmonisches Leben und empfinde ständig das Glück, eine begehrenswerte Frau zu sein. Nie im Leben war ich gefragter als heute, denn ich habe gelernt, die richtigen Signale zu senden und unnötige Blockaden aus meinem Leben radikal zu verbannen. Warum sollte Ihnen das nicht auch gelingen? Teil meiner unkomplizierten Art, Liebschaften zu führen, ist größtmögliche Diskretion. Dadurch ziehe ich adäquate Partner an, denn ich sende nicht die falschen Signale. Ich habe Einsamkeit und Abhängigkeiten aus meinem Leben radikal verbannt. Ein entscheidender Faktor bei dieser Glückssuche war, dass ich heute in der Frühphase NEIN sagen kann. Meiner Neigung, mir schnell Verpflichtungen aufzuhalsen, unter denen ich später zusammenbreche, mich mit Leuten zu belasten, die sich zu viele Zugeständnisse erschleichen und meine Gutmütigkeit ausbeuten wollen, gebe ich nicht mehr nach. Das erfordert Mut und Aufrichtigkeit, aber diese Form der Seelenhygiene zahlt sich aus. Sie werden völlig neue Mechanismen von Ursache und Wirkung in Ihrem Alltag erleben als jemand, der sich freiwillig zum Sklaven anderer macht. Schließen Sie damit ab, anderen die Verantwortung oder die Schuld an Ihrem Leben zuzuweisen. Sie allein sind verantwortlich für den Rundrücken in ihrer Satincorsage, für Ihre ausgeleierten Leggins und den silbernen Stretchgürtel um die prallen Hüften, für die weißen Frotteesocken zu den hochhackigen, ausgetretenen Pumps von Deichmann. Und hören Sie auf, Ihren Eltern die Schuld zu geben! Wer für die ruinierte erste Hälfte des Lebens die Schuld seinen Eltern gibt, der gibt für den Ruin in der zweiten Lebenshälfte die Schuld seinen Kindern.

Verlangen Sie von anderen nichts, was Sie nicht geben können, und nutzen Sie Fehler, die Sie selber machen, um daraus zu lernen und als Wegweiser für die Zukunft.

Partnerschaft heute verlangt nach einer neuen Definition. Die alten Muster scheitern an der Realität. Was wir von unseren Eltern gelernt haben, mag für deren Generation funktionieren.

Jedoch sind dies Ratschläge, die im Leben moderner Frauen versagen. Meine Generation braucht neue Ratgeber, denn wir haben andere Fragen. Die Männer heute sind anders drauf als unsere Väter, und deshalb müssen wir die Strategien ändern. Uns quälen zum Beispiel Fragen wie:

»Was tun, wenn mein Traummann kokst?«, »Wie komme ich an sein Geld?« oder »Wir wollen heiraten, aber seine Frau ist dagegen«, vor allem aber die überlebenswichtige Frage: »Wie ahme ich einen Orgasmus naturgetreu nach?«

Es gibt viele Selbsthilferatgeber professoraler Paartherapeuten, aber mein akademischer Titel ist ein anderer: Ich bin Trägerin der Ihhmwinveh-Qualifikation – »Ich habe hinter mir, was ihr noch vor euch habt«!

Das, was ihr als Erstes ändern könnt, ist das, was ihr von Männern und der Liebe erwartet. Sorgt dafür, dass sie Freude in euer Leben bringen. Nehmt die Männer nicht zu ernst. Lernt es, sie zu belächeln, ein wenig zu gängeln, und macht es ihnen bloß nicht zu leicht. Sie sind Jäger! Lauft ihnen nicht vor die Flinte!

Liebe ist, wenn Mann und Frau eins werden. Der ganze Ärger heutzutage beruht darauf, dass es Streit darüber gibt, wer wer ist. Also, ich war immer ganz Frau. Trotz alledem.

Träume sind die Saat in deinem Herzen. Einem Traum zu folgen bedeutet noch lange nicht, dass sich deine Sehnsucht erfüllt – aber es vermag einen anderen Traum zum Blühen zu bringen. Neue Wünsche werden sprießen. Und so gelangst du auf einen anderen Pfad der Liebe.

Zum Schluss noch ein Wort an all die Herzensbrecher, die euch Mädels dazu getrieben haben, in der Abteilung »Partnerschaftsratgeber« herumzustöbern: Männer sollten immer wissen, was Frauen gerade lesen! Ich rate allen Jungs, mein Werk aufmerksam zu konsumieren, denn die Lektüre dieses Buches wird zur Folge haben, dass die Mädels ihre partnerschaftlichen Verhältnisse einer gründlichen Prüfung unterziehen. Auf diese

Weise seid ihr wenigstens vorbereitet, wenn wir mit euch von heut auf morgen völlig neue Saiten aufziehen. Die Wahrscheinlichkeit ist groß, dass ihr nach diesem Buch erstmals im Leben eine Vorstellung davon bekommt, was in Frauen überhaupt vorgeht. Auch ist die Wahrscheinlichkeit recht groß, dass ihr morgen selber Singles seid.

Ein Leben als Single beinhaltet bei Männern natürlich völlig andere Perspektiven – und das beweist mal wieder, wie unterschiedlich unsere Vorstellungen vom Glück sind: die Freiheit, einzuschlafen, ohne sich ausgezogen zu haben, auf irgendeiner Matratze wegzudösen, während die ganze Nacht der Fernseher läuft. Endlich mal wieder im Auto zu pennen. Zigaretten im Blumentopf auszudrücken. Statt eines Abfalleimers eine Lidl-Tüte an die Türklinke zu hängen. Bitte, es ist euer Leben! Wenn Männer von Freiheit reden, dann meinen sie die Freiheit, endlich die Klobrille hochgeklappt zu lassen. Oder – mein spezieller Fall – komplett auszuhängen und daneben zu stellen. Darauf seid ihr doch scharf, oder?

Uns Frauen geht es um die Freiheit, sich im Leben zu entspannen, in dem einen keiner fragt, wo man gewesen ist, warum man so spät kommt, was man anziehen soll oder wie oft man Pilze aufwärmen darf.

Irgendwie muss man ja überleben und sich schützen, wenn ihr so verdammt charmant versteht, uns den Schlaf zu rauben.

Natürlich habe ich dieses Buch aus der Sicht einer Frau geschrieben. Aus der Sicht einer Frau und Autorin, welche das Beweismaterial zu diesem Werk unter vollem Körpereinsatz und unter größten persönlichen Risiken investigativ recherchiert hat.

Mein G-Punkt steht in jedem Berliner Reiseführer unter »Places to go«.

Es soll nicht umsonst gewesen sein.

Dieses Buch kann jedem helfen: glücklich Geschiedenen, unfreiwilligen Singles, frisch Verliebten, Ehefrauen kurz vor der

Silberhochzeit, Muttis nach der Menopause und Männern, die ihre Frauen nicht mehr verstehen.

Es wird euch helfen, jemanden zu finden, der euch die Autoreifen durchsticht, die Fotos von Ex-Liebschaften zerreißt, eure Klamotten zum Fenster rauswirft und euch ein Vermögen an Anwaltskosten beschert – oder mit euch zusammenlebt, bis dass der Tod euch scheidet.

Die härtesten Jahre im Leben einer Frau sind nun mal die zwischen zehn und siebzig! Doch was soll 's?

Entdecken Sie Ihre Möglichkeiten.

Ändern Sie Ihre Einstellung! Beginnen Sie noch heute, sich zu entfalten.

Schaut mich an: Mit intaktem Humor und intakter Garderobe lässt sich jedes Elend meistern.

Kleiner Exkurs, wer wir sind

Am Anfang war der Hüfthalter. Ich glaube, dass ohne das Korsett als solches die moderne Emanzipation nie stattgefunden hätte. Es waren Strapse, die dem Patriarchat den Rücken gebrochen haben. In den Fünfzigern sind die Kerle endgültig zu weit gegangen: Sie haben Hüfthalter mit Strapsen kombiniert! Danach schlugen wir zurück!

Betrachten wir die Frau in der Endphase ihrer Knechtung durch den Mann: Als Produkt wurde sie in der TV-Werbung der fünfziger Jahre mit eingeschnürter 15-cm-Taille im Petticoat mit Südfrüchten drauf promoted, mit einem perfekten Haarspraylook, der nicht nur einen täglichen Frisörbesuch von zwei Stunden nötig werden ließ, sondern spontanen Sex völlig ausschloss. Dazu trug das Männerideal der Fünfziger-Jahre-Frau lange weiße Handschuhe, mit denen sie nicht nur durch ihr eigenes, sondern auch durch das Haus ihrer Freundin ging, um, bekleidet mit einer selbst genähten Schürze, jede Oberfläche mit spitzem Finger auf Staubablagerung zu überprüfen.

Obsessive, übernatürliche, keimfreie, pathologische, analkompulsive Sauberkeit wurde zum Maßstab erhoben. Man trat in Konkurrenz mit der Nachbarin. Sauberkeit, die in Zusammenarbeit mit einer ausgedienten Oma fürs Grobe einen ganzen langen Tag Arbeit erfordert, um hergestellt zu werden. Dieses Konzept haben Männer als Forum für die Frau erfunden, um sie ans Haus zu ketten und mit Aufgaben zu betrauen, die für den Mann praktisch und geldsparend sind und sie so ausfüllen, dass sie keine Zeit findet, auf anderen Hochzeiten zu tanzen. In den fünfziger Jahren war das Haus die einzige Plattform für die Frau, um im Wettstreit mit anderen in der Selbstbefriedigung ihres Egos ganz nach vorn zu preschen.

Keine andere Dekade hätte Doris Day hervorrufen können und Filmen einen Oscar eingebracht, in denen es darum geht, ob Doris Day ihre Jungfräulichkeit nun an Rock Hudson verloren hat, bevor sie in die Ehe ging oder nicht.

Soziologisch betrachtet sind die Traumfrauen der fünfziger Jahre das Resultat der Fantasien von Vierziger-Jahre-Männern. Man muss für die Fünfziger die Vierziger verantwortlich machen. Das Elend nahm seinen Lauf mit dem Zweiten Weltkrieg. Es bahnte sich seit 1933 an.

Alle Menschen, die den Zweiten Weltkrieg durchlebt haben, haben in meinen Augen das Recht, verrückt, depressiv, jammernd, negativ und ängstlich zu sein und ein kleines Sortiment von Psychosen und Gelegenheitszipperlein mit sich herumzuschleppen. Für eine Weile zumindest.

Die Männer, die nach 1945 übrig blieben, waren Kriegsveteranen, und wie wir wissen, sind nicht alle Behinderungen körperlicher Art. Ob in Vietnam oder dem pervertierten Nazi-Deutschland, Metzeleien waren Thema jeder guten Kinderstube. Im Bewusstsein aller, die nach dem Krieg das Wirtschaftswunder Deutschland angekurbelt haben, war präsent, dass um die Ecke ein Konzentrationslager lag. Nach dem Schrecken des Holocaust entstand ganz natürlich in jedem heranwachsenden Knaben der Auftrag, diese Welt besser zu gestalten und Deutschland zu retten. Ein neuer Held zu werden. Ein Land zu schaffen, das sich von aller Schuld reinwäscht und für Sauberkeit steht. Die Frauen der Post-Nazi-Ära waren allesamt bemitleidenswerte Geschöpfe: Sie saßen wartend in Ruinen, gebrochen, hungernd, schwach, beraubt ihrer Ideale, verwitwet, vergewaltigt, traumatisiert durch den Terror.

Also haben diese von traumatisierten Kriegerwitwen erzogenen Helden die Waisenkinder von anderen Vertriebenen oder Flüchtlingen geschwängert. Entwurzelte haben in Notquartieren mit Traumatisierten beigeschlafen. Wer wundert sich da noch über Deutschland?

So entstand das moderne Nachkriegsmonster: der moderne Geschäftsmann, die Gattung des kapitalistischen Wirtschaftswunder-Vatis.

Es kam die Dekade der grauen Flanellanzüge, ein Humusboden für die Herrenkonfektion, Monturen für Vatis, die ihr Leben im Büro verbrachten, Aktentaschen trugen, mit Krawatte, Thermoskanne und Stullen den Dienst antraten und unter Urlaub Mensch-ärgere-dich-nicht-Spielen im Käfer und Harte-Eier-Pellen im Stau nach Italien verstanden.

Langsam wurde der Petticoat der Rock-'n'-Roll-Mutti im Haushalt zu unpraktisch und ihre Taille immer dicker.

Der Deutsche wurde fett. Hier liegt die Geburtsstunde der drallen, fülligen, blonden, deutschen Mutti, die wenige Jahre später Erlösung in Stretch-Leggins und Anoraks mit Fellkapuze fand.

Walt Disney bescherte uns Songs wie »Someday my prince will come«, und als wenn das alles nicht genügen würde, erstickte noch ein weiteres Damoklesschwert unser Selbstbewusstsein im Keim: die Barbiepuppe! Einen Disney-Song auf den Lippen und die Barbiepuppe im Arm, wurde ich allein schon dadurch tief traumatisiert, dass ich zusehen musste, wie meine Oma, Tante und Mutter sich in grausame Gummimonturen zwängten, die Fleischwülste an Rumpf und Oberschenkeln flachdrücken sollten und an den Rändern so einschnitten, dass Hämatome, Krampfadern und Thrombosen die Folge waren. Frauen wurden süchtig nach schmerzlindernden Barbituraten, nur um wie durch die Werbung propagiert mitraunen zu können: »Mein Hüfthalter bringt mich um.«

Ich wuchs in einer Frauenfamilie auf, die Porzellanpudel sammelte. Diese stets getrimmten Porzellanpudel standen auf dem Klavier, an welchem ich Unterrichtsstunden hatte und auf dessen Deckel während des Übens eine Oma oder Mutter im Korsett mit flacher Hand hysterisch den Takt schlug. Zum dissonanten Eins-zwei-drei starrte ich auf eine kunstvoll drapierte Porzellanpudelsammlung.

Oft werde ich in Talk-Shows nach meinem »Geheimnis« gefragt. In der liebevollen Porzellanpudelsammlung auf Korsett-Omas Klavier liegen alle Antworten.

»Ein Mädchen muss sich immer wie eine junge Dame benehmen.«

»Ein Mädchen muss immer seinen Teller aufessen, weil bei den Bimbos viele, arme, kleine Kinder verhungern.«

»Wenn du nicht den Teller aufisst, kommst du nach Afrika.«

»Ein Mädchen muss immer sehr hübsch aussehen, damit sie mal einen reichen Ehemann findet.«

»Wenn du mal ein hübsches, junges Mädchen bist, wirst du einen netten Ehemann finden, selber Kinder kriegen, Kuchen backen und sehr glücklich sein.«

»Lach nicht so laut.«

Eine gute Lebensversicherung, ein Bausparvertrag, eine gefüllte Tiefkühltruhe, ein Rasen, der mit dem Staubsauger gepflegt wird, und nehmt euch in Acht vor Schwulen, Schwarzen, Nutten, Kanaken und Kommunisten. Das waren die Mantren meiner Kindheit.

Doch es kam alles anders.

Die in Rimini von Eltern mit Bausparvertrag und Rasenmäher gezeugten Babys wiederum wurden zu den Junkies der 68er Generation. Wo früher ein Kohlenladen war, machte plötzlich ein Kinderladen auf. Das war die Sternstunde der antiautoritären Erziehung. Die Fünfziger-Jahre-Opas bekamen dadurch alle einen Herzinfarkt, die -Omas eine plötzliche, chronische Wohlstandskrankheit oder Alzheimer.

Die Rolling Stones besorgten den Rest. Jetzt wurde gerammelt, dass es krachte. Oswald Kolle erfand den Orgasmus der

Frau. Der G-Punkt wurde aus politischen Gründen gesucht. Von dem Moment an, als Frauen ihren G-Punkt tatsächlich fanden, gründeten die Kerle »Männergruppen«. Typen studierten aus Verwirrung über das Recht der Frau auf Cunnilingus plötzlich Psychologie. Der Boden für das Beate-Uhse-Imperium war bereitet.

Ich bin ein Kind der siebziger Jahre. Diese Generation machte vor, dass man barfuß läuft, weiße Baumwollkleider trägt, sich Blumen ins Haar steckt und an den Händen hält, Lieder singt, unter freiem Himmel Schwänze lutscht und bekifft freie Liebe propagiert. Die auf Acid gezeugten Babys wurden Treetop, Melodie oder Apple genannt.

Seitdem sichert diese deutsche Vergangenheit Psychotherapeuten und Schönheitschirurgen ihren Vermögensaufbau.

An meiner Familie sind die Wohlstandsgesetze der Nachkriegszeit irgendwie vorbeigerauscht. Da gab's ja auch keinen Vati. Auch keinen Fernseher, keinen Bausparvertrag, keine Tiefkühltruhe und keine Waschmaschine. Gott sei Dank erfand dann jemand Waschsalons.

Dort saßen wir fortan als handgearbeitetes Frauentrio, wobei ich zwei erbarmungslose Augenpaare auf mich gerichtet sah, als ich demonstrieren musste, wie man in zwei Stunden aus vier Knäuel Wolle ein paar Socken strickt. Noch heute verschenke ich zu Weihnachten die schönsten selbst gehäkelten Topflappen und stoße allseits auf ungläubige Verwunderung ob meiner handarbeitlichen Geschicklichkeit.

Ich kam auf eine katholische Nonnenschule und wurde jeden Tag in ein hübsches, selbst genähtes Kleidchen gesteckt, das ich nicht schmutzig machen durfte. Ein Fleck auf dem neuen Tischtuch war Garant für einen Pflaumensturz mit Kreischattacken von drei hysterischen PMS-Frauen. Ich lernte zu Hause, wie man Orangen in einer langen Spirale abschält, Zitronenkuchen backt, eine Schürze und Vorhänge näht. Für alle Fälle.

Und immer fühlte ich mich sehr allein. Es war kein Mann da, der mich beschützte, auffing und, komme, was da wolle, die Sicherheit garantierte, die man braucht, um in Ruhe und in Frieden zu erblühen. Nur die Nonnen in der Klosterschule St. Franziskus. Die hatten auch dauernd ihre Tage oder waren kurz davor.

Ich weiß nicht, wie ich es trotzdem hingekriegt habe. Da war immer sehr viel Sehnsucht und Enttäuschung im Spiel. Irgendwann wollte mein erster Freund, dass ich Strapse trage. Einen einschneidenden, unbequemen, sperrigen Gürtel mit unpraktischen Klipsen, die beim Sitzen wehtun. Das machte mich sehr, sehr böse. Am liebsten hätte ich gesagt, er solle sich die bescheuerten Strapsgürtel sonst wohin stecken. Und meinen Zitronenkuchen gleich mit. Damals traute ich mich das aber noch nicht. Komischerweise empfand eine ganze Generation mit mir.

Und dann kam Alice Schwarzer. Danke, Alice!

Warum ich statistisch gesehen chancenlos bin

Ich teile Männer prinzipiell rein statistisch in zwei Gruppen ein:

Die Männer, die Frauen nicht verstehen, sind entweder Singles oder Verheiratete.

Dann bilde ich zwei Unterkategorien: nützliche Männer, die etwas für einen tun können, und nutzlose Männer, die etwas mit einem tun können.

Der Pferdefuß bei Statistiken ist immer, dass es nur um Quantität geht, niemals um Qualität.

Statistisch gesehen wollen achtundneunzig Prozent aller Männer mit mir ins Bett gehen. Ich treffe immer die restlichen zwei. Also da kann ja irgendwas nicht stimmen mit der Statistik.

Grob geschätzt würde ich sagen, dass zwanzig Prozent aller Frauen aus Minderwertigkeitskomplexen keinen Partner finden und achtzig Prozent, weil sie in Illusionen leben.

Dabei haben wir heutzutage theoretisch betrachtet mehr Kommunikations- und Kontaktmöglichkeiten als je zuvor. Aber haben Sie mal beobachtet, wie sehr die virtuelle Welt unser Sexualverhalten verändert? Die Menschheit stumpft ab und spritzt gegen die Mattscheibe.

Mir einen Typen im Netz zu angeln scheidet aus, weil ich zu visuell bin. Bevor ich Intimes preisgebe, muss ich jemanden gesehen haben. Privates Terrain zu betreten, ohne einem Mann in die Augen geschaut zu haben, ist für mich undenkbar. Zudem hätte ich Angst, eine austauschbare Wegwerfware zu sein, die mir nichts, dir nichts gegen eine der anderen 173 Millionen weiblichen Singles, die im Netz umherschwirren, umgetauscht wird. Wie ein ausgedientes Ikea-Regal, das sich als sperrig erweist und auf billigstem Wege durch ein neueres Modell ersetzt wird. Proportional zur Quantität unserer potentiellen Kontaktadressen, die uns zur Verfügung stehen, geht die Qualität der Beziehungen vor die Hunde. Man trifft niemand Besonderen mehr auf dem Fleischmarkt dieser beliebig gewordenen Welt. Besoffene Typen hacken die ganze Nacht unter falschen Namen auf den Tasten rum, und drei Tage nach einer romantischen Session vorm PC kriegt man per Post einen Dönerkebab geschickt! Ich glaube, die meisten Männer sind zu einer wirklichen Affäre heutzutage gar nicht mehr bereit. Die sind viel zu gestresst, stehen unter Leistungsdruck, kriegen Angst. Verständlich! Was heißt heutzutage schon, ein guter Liebhaber sein? Alle fünf Minuten wird eine neue erogene Zone entdeckt: klitoraler Orgasmus, vaginaler Orgasmus, G-Spot, tätowierte Titten, Brüste aufgeblasen wie Fußbälle, Zehn-Stufen-Latex-Luxus-Vibratoren im Discolook, Liebeskugeln und Anal-Plugs aus dem Sarah-Young-Hausfrauen-Geschenke-Set, Schamlippen-Piercings, Bondage – Menschenskinder! Heutzutage muss ein Kerl sein Geschlechtsteil an den neuesten Laptop anschließen, um auf der Höhe zu sein! Aber werfen wir einen Blick auf die Natur:

Katzenweibchen paaren sich innerhalb von drei Wochen mit bis zu acht verschiedenen Männchen. Ich persönlich kenne das nur aus Ibiza. Und wenn man dann aus dem Urlaub zurückkommt, wundert man sich über die vielen Singles in der Großstadt. Wenn ich auf meiner kleinen Urlaubsinsel so viele bereitwillige Exemplare finde, warum dann nicht in einer Millionenstadt? Die Männer, die mir in Berlin begegnen, sind entweder verheiratet, chronische Fremdgänger, oder sie wollen mir die Haare machen. Selbst meine sachlich kalkulierenden, nüchtern-empirischen Analysen helfen mir nicht, das Elend zu sichten.

Woran also liegt's?

Ich behaupte mal, dass von den 4,2 Millionen Einwohnern Berlins die Hälfte männlichen Geschlechts ist. Also bleiben 2 Millionen potentielle Geschlechts-Partner für mich. Ich beneide an dieser Stelle jeden, der bisexuell ist, weil sich für den die mögliche Auswahl an Lebenspartnern automatisch verdoppelt. Ich siebe nun von meinen 2 Millionen die Rentner, Kinder und Minderjährigen aus. Bleiben also 1,5 Millionen. Die Hälfte davon wiederum sind bereits verheiratet, bleiben 750.000 Männer für mich, die ich treffen könnte. Abzüglich der Tucken, Tunten, Transen, Trienen und allem, was auf halbem Wege stecken geblieben und schwul ist. In der Restkategorie siebe ich die Dreißig- bis Vierzigjährigen aus, beschränke mich auf Junggesellen mit Bonitätsnachweis, guten Zähnen, schönen Händen, Sensibilität, Intelligenz und gutem Humor, folglich Fans von mir – was davon nun auf langbeinige, blonde Künstlerinnen mit S-Fehler steht, ist garantiert schon weg vom Markt, sprich in festen Händen. Ich rechne weiter *pi* mal Daumen, dass ich fünfzig Prozent der bestehenden Verbindungen sprengen könnte. Von diesem verbleibenden Restposten subtrahiere ich nach den Kategorien: zu klein, zu groß, zu dick, zu dünn, zu hässlich, zu schütter, zu arm, zu geizig. Ergebnis: null!

Wie man Männer aufgabelt

Ich bin Désirée Nick. Ändern Sie einen einzigen Buchstaben, und Sie haben die Geschichte meines Lebens.

Inzwischen kann ich Ihnen verraten, was man sagen muss, um Männer aufzugabeln: »Hallo«.

Mehr bedarf es im Prinzip wirklich nicht, aber wir Frauen denken nun mal viel zu kompliziert, um die Dinge so zu belassen, wie sie von Natur aus sind.

Es ist eine traurige Tatsache, dass sehr viele Single-Frauen einen Großteil ihrer Energie mit Wehklagen darüber verschwenden, dass es »keine Männer gibt«. In Wahrheit ist es so, dass die jammernden Singlefrauen einfach nicht wissen, wo sie die richtigen Männer finden können.

Nun, sehr einfach: Sie sitzen in der Kneipe! Und zwar um die Frage zu diskutieren: »Wo sind all die Single-Frauen abgeblieben?« Nun, auch sehr einfach: Die sitzen bei ihren Freundinnen in anderen Single-Haushalten oder allein zu Haus herum und lamentieren, dass es »keine Männer gibt«. Glauben Sie mir: Es gibt Männer! Man muss nur offen sein und das Beuteschema ein bisschen verändern, wenn man fündig werden will. Wenn eine Anglerin ewig an der falschen Stelle nach ihrem Lachs fischt, wird sie niemals mehr als einen Hering an der Angel haben.

Wenn sie dann schmollend heimkehrt und kundtut: »Es gibt keine Lachse mehr«, um weiterhin Jahr für Jahr im selben Gewässer erfolglos zu angeln, bestätigt sie sich immer wieder neu und bräuchte doch eigentlich nicht mehr als ein Ticket nach Schottland, damit dicke, fette Lachse an ihrer Angel zappeln.

Angeln Sie also in den richtigen Gewässern! Erfolgversprechend ist es zum Beispiel: unter alten Bekannten, Arbeitskollegen, in Vereinen, Clubs, auf Hausmusikabenden, Sportveranstaltungen, in Kochkursen, religiösen Interessengemeinschaften, Parteitreffen, Abendschulkursen, Kantinen, Yogaseminaren, Gesangsvereinen, Theaterworkshops, bei Freunden von Freundinnen und bei den Freunden dieser Freunde wiederum die Geschwister, Cousins und Onkels zu durchforsten.

Unser Geschmack verändert sich, d. h., Sie könnten sich heute mit jemandem etwas zu sagen haben, den Sie noch vor einem Jahr nicht mit dem Arsch angesehen hätten.

Das Beste ist, Sie legen sich ein hippes Hobby zu. Natürlich nicht Klöppeln für Anfänger, Puppenhausminiaturen sammeln oder Makramee. Wählen Sie Ihr Steckenpferd nach der Attraktivität der Männer, die ein ebensolches betreiben. Interessieren Sie sich für Modellautos, Helikopter, Segelflugzeuge, Havanna-Zigarren, Zinnsoldatensammlungen und Militärgeschichte. Im Idealfall sollten Sie sich ein Pferd anschaffen und Polo spielen.

Wenn das nicht geht, angeln Sie in der zweiten Liga: Golfen Sie!

Treiben Sie sich auf den Fachmessen dieser Sportarten rum. Machen Sie eine teure Ayurveda-Kur. Investieren Sie in eine Schiffsreise auf einem Luxusdampfer. Sammeln Sie Antiquitäten. Lungern Sie auf Auktionen rum. Cruisen Sie im Wellness-Spa-Bereich des Hyatt-Hotels. Schieben Sie Schicht auf den Erotikmessen, da beißt garantiert einer an.

Lauern Sie ausgelaugten, verspannten Piloten nach einem Langstreckenflug an der Bar des Hilton-Hotels auf: Diese Kerle werden Ihnen dankbar sein! Sie warten nur darauf, angesprochen zu werden.

Und jetzt das Wichtigste: Männer können die komplizierten Signale einer Frau, die sie begehrt, nicht empfangen. Ihre Antennen sind verkümmert. Ein Typ wird sich auf jeden Fall geschmeichelt fühlen, wenn Sie gepflegt den ersten Schritt wagen.

Da spielt es gar keine Rolle, was Sie sagen. Hauptsache, Sie brechen das Eis. Was soll schon passieren? Also: Rangehen!

Ist Ihnen das alles eine Spur zu radikal? Gehören Sie zu den Freundinnen, die lieber in die Operette statt ins Rock-Konzert gehen? Kein Problem! Gerade für diese Damen gibt es zwei unübertroffene Jagdreviere: das Museum und den Botanischen Garten!

Die Atmosphäre eines Museums als solche bietet alles, was das Herz begehrt: schöngeistige Stille, das Interesse an Kunst und gehobener Unterhaltung, zwangloses Einander-Nachlaufen, das Betrachten nicht nur der Bilder, sondern auch der Menschen mit gleichen Interessen – bis der Moment kommt, wo man mit gespielter Naivität vor den beiden Majas von Goya innehält und sagt: »Welche sagt Ihnen mehr zu? Die Bekleidete oder die Nackte? Wussten Sie schon, dass die nackte Maja das allererste Gemälde ist, auf dem die Schambehaarung naturalistisch vom Maler angedeutet wurde?«

Danach gehen Sie gemeinsam in die Cafeteria.

Ich lerne im Museum immer Männer kennen. Man folgt ihnen einfach durch die Räume. Stellen Sie sich gut aussehend genau vor das Bild, welches in der Blickrichtung des Objektes Ihrer Begierde liegt. Wenn Sie dreimal vor demselben Bild stehen geblieben sind, können Sie einander bereits anlächeln. Nun machen Sie den nächsten Schritt: Durchbrechen Sie die natürliche körperliche Distanz! Pirschen Sie sich, vielleicht sogar raffiniert kaschiert durch eine Führung mit Vortrag, der Sie sich spielerisch anschließen, bis auf einen Meter an den Fremdling ran.

Fummeln Sie sodann mit Ihrem Grundrissplan hilflos herum, und fragen Sie mit der von mir so oft propagierten Naivität: »Entschuldigen Sie bitte, aber wissen Sie vielleicht, wo *Der Garten der Lüste* von Hieronymus Bosch hängt?«

Natürlich wissen wir genau, dass dieses Bild im Prado in Madrid hängt. Aber, was auch immer die Antwort sein wird, geben Sie Ihr Wissen zum Besten, indem Sie sagen: »Oh ja, richtig, das Bild ist ja zurück in den Prado nach Madrid gegangen, ich hatte es hier vor Jahren mal in einer Sonderausstellung gesehen …« Schon sind Sie im Gespräch.

Der Mann wird sowohl Ihnen als auch dem dummerweise umgehängten *Garten der Lüste* dankbar sein und den Gesprächsfaden aufnehmen. Wenn nicht, vergessen Sie es eben und gehen am nächsten Sonntag in die zweite Etage. Vielleicht haben Sie bei den Impressionisten mehr Glück.

Dasselbe Prinzip gilt für Botanische Gärten. Werden Sie Rosen-, Orchideen- oder Tropische-Bäume-Spezialistin, bereisen Sie Gartenmessen, kommen Sie beim Cruising ins Gespräch über Ihren grünen Daumen.

Im Botanischen Garten und im Museum haben Sie eine Gemeinsamkeit mit jedem, der Ihnen über den Weg läuft: gleiche Interessen, zumindest vorgetäuschte. Wenn Sie ganz clever sind, dann nehmen Sie an Vortragsabenden teil, die jedes Museum immer wieder anbietet, irgendeiner findet sich, den Sie naiv anquatschen können und der mit Ihnen einen Wein trinken geht. »Freunde des Museums« zu werden wäre das Allerbeste. Da kriegen Sie Einladungen zu Ausstellungseröffnungen im kleinen Kreis mit anschließender Cocktailparty, also, was wollen Sie mehr?

Und wenn Ihnen gar nichts mehr einfällt, dann gehen Sie doch einfach mal ins Fußballstadion. Zumindest werden Sie danach nie wieder sagen, es gäbe keine Männer mehr.

Erfolg ist eine Frage des Vorbereitetseins. Jammert nicht, wenn ihr euer Privatleben dem Zufall überlasst, sondern nehmt es selbst in die Hand.

Eines meiner Erfolgsgeheimnisse lautet: Wenn man die Menschen nicht überzeugen kann, dann sollte man sie wenigstens verwirren. Und das sollten Sie auch tun, wenn Sie das nächste Mal einen Mann an der Angel haben, der Ihnen gefährlich werden könnte.

Wenn er nach dem ersten Date fragt: »Zu mir oder zu dir?«, dann sagen Sie: »Beides. Du gehst zu dir, und ich geh zu mir!«

Ich schwöre Ihnen, Sie werden nie wieder diejenige sein, die auf seinen Anruf warten muss. Stattdessen wird sich, schon bevor Sie die Stiege zu Ihrem Boudoir hochgekraxelt sind, ein Lebenstraum erfüllt haben: Endlich werden auch Sie mit schmutzigen SMS zugetextet.

Wenn ihr ernsthaft einen Mann kennen lernen wollt, dann zählt der erste Eindruck. Nur wer sich in seiner Haut wohl fühlt, wird selbstbewusst flirten. (Vgl. Kapitel *Wie Ihr Outfit signalisiert: »Ich bin zu haben!«.*)

Ich war inzwischen auf so vielen Blind-Dates, dass ich bei der Krankenkasse einen Blindenhund beantragen könnte.

Gesetzt den Fall, ihr habt euer Gefieder nach allen Regeln des Balzverhaltens aufgebürstet und vielleicht im Kreise vertrauter Freundinnen auf einem x-beliebigen Tresen/Barhocker/Campingstuhl/Tisch/Verteilerkasten/Raststättenlaternenpfahl/Fauteuil/Chaiselongue Platz genommen, dann fangt sofort an, sämtliche Nieten wie Sand durch eure Finger rinnen zu lassen. Siebt aus: Gegen Männer, die lässig zurückgelehnt mit der rechten Hand ihre freigelegten linken Achselhaare zu kleinen Würstchen drehen, müsst ihr ebenso natürliche Blockaden entwickeln wie gegen Typen, die ihre Zigarettenpackungen im umgekrempelten Ärmel ihres Body-T-Shirts aufbewahren. Es gibt Dinge unter Gottes Sonne, die einfach nicht gehen. Weiße Frottee-Socken. Limbo Dancing. Lycra-Shorts. »Tschüssikowski« sagen. Vorsicht vor diesen Männern!

Das sind die Typen, die eines Tages von der Arbeit kommen, alle Lichter runterdrehen und zu ihrer Ehefrau sagen werden: »Wozu die Festbeleuchtung? Wir sind doch keine Millionäre.«

Es sind genau die Kandidaten, für die man sich hübsch macht und die einen dann mit den Worten begrüßen: »Wie siehst du denn aus?«

In meiner übermenschlichen, alle Religionen umfassenden, zeit- und selbstlosen Nächstenliebe gebe ich Ihnen abschließend eine kleine Liste an die Hand, um Ihnen Ihr Dasein als Mauerblümchen auszutreiben. Ja, ich gehe so weit zu behaupten, dass es Sie von Ihrem miserablen Dasein erlösen wird, wenn Sie meinen Leitfaden praktischer Pick-up-Lines beherzigen und zur Not im Brustbeutel tragen, um sie zu verinnerlichen.

Als ich noch arm und hässlich war, habe ich monatelang mit dieser Flirtliste unter dem Kopfkissen geschlafen, und als mein Prinz schließlich kam, da hatte ich sie parat. Schneidet die Liste gleich aus, und klemmt sie in euer Portemonnaie, am besten direkt hinter die Quittungen eures letzten gigantischen Schnäppchen-Power-Shoppings, das euch mit einem restlos überzogenen Konto zurückgelassen hat. Dieser Ratgeber meiner persönlichen Anmachsprüche sorgt in eurem Leben garantiert für Veränderungen.

1. Glaubst du an Liebe auf den ersten Blick, oder soll ich noch mal reinkommen?
2. Kommst du mit zu mir auf eine Pizza und einen Fick? Nein? Magst du keine Pizza?
3. Entschuldigen Sie, aber ich habe meine Telefonnummer verloren, kann ich Ihre mal ausleihen?
4. Komm her, setz dich auf meinen Schoß, und wir reden über die erste Sache, die steif wird.
5. Entschuldigen Sie, haben Sie mit mir gesprochen? Nein? Dann fangen Sie doch endlich an.
6. Benetzen Sie Ihre Finger mit Spucke, streichen Sie damit leicht über Ihre Bluse, dann über das Hemd Ihres Schwarms. Sagen Sie: »So, und jetzt sagen Sie mir, wie wir aus diesen nassen Sachen rauskommen sollen?«

Und wenn es nur eine einzige Lehre ist, die ICH meinen geschätzten Freundinnen auf den Weg gebe, dann merkt euch diese Zauberformel:

WEINE NIE UM EINEN MANN – SONDERN SKANDIERE LAUT-
HALS:
»DER NÄCHSTE, BITTE!«

Wie Sie Ihr Leben ab heute ändern können

»Without you, I am nothing«, ist ein wunderbarer Song, aber ebenso wie alle glorreichen Liebeshymnen, die unser Herz zum Klingen bringen, weil sie von Hörigkeit, Unterwerfung und Abhängigkeit erzählen, leider keine Anleitung für die Realität.

Das ist ja das Geschenk, welches die Musik uns macht: Hier dürfen wir schwelgen, schmachten und uns entblößen – doch wie ein Stern bei Tagesanbruch verblasst, so schmilzt die Wirksamkeit der Texte, sobald der Alltag uns einholt. Ich erlebe immer wieder Frauen, die ihre Lebensweisheiten allen Ernstes aus Schlagertexten beziehen. Dabei kommen die Interpreten doch selber mit der Realität nicht klar und haben ihre Flucht in die Welt der Schlager zu ihrem Beruf gemacht.

Was also könnte für uns gestrandete alte Mädels ein Leitfaden in der verwirrenden Vielfalt der neoliberalen Gesellschaft sein?

Gehen wir von einer bundesdeutschen Befindlichkeit aus, die irgendwann jede gewissenhafte Lenor-Hausfrau ereilen wird. Ich kenne die Gespräche aus engstem Familienkreis:

»Ich weiß eigentlich nicht, was ich aus meinem Leben machen soll. Wie kann ich ein Ziel verfolgen, wenn ich gar keins habe? Ich habe mich immer nur um die Familie gekümmert, und ich war eine gute Mutter. Aber nun sind die Kinder groß, und ich weiß gar nicht mehr, wer ich ohne meinen Haushalt bin.«

Dieses Gefühl, dass Sie ohne Mann an Ihrer Seite oder ohne den ganz gewissen Job, den Sie immer haben wollten, wertlos sind, sollten Sie im Keim ersticken. Eine der kraftvollsten

Methoden, mit denen Sie sich selbst neu erschaffen und Ihre Zukunft kreieren können, ist, sich endlich auf die Dinge zu fokussieren, die Ihre Persönlichkeit ausmachen. Zeit für sich zu haben ist ein Geschenk des Himmels und eine Chance zu entdecken, welche Talente und Interessen Sie ganz persönlich wirklich haben. Ich kenne Frauen, die sich ihren Männern so untergeordnet haben, dass sie jedes Hobby, welches der Mann nicht teilt, irgendwann fallen lassen, da sie es nicht mit dem Partner gemeinsam genießen können.

Widmen Sie sich einfach erst mal in kleinen Dosierungen den Dingen, mit denen Sie immer schon liebäugelten. Zu wissen, wer Sie sind und was Sie wollen, ist der Schlüssel zu einem starken Selbstbewusstsein. Sie werden vom Leben nichts kriegen, solange Sie nicht danach verlangen, und wenn Sie der Meinung sind, dass es ein Mann sein muss, der Ihnen zum Glück fehlt, dann beschaffen Sie ihn sich. Solange Sie sich mit Fragen quälen wie: »Warum ich? Was mache ich nur falsch?«, werden Sie nicht vorwärts kommen, weil Ihre Energien in die falsche Richtung gehen.

Die Therapie führt entlang am Rande der Angst. Wenn Sie persönliche Ziele erreichen wollen, sollten Sie Peinlichkeiten vergessen. Wie können Sie jemals Spaß haben, wenn Ihnen alles peinlich ist? Diese Eigenschaft der Schamhaftigkeit ist ja bei Teenagern recht originell, steht aber einer reifen Dame weniger gut zu Gesicht. Was ist das Schlimmste, das Ihnen passieren kann? Das andere schlecht hinter Ihrem Rücken reden? Aber, Verehrteste, das tun die Leute doch sowieso! Verdienen Sie sich den Neid, der Ihnen entgegengebracht wird, mit Anstand, und verschenken Sie Mitleid an diejenigen, die frech werden. Wenn Ihnen schon jemand in die Quere kommt, dann doch gefälligst hinter Ihrem Rücken, das hält weniger auf als eine Frontalattacke.

Die beste Waffe in Momenten unliebsamer Atmosphären ist

genauso alt wie klassisch und schlicht: ignorieren. Gar nicht in Querelen vertiefen, das Nagelstudio wartet, die Haare wollen gesträhnt werden, wir müssen weiter…

Nun verrate ich Ihnen ein paar Tipps, die Sie NOCH HEUTE anwenden können, um Ihr Leben langsam, aber kontinuierlich zu verändern. Wenn ich noch einmal Single wäre, würde ich vorgehen wie beim letzten Mal, als ich mir einen Kerl geangelt habe: strategisch!

Da ich in Berlin lebe, würde ich an einem Samstagnachmittag ins KaDeWe gehen.

Hach, ich ahne schon, mit welch unverständigem Blick meine blonde Leserschaft dies quittiert… Die Parole, meine Damen, lautet: Mitdenken! Das KaDeWe platzt am Samstag aus allen Nähten mit geschiedenen Vätern und deren Kindern, denen gegenüber Schuldgefühle in Form von Geschenkorgien kompensiert werden müssen.

Gleichzeitig wissen wir, dass wir hier ausschließlich nur Väter antreffen, die sich nicht verdünnisiert haben, sondern die immerhin so liebevoll sind, dass sie sich um ihre Kinder kümmern.

Zweitens würde ich mich in Auktionshäusern und auf Ausstellungen umsehen, denn ein Mann, der meinen Geschmack teilt, könnte auch auf der richtigen Wellenlänge liegen, um mit ihm das ganze Leben zu verbringen.

Drittens würde ich mir einen Hund anschaffen und mit diesem treuen Begleiter lange Spaziergänge in genau der Nachbarschaft machen, in der die Männer leben, die ich kennen lernen will – natürlich zu Zeiten, wenn diese Männer nicht im Büro sind: Wochenenden und Feiertage also. Es gibt keinen besseren Türöffner/Eisbrecher als einen zauberhaften, kleinen Damenhund mit einem sportlich-drolligen Namen.

Wenn dies alles nicht durchführbar ist, dann gehen Sie halt zum Bowlen.

Prüfen Sie, bevor Sie sich einlassen, ob der Mann Ihren persönlichen Anforderungen entspricht. Für Irrtümer sind wir ab vierzig zu alt. Wir können es uns nicht leisten, drei Jahre zu warten, um festzustellen, dass der Partner Vegetarier und Nazi ist.

Ich finde, die beste Eigenschaft, die ein Mann haben kann, ist Großzügigkeit.

Nicht Reichtum, sondern Großzügigkeit! Ein Mann, der nicht mit Geld spendabel ist, ist es auch nicht mit Liebe und Zuneigung. Sehr bald wird ihm egal sein, ob Sie einen Orgasmus haben oder nicht.

Ich habe einen wunderbaren Mann kennen gelernt, weil ich meinen Steuerberater nach Klienten gefragt habe, die Single sind. Heutzutage würde ich auch eiskalt jede Kanzlei, mit der ich zu tun habe, nach akzeptablen Junggesellen durchforsten, und wenn sich dort nichts findet, dann kämen eben die Kommilitonen dran.

Setzen Sie beim Männerfang einen Schritt vor den anderen. Grasen Sie das gesamte Terrain Ihres Umfeldes ab. Und wenn es das Fitness-Studio ist.

Drehen Sie jeden Kieselstein um, auf den Sie stoßen, – das nenne ich professionell, alles andere ist Pippifax. Gehen Sie mit spiritueller Demut vor, und halten Sie durch – eines schönen Tages werden Sie an einem Samstagmorgen das Museum betreten, und genau vor Ihrem Lieblingsbild von Salvador Dalí wird ein Mann sitzen, der Ihren Spezifizierungen entspricht.

Ich lasse jeden Mann stehen, der mir die Tür nicht öffnet und nicht die Rechnung im Restaurant übernimmt. Ich bitte Sie, es geht hier um die Frage »Gibt es ein Leben nach vierzig?«. Wenn wir uns nicht jetzt vom Leben verwöhnen lassen, wann dann?

Jetzt stellen Sie sich zwei Fragen.

1. Was ist die wichtigste Eigenschaft, die der Mann meiner Träume haben sollte?
2. Hat dieser Mann genau das?

Meine Antwort auf 1. lautet: Großzügigkeit und Integrität.

Ein großzügiger Mann macht Ihr Leben bequemer und komfortabler – mit allen Mitteln, die ihm zur Verfügung stehen. Großzügigkeit kann bedeuten, dass ein Mann Ihrem Kind aus einer früheren Verbindung geduldig vorliest, für Sie kocht oder Ihnen Zeit schenkt, die er an einem speziellen Abend eigentlich für etwas Berufliches eingeplant hat. Es gibt Männer, die finanziell nichts zu bieten haben, aber deren großzügigstes Geschenk geistiger Reichtum ist. Oder Connections, die Sie beruflich nutzen können.

Diese Menschen können Sie in Ihren Träumen und Projekten unterstützen, und auch DAS ist Großzügigkeit, die von Herzen kommt und Ihre Lebensqualität verbessert. Großzügigkeit ist relativ, und sie erscheint in diversesten Formen und Schattierungen.

Erwarten Sie an Liebe, Wärme und Fürsorge das Beste für sich, und verschenken Sie im Gegenzug dasselbe an Lebensqualität, um den Alltag eines Partners zu bereichern und ihm das Leben zu verschönern.

Sollten Sie eine Bekanntschaft machen, die diesem Muster entspricht, dann sind Sie über den Berg. Wenn nicht: Ein glückliches Leben allein ist besser als ein unglückliches zu zweit.

Natürlich geht es irgendwann um die Frage, wie es Ihnen gelingen kann, die Momente des Glücks zum Dauerzustand für eine gemeinsame Zukunft zu erheben.

Ich rate auf jeden Fall zu Kompromissen. Wir sind nicht mehr die Jüngsten! ER fährt Ski, SIE lieben den Strand? ER liebt deutsche Küche, SIE asiatische? Ich gebe Ihnen einen Rat: Machen Sie kein Theater um Kleinigkeiten, sparen Sie Ihre Kraft für die großen Diskussionen. Vielleicht sind SIE diejenige, welche mehr Kompromisse zu machen hat? Zu wissen, welche Kompromisse Sie eingehen können, ist genau das, was die Mädchen von den Frauen unterscheidet. Unterstützung und Zuneigung zu schenken ist kein Kompromiss, sondern ein Glücksfall – das sollten Sie nie aufrechnen. Lernen Sie die Dinge dazu, die

Ihnen noch fremd sind, und genießen Sie Ihre unverzichtbaren Neigungen (asiatisch?) mit Ihren Freundinnen.

Und jetzt verrate ich Ihnen den ultimativen Trick, um wirklich tolle Männer zu treffen.

Die leichteste Branche für Frauen, um an Männer zu kommen, ist die Politik. Hier sind Frauen immer noch eine Minorität, und wir bewegen uns auf einem von Männern dominierten Terrain. Da Politiker von ihrem Job aufgefressen werden und aus Machtgeilheit zu Workaholics werden, die obendrein die Hälfte ihres Lebens auf Dienstreisen sind, können Sie sich an Ihren bescheidenen zehn Fingerchen abzählen, dass jede diskrete, einigermaßen intelligente Frau, die sich mit Kopf und Körper für die politische Sache einsetzt, eine willkommene Bereicherung ist. Die Politik ist das Parkett, wo Männer uns »umschwirren wie Motten das Licht«. Nichts ist leichter, als Europasekretärin zu werden und einen Keil in die Ehe des Chefs zu treiben. Auf der ersten Dienstreise nach Paris ist so ein überarbeitetes Karrierewrack doch fällig für eine Runde Entspannung von flinker Sekretärinnenhand.

Dabei begegnen Sie Männern professionell auf Augenhöhe, und sogar die Feministinnen müssen respektieren, dass Sie mit Ihrem politischen Engagement etwas für die soziale Gleichstellung zwischen Mann/Frau tun. Sie müssen nicht mal die Befürchtung haben, dass Ihr letzter One-Night-Stand sich nie wieder meldet, denn Montagfrüh um 9.00 Uhr steht ER auf IHRER Matte und bekommt von Ihnen persönlich mit sanftem wissendem Lächeln seinen Kaffee serviert. Hahahahaha!

Europasekretärinnen haben das vergebliche Warten auf Anrufe von Liebhabern endgültig aus ihrem Leben verbannt. In der Zeit prüfen Sie die Kreditkartenauszüge Ihres Stechers und stöbern in seinen Überweisungsträgern und Kontoauszügen rum. Und das kriegen sie sogar noch bezahlt! Europasekretärinnen sind Frauen auf der Zielgeraden.

Das Tolle ist, dass Sie bei Begegnungen auf politischem Parkett sofort Gesprächsthemen mit Ihren Parteigenossen haben: ein neuer Kandidat, ein politisches Ziel, eine Spendenaffäre, ein Skandal. Und Sie werden nicht nur daran beteiligt sein, Machtstrukturen zu ändern, während Sie cruisen, Sie beteiligen sich sogar an einem Prozess, der Ihr Land nach vorne bringt. Also wenn ich noch mal jung wäre, ich würde Europasekretärin werden. Da lebt man in Brüssel, der Metropole der Pralinen, und man kriegt sogar einen eigenen Chauffeur!

Ich habe schon immer gewusst, dass auf mich noch was ganz Großes wartet, und während ich diese Zeilen ausfertige, kristallisiert sich heraus, was meine Mission in der zweiten Lebenshälfte sein könnte: Désirée Nick for President!

Wie Ihr Outfit signalisiert: »Ich bin zu haben!«

Ich shoppe, also bin ich«, sage ich mir, und proportional zur Last meiner Tüten steigt an einem Einkaufstag mein Barometer der guten Laune.

Shoppen ist das gesündeste aller Laster. Es macht nicht dick, schadet nicht der Gesundheit, und man holt sich keine Hefepilzinfektion.

Der Grund, warum Frauen gerne einkaufen, hat viel mit den unterschiedlichen Denkweisen zu tun. Frauen nehmen Kleidung viel ernster als Männer.

Wenn eine Frau Klamotten aus dem Schrank nimmt, und sie sind enger als sonst, denkt sie:

»Schon wieder fetter geworden.«

Wenn ein Mann Klamotten anzieht, die plötzlich enger sind, denkt er: »Das muss eingelaufen sein.«

Auch habe ich nie einen Mann erlebt, der auf eine Party kommt und denkt: »Oh mein Gott, ist mir das peinlich, ich muss sofort weg hier, da ist ein anderer Mann, der auch einen schwarzen Smoking anhat.«

Männer sind glücklich, wenn sie aussehen wie alle anderen, das beweist ihnen, dass sie keinen Fehler gemacht haben. Und genauso ist es mit dem Fremdgehen … »Wenn das alle tun, dann kann es nicht verkehrt sein.« So denken Männer.

Wir Frauen wollen vom Leben nicht mehr als einen treuen Mann, eine Karriere, Geld, Kinder, Freunde, Luxus, Bequemlichkeit, Unabhängigkeit, Freiheit, Respekt, Liebe, tollen Sex und eine Strumpfhose, die keine Laufmaschen kriegt. Ich meine, ist denn das zu viel verlangt?

Mich nach einem langen Winter das erste Mal ohne Mantel in knackiger Jeans an einer Schaufensterscheibe vorbeigehen zu sehen, hat immer meinen persönlichen TÜV zur Folge. Die H&M- und Mango-Trends vom Vorjahr, inzwischen verwaschen und zerfranst, müssen weichen, um im Schrank für die aktuelle Flirtmode Platz zu schaffen.

Wer sich in der dritten Welt meinen Kleidersack schnappt, kann von Glück reden – er wird dem Elend zumindest top-gestylt entgegentreten.

Der Nachteil bei Mode ist ja immer, dass oben der Kopf rausguckt. Deshalb sollte man ab einem gewissen Alter anfangen, von der Visage abzulenken. Wem meine Nase nicht passt, der kann ja meinen Hut betrachten. Schmuck und Accessoires, Broschen in Dekolleté-Nähe – das sind allesamt raffinierte Ablenkungsmanöver von dem, was man erschlaffte Züge nennt.

In unserer Familie wird man nicht älter, man wird reifer. So etwas Banales wie Altern war bei uns von Haus aus nie ein Thema. Ich persönlich möchte keinen Tag jünger sein. Alter bedeutet für mich Fortschritt: Die zweite Hälfte des Lebens sollte besser sein als die erste.

Die Jugend, meine Damen, macht nur ein Viertel unseres Lebens aus! Drei Viertel sind wir alt!

Da sollte man besser wissen, was man tut.

Fünfzig ist das Alter, ab dem man danach beurteilt wird, wie gut man sich gehalten hat.

Ich rate zu Eleganz. Oft sehe ich aufgetakelte Damen, die aufregend und perfekt aussehen wollen, aber nichts anderes als die Anstrengung ausstrahlen, die es gekostet hat, sich zu kleiden. Diese Frauen sind nicht be-kleidet, sondern ver-kleidet. Sie laufen durchs Leben in Kostüm und Maske, in den teuren Klamotten eines Couturiers, der in Paris sitzt und seine Kreationen an einer Siebzehnjährigen von 182 cm Größe und 48 kg Gewicht konzipiert hat.

Was Kate Moss als Kleid trägt, wird an Ulla Klingbeil zur Bluse.

Manchmal frage ich mich, wie man in so teuren Sachen so beschissen aussehen kann.

Eleganz hat immer etwas Selbstverständliches. Für einen großartigen Dirigenten wäre die Feststellung, er sei »musikalisch«, eine Beleidigung. Damit will ich sagen, dass ein Meister seines Faches es sich auch erlauben kann, alle Regeln über den Haufen zu werfen. Diese Lässigkeit fehlt mir auf so vielen Events. Viele Frauen, die top-gestylt sind, tragen nichts anderes auf dem roten Teppich zur Schau als die Angst, einen Fehler zu machen. Wer sich so offensichtlich bemüht, erteilt jeglicher Form der Eleganz eine Absage. Verspannt, verkrampft, steif präsentiert, ist das Einzige, was rüberkommt, die Unbequemlichkeit der Trägerin. Ich habe schon Frauen gesehen, die aschfahl und mit krummem Rücken das Gewicht ihrer Juwelen mit sich herumschleppen. Da zeigt sich mal wieder, dass man zwar Klamotten für Geld erwerben kann, aber weder Stil noch Eleganz.

Leider empfinde ich einige Damen, die sich Haute-Couture-Kundinnen nennen, als Karikaturen. Sie machen sich zur Squaw, ohne es zu merken. So was wie Donatella Versace wird in Afrika vor die Hütte gehängt, um die bösen Geister zu vertreiben. Und Donatella ist das Original, wie bizarr erst die unzähligen Kopien von ihr! Immer wieder sehe ich Frauen, die so künstlich sind, dass an denen sogar falsch wirkt, was (noch) echt ist. Ich dachte beispielsweise immer, Anoushka Renzi trägt eine Perücke! Behängt mit Tierhäuten, den Überresten geschlachteter Vögel, kurzen Beinen zu noch kürzeren Röcken, liefert so manche Haute-Couture-Kundin eine Groteske der Gattung »Frau« in all ihrer Absurdität, Grausamkeit und Dummheit. Mode dient doch dazu, die Natur zu korrigieren, und nicht, deren Fehler zu betonen.

Warum tappen Frauen in diese Modefallen? Liquide männliche Kundschaft ist gegen Fehlinvestitionen solchen Ausmaßes rundum gefeit. Die Herrenschneider in der Jermyn Street in London verstehen es seit Jahrhunderten, in ihren Maßateliers die körperlichen Mängel ihrer Kundschaft erfolgreich zu verhüllen. Mickrige Oberärmchen, schmale, eingefallene Hühnerbrüste, fettleibige Wänste, birnenförmige Ärsche, kurze, krumme Beine – alles wissen die Herren durch kompetente Schnitte zu kaschieren, sodass für teures Geld am Ende statt eines Gnoms ein stattlicher Herr in edlem Tuche vor uns steht. Also es geht, wie man sieht!

Warum sind Frauen nicht zu denselben Modestrategien in der Lage?

Schon an der Handtasche straucheln die meisten. Ich glaube, wenige Frauen ahnen, dass lediglich eine Minorität dazu geschaffen ist, mit einer Kelly Bag kleidsam auszusehen. Die Message von 160 cm großen Frauen, die sich auf Größe 32½ gehungert haben und diese absurde Tasche, die größer als ihr Kopf ist, am Arm hängen haben, lautet: Schaut her, ich hab Schotter! Ich kann sie mir leisten!

Meine Damen, die Firma Hermès hat Sie erfolgreich über den Tisch gezogen, denn als sehr kleine, zarte Frau, sehen Sie mit dieser unproportioniert großen Tasche aus wie ein Clown! Kleine Stilkunde gefällig? Die legendäre Handtasche hat Grace Kelly, welche eine großgewachsene Dame war, weltberühmt gemacht, weil sie bei einem Fototermin dahinter ihren dicken, schwangeren Bauch vor der Kamera verstecken konnte. Gracia Patrizia hat diese Tasche lediglich hochschwanger als Requisit benutzt und bekam dann ein Leben lang aus Dank für die Werbung die schicksten Taschen-Modelle von der Hermès-Public-Relation-Abteilung geschickt. Umsonst würde ich natürlich auch mit dem Ding rumrennen, aber eine Kelly Bag ist wahrlich im Leben einer Frau nicht die Antwort auf sämtliche Stilfragen.

O.K., ich rede hier von Statusklamotten. Aber wenn wir schon shoppen, dann ja wohl nicht aus dem primitiven Motiv, uns gegen Kälte zu schützen, sondern aus dem edlen Motiv heraus, der Welt den Entwicklungsstand unseres persönlichen Zivilisationsniveaus zu vermelden.

Es ärgert mich, dass wir Frauen unweigerlich in jede Falle tappen, die uns von den homosexuellen Couturiers aus Rache an ihrer eigenen Mutter aufgestellt wird. Miuccia Prada hat Pariser Hungerhaken in spitzenbesetzten Unterröcken mit Puffärmeln und Rüschen direkt aus dem Fitting-room über den Laufsteg gehetzt, weil an einer Minderjährigen mit Babyface einfach alles stylish und cool aussieht. Doch gekauft werden diese Teile von postmenopausalen Hippies, die sich neu erfinden wollen und damit jeden Mangel offen legen, von dem ein Schönheitschirurg nur träumen kann. Von der Liposektion am Knie bis zum Stiernacken und den Speckfalten unterm BH müssen wir die so gewandete Couturekundin wie auf einem Seziertisch taxieren, obwohl uns das unser Schamgefühl verbietet.

In einem lockeren Angorapulli mit Applikationen von Peek & Cloppenburg würde so eine Mutti schmeichelhafter und sympathischer aussehen.

Die beste, teuerste Mode an der falschen Frau macht alt. Eleganz ist Unabhängigkeit von Mode. Der Inhalt eines gutsortierten Kleiderschrankes reift und entfaltet sich mit den Jahren von selbst, wie ein guter Whisky. Ich sehe genauso aus wie vor zwanzig Jahren, nur dass alles ein bisschen tiefer hängt.

Die Leute wären überrascht, wenn sie wüssten, wie teuer es ist, so schlicht auszusehen, wie ich es am liebsten tue. Die Wartungskosten einer schicken Frau gehen ins Astronomische.

Und so wie man seine Kleider in die Reinigung bringt und ein Auto zum TÜV, werde ich mein Gesicht restaurieren lassen. Das heißt nicht, dass ich mich liften lasse, bis sich die Ohren am Hinterkopf treffen. Meine Zauberformel heißt: Ehrlich leben, wenig essen, übers Alter lügen und die Partner wechseln.

Mode ist in Sachen Libido das wirksamste nonverbale Kommunikationsmittel. Wir vermitteln, wer wir sein wollen, wie wir gesehen werden wollen, noch bevor wir preisgeben, wie unsere Stimme klingt.

Der absolute Kick für einen Shopping Addict sind die Accessoires.

Ich glaube, Taschen und Schuhe werden deshalb von uns so geliebt, weil sie jedem passen.

Eine Handtasche erspart dir das demütigende Gefühl, dass du die Traumhose, die du so lange gesucht hast, nicht mal bis zu den Hüften hochziehen kannst.

In keinem Schuhladen der Welt wirst du dich je so erniedrigt fühlen wie in diesen Boutiquen, wo die Verkäuferin dir im Vorbeigehen zuraunt: »Das gibt's nur bis 38!«

Die Psychofoltern, die wir in mies ausgeleuchteten Umkleidekabinen zu erleiden haben, drohen nicht, wenn wir unsere Sucht auf Taschen und Schuhwerk beschränken.

Selbst wenn dein Budget mager ist, dann beachte, dass Tasche und Schuhe immer eine Einheit bilden sollten. Spare dir lieber das neue Kostüm, und investiere in Accessoires, denn sie frischen alles auf, was du schon besitzt.

Fangen wir unten rum an, beim Schuhwerk!

Sandalettchen und feine Treter sind inzwischen Kult geworden und werden vom Hollywood-Star bis zum Vorabend-Serien-Flittchen lasziv eingesetzt. »Nimm mich!«, signalisieren wir, wenn wir mit Stilettos und High-Heels unsere Beine verlängern und die Polinie straffen. In Jesus-Latschen mit hängenden Schultern schlurfend, pfeift einem nicht mal mehr ein Bauarbeiter hinterher, aber bei entsprechend hohen Hacken nimmt die Natur ganz von selber ihren Lauf: Das Gewicht verlagert sich nämlich nach vorn, der Bauch rutscht ganz von selber rein, automatisch nimmt man die Schultern zurück, und mit Brustwarzen gegen den Wind schreitet man der noch unbekannten Schar von neuen Verehrern entgegen.

Extrem sexy dürfen Schuhe ruhig aussehen. Hohe, dünne Absätze, feine Fessel-Riemchen und spitze Passform machen einen schlanken Fuß und stehen für Erotik bis zur Pornofähigkeit. So ein Schuh-Tick kann natürlich ins Geld gehen, aber eine kesse Sohle ist das A und O für ein dauerhaftes »I am too sexy for my body«-Gefühl. Wer sich dann noch schicke Dessous gönnt, hat ein völlig neues Lebensgefühl eingekauft.

Jetzt brauchen Sie eigentlich nur noch die richtige Jeans, eine schwarze und eine weiße Hose, dazu ein Sortiment an Blusen, T-Shirts und Twinsets, vorzugsweise in zwei Farbschemen, damit Sie alles kombinieren können: schwarz/weiß, rosa/hellblau, beige/blau. Dazu wählen Sie als Kontrastfarbe Rot. Im Grunde sind Sie damit schon aus dem Schneider.

Oh ja, und Sie brauchen ein kleines Schwarzes, sehr schlicht, aber in guter Qualität, kombinierbar mit ihren roten oder schwarzen Stilettos. Stecken Sie sich die Haare hoch, und legen Sie sich ein Cashmerejäckchen schutzbedürftig um die Schultern – da sollen Sie mal sehen, wie schnell Sie flachgelegt werden.

Dazu tragen Sie Ihre Beischlaftrophäen. Mehr braucht Frau nicht. Ich garantiere Ihnen, in diesem Look kommen Sie um die ganze Welt und bleiben nicht lange allein.

Ich finde, dass eine Frau, die beim Sex weder Schuhe noch Schmuck trägt, eine Schlampe ist. Wenn man auch die Beine ab einem gewissen Alter nicht mehr hochkriegt, so kriegt man sie wenigstens noch auseinander. Und dann will man doch was zu gucken haben. Gutes Schuhwerk macht immer einen schlanken Fuß. Schlechten Sex, so was kenne ich gar nicht. Ich habe mich in meinem ganzen Leben im Bett noch nie gelangweilt, weil ich immer was zu gucken hatte. Und wenn es meine Manohlo Blahnicks sind.

»Immer wenn ich neue Schuhe trage, krieg ich Blasen«, sagte neulich meine beste Freundin Nuschi zu mir. Komisch. Bei mir ist das umgekehrt. Immer wenn ich blase, kriege ich neue Schuhe!

Flirten für Frauen, Flittchen und Frisöre

Wir alle lieben einen guten Flirt. Es hebt unser Selbstwertgefühl, wenn wir jemandem begegnen, der was für uns übrig hat, weil er spürt, dass da eine Frau ist, die darauf wartet, endlich mal wieder in einem Junggesellenhaushalt Fenster putzen zu dürfen.

Das Tolle am Flirten ist, dass man es jederzeit, überall tun kann, ohne dass man extra ausgehen muss. Flirten ist eine öffentliche Angelegenheit mit Fremden. Herrlich!

Es ist überall, jederzeit möglich: Im Stau oder einfach neben jemandem auf einer Parkbank, während man eine Banane isst, beim Optiker, wenn man sich eine Brille kauft und ihm demonstrativ in die Augen sieht, im Gym, wenn man nebeneinander turnt, oder besser noch um Hilfe an einem Gerät ruft, mit einem hübschen Taxifahrer, der einen nächtens nach Hause kutschiert, bei Ikea, wenn man eine Matratze ausprobiert, wenn man einen Cashmerepulli für seinen Liebsten kauft und einen Mann bittet, sich ihn doch mal anzuhalten, im Supermarkt, am Strand, an der Tankstelle und selbstredend am Arbeitsplatz. Wenn wir wollten, könnte Flirten uns auf Schritt und Tritt begleiten.

Flirten läuft über die Sprache der Augen. Wir setzen Mimik und ein spontanes Lächeln ein, um unserer Sympathie mit einem (noch) Unbekannten Ausdruck zu verleihen.

Wenn Sie zu den ganz Verschüchterten gehören, dann durchbrechen Sie Ihre Befangenheit, indem Sie das Flirt-Dreieck etablieren: Tragen Sie ein großzügiges Dekolleté mit gut sitzendem BH, und senken Sie beschämt den Blick, wenn Ihnen jemand gefällt. Ihr Opfer wird sich dem Dreieck Augen–Mund–Dekolleté nicht entziehen können, magnetisch daran haften bleiben, und die Sache läuft wie geschmiert.

Ein guter Sinn für Humor und gesundes Selbstvertrauen bringen Sie beim Flirten wesentlich weiter als gutes Aussehen kombiniert mit dem Temperament einer maulfaulen Schlaftablette.

Wenn Sie in überfüllten Clubs sind und mit jemandem, der Ihnen gefällt, Augenkontakt aufnehmen, dann tun Sie dies deutlich. Die meisten Männer können die subtilen Signale einer Frau, deren Typ sie sind, nicht lesen. Sie müssen schon ein eindeutiges Zeichen setzen.

Noch verstörter reagieren Typen, wenn man kumpelhafte Begleiter dabei hat.

Gehen Sie niemals mit der männlichen Verwandtschaft oder einem Kumpel-Kollegen zu zweit aus, kein Mann traut sich dann noch an Sie ran.

Das Wichtigste beim Flirten ist, dass Sie einladend und nicht abweisend wirken. Die Art, wie Sie sich bewegen, wie Sie sitzen, telefonieren, mit Kellnern umgehen, mit Ihrem Drink spielen, all das sagt in der Öffentlichkeit mehr über Sie aus, als Worte es je könnten.

Sie selber wollen ja auch nur Menschen kennen lernen, die sich offensichtlich in ihrer Haut wohl fühlen und einigermaßen souverän wirken. Viele Menschen schaffen nicht, die Hürde der ersten Kontaktaufnahme zu nehmen. Dabei geht es wahrlich nicht um das »was«, sondern um das »wie«. Für Sie als Frau ist es immer ein guter Weg, um Hilfe zu bitten.

Wenn Sie jemandem gefallen, können Sie den dümmsten Satz der Welt sagen, und er wird dankbar den Ball zurückspielen. Es geht nämlich darum, dass Sie Ihre Stimme und damit Ihre Einmaligkeit kundtun.

Wir alle kennen Typen, wo es aus und vorbei ist, nur weil sie den Mund aufmachen. Vielleicht ist es ein Dialekt, der Sie abstößt oder zu Tränen rührt. Vielleicht lieben Sie die Sprachmelodie, das Timbre, die Feinheiten der Seele, welche erst durch die Stimme Ausdruck finden. Somit ist es völlig egal, welche Banalität Ihnen über die Lippen kommt. Wer Sie sind, verraten Sie mehr durch den Klang Ihrer Stimme als durch die Nennung Ihres Namens. Das Beste am Flirten ist, dass man den Kontakt jederzeit abbrechen kann. Wenn sich Ihnen die Nackenhaare sträuben, weil Sie das, was Ihnen zu Ohren kommt, zusammenzucken lässt, genügt ein Blick auf die Uhr, und Sie ziehen weiter.

Sollte die Sache aber stimulierend verlaufen, dann ein weiterer wertvoller Tipp: Fragen Sie schnell nach dem Namen. Ein Mensch verrät sehr viel über sein Selbstverständnis durch die Art und Weise, wie er sich vorstellt. Mit Titelnennung gar? Angeber! Nur der Vorname, vielleicht noch verniedlicht? Der liebt's vertraulich! Macht er einen kleinen Bückling und nennt seinen vollen Namen? Achtung: Pedant.

Signalisieren Sie Ihre Wertschätzung, indem Sie nonchalant nach dieser Vorstellung seinen Namen immer wieder fallen lassen. Das hat etwas sehr Vertraut-Persönliches, und im besten Falle wird ein simples »Manfred« aus ihrem holden Munde zum Sphärenklang für die neue Eroberung. Männer fühlen sich nun mal wichtig, wenn sie ihren Namen hören.

Ein goldener Tipp ist auch, unmittelbar am Anfang des Flirts nicht rumzuzicken, also am Drink zu nörgeln, die Sonne als lästig zu empfinden, es zu leer/zu voll/zu heiß auf der Party zu finden. Wenn Sie ein humorvolles Gegenüber getroffen haben, dann Gratulation! Dieser Mann wird, wenn er was taugt, dafür sorgen können, Sie zu unterhalten. Es ist geradezu seine Pflicht! Nun können Sie sich einfach in seine Arme fallen lassen, denn Humor verleiht Flügel, trägt Sie in eine Dimension der Zweisamkeit, die Außenstehenden verschlossen bleibt. Sollten Sie sich tatsächlich gegenseitig zum Lachen bringen können, dann haben Sie ins Schwarze getroffen. Halten Sie diesen Mann. Arbeiten Sie dran. Werden Sie großzügig. Sehen Sie über das falsch gewählte Hemd hinweg, interpretieren Sie seine Kettenraucherei als Nervosität, denn wahrscheinlich ist Ihre neueste Eroberung durch eine unerwartete Erektion in seiner Selbstkontrolle geschwächt.

Falls Sie eine Frau sind, die zehn Jahre kein Date mehr hatte oder über einen Ex hinwegkommen muss, stehen Sie nun am Scheideweg.

Adieu für immer? »Vielleicht sehen wir uns hier noch mal«, und leck mich am Arsch?

Oder Sie verabschieden sich. Natürlich nur vorsätzlich, um ans Wesentliche zu kommen: seine Telefonnummer – oder besser noch : Sie geben Ihre Adresse – nichts weiter! Sehr raffiniert! Erstens kann er Sie nicht anrufen, muss also den Arsch hochkriegen und eine Karte/Blumen oder einen Brief schicken. Zweitens schützen Sie sich auf diese Weise vor sich selbst.

Wenn Sie nämlich diejenige sind, die wieder hinterhertelefoniert und wehmütig die neue Nummer an ihren Computer pinnt, begeben Sie sich sofort entweder in die Pain-in-the-ass-Position, rufen ihn gar dreimal zum falschen Zeitpunkt an und werden womöglich abgewimmelt oder in die Opferhaltung (»Ich muss auf seinen Anruf warten«) gedrängt.

Glauben Sie mir, in diesem Frühstadium ist es das Souveränste, den Mann kommen zu lassen. Wenn er das nämlich nicht hinkriegt, dann ist er eh ein Loser, und Ihnen bleibt ein neuer Schuss in den Ofen erspart. Die Phase des SMS-Versendens kommt sowieso früh genug, wenn Sie sich erst mal bis zu einer Verabredung vorgearbeitet haben. Das muss nicht sofort nach der ersten Begegnung stattfinden.

Und nun brauchen Sie nur noch einen grandiosen Abgang, bevor Sie sich vom Acker machen. Auch hier gibt es einen unfehlbaren Tipp: Gehen Sie nicht, ohne ihn berührt zu haben. Lehnen Sie sich ganz nah nach vorne, so dass er – und jetzt kommt's – Sie riechen kann. Halten Sie Augenkontakt. Halten Sie inne. Zählen Sie in Gedanken: einundzwanzig – zweiundzwanzig – dreiundzwanzig. Und jetzt berühren Sie ihn. Legen Sie Ihre Hand auf seinen Arm, berühren Sie seine Schulter, geben Sie ihm herzlich Ihre warme, gepflegte Hand. Wenn der Moment es trägt, wischen Sie mit spitzen Fingern einen imaginären Fussel von seinem Jackett. Schauen Sie nach einer kleinen Unvollkommenheit, es ist hoffentlich keine Schuppe, vielleicht ein Haar, von dem Sie ihn befreien. Und dann kommt der Moment, für den Sie jahrelang auf einem Kreidestrich trainiert haben: Denken Sie an den Stock im Rücken, kneifen Sie die Arschbacken zusammen, und verlassen Sie den Raum mit zurückgenommenen Schultern stolz wie eine Königin.

Und vergessen Sie bei allem nicht eines: Das Schöne am Flirten ist die Unverbindlichkeit!

Es geht darum, Wege zu ebnen und Ihren persönlichen Charme und Esprit auf andere Menschen wirken zu lassen. Nicht nur in der Liebe, sondern im Alltag. Flirten Sie bloß nicht nach dem Motto: »Heute muss es passieren, ich geh hier nicht raus, ohne dass ein Kerl angebissen hat.«

Diese verbissene Haltung, möglichst noch in Kombination mit weißen Schaftstiefeln bis zum Oberschenkel und ihrem Porno-Stretch-Minirock plus einer »Bottroper Fickpalme« (Fußnote: palmenförmiger aufgefächerter Pferdeschwanz auf dem Oberkopf, zusammengenommen mit Frotteehaargummis in Regenbogenfarben – heute noch die Putzfrisur der Autorin!) ist höchstens beim Ballermann erfolgreich. Normale Menschen, von denen Sie sich eventuell eine ernst zu nehmende Freundschaft versprechen könnten, werden die Flucht ergreifen. Oder Sie einmal flachlegen.

Es geht beim Flirten darum, das Eis zu brechen, den grauen Alltag durch ein wenig Sonnenschein zu erhellen. Ein toller Flirt zu sein verrät sehr viel über Ihre Anpassungsfähigkeit, Ihr Feingefühl und über Ihre Sensibilität. Mit Humor sind Sie allemal die Siegerin. Und genau das ist mein Problem! Welcher Mann hält diesem unerwarteten Pointengewitter eines Profis, wie ich es bin, stand?

Glaubt mir, Mädels, ihr seid alle besser dran, wenn ihr dem Mann die Pointe überlasst und über seine Witze lacht. Das ist es doch, was ein Mann beim Flirten will: ein toller Typ sein, der euch um den Finger wickelt, ein Jäger, der mit seiner Beute spielt, bevor er sie nach Hause schleift.

Und noch ein Ratschlag von Mutti: Lehnen Sie nie einen Drink ab!

Ein Tequila, zwei Tequila, drei Tequila – und ab untern Tisch.

Tipps für das Erste Mal und was man danach sagt

Jeder Mann, den ich gekannt habe, ist mit Désirée Nick ins Bett gegangen und voller Überraschung mit mir aufgewacht. Die schwierigste Klippe beim ersten Date ist für mich immer, so zu tun, als hätte ich den Satz »Ich mag dich nicht, weil du Désirée Nick bist, sondern ich mag dich als Mensch«, noch nie zuvor gehört. Da fülle ich die großen Theater als Entertainerin, aber wenn ich den ganzen Abend zum ersten Mal mit einem Mann allein verbringe, bin ich so damit beschäftigt, mich zu fragen, ob ich ihm gefalle, dass ich nicht mal merke, ob er mir gefällt. Ich schaffe es, den ganzen Abend dazusitzen und mich zu fragen, ob meine Hochsteckfrisur hält, ob mein Mund verschmiert ist und ob meine Nase glänzt. Ich weiß, dass ich entspannt und natürlich wirken müsste, so als hätte ich nur einmal meine Mähne geschüttelt und Lipgloss aufgetragen. Ich weiß, dass ich »einfach ich selbst« sein soll – wie mit meinen engsten Freunden. Aber da haben wir's mal wieder: Egal wie intelligent man als Frau auch ist, es gelingt einem eben nur bis zu einem gewissen Punkt. Und das, während mein fettig glänzendes Gegenüber mit bekleckerter Krawatte über den Palästinenserkonflikt monologisiert. Ich habe noch nie Annäherungsversuche erlebt, die nicht auf rührende Art unbeholfen sind. Männer tun manchmal stundenlang gar nichts und fallen dann ohne Vorwarnung über einen her. Das erste Mal ist immer eine ernste, schwierige Angelegenheit. Aber wir schaffen das schon!

Damit man sich wirklich sicher und sexy fühlt, ist es ein absolutes MUSS, die Beine vor dem Date nass zu rasieren. Keine

Enthaarung mit Wachs reicht an dieses perfekte Gefühl heran, wirklich frisch und gepflegt zu sein. Nur so fühlt die Haut sich weich und sexy wie Satin an. Dieselbe Regel gilt natürlich für die Achseln und einen »brasilianischen Bikinishave«. Das Zeitalter, wo Männer in den Urwald abtauchen, ist endgültig vorbei. Dafür haben sie alle zu viele Pornos gesehen. Dies gilt übrigens auch für die Herren. Weder wollen wir Schamhaare aus den Schneidezähnen ziehen, noch im Gebüsch nach einem Regenwurm suchen. Heutzutage trägt man seinen Vorgarten gestutzt.

Zieht niemals etwas an, dessen ihr euch nicht sicher seid.

Manchmal kann es ratsam sein, sich schon einen kleinen Prosecco vorab zu genehmigen, um die Nerven zu beruhigen.

Ansonsten gilt: Habt Spaß! Amüsiert euch von Herzen. Wenn das nicht gelingt: Verschwendet nicht eure Zeit, und lasst euch von einer Freundin anrufen, die euch rettet!

Da geht man einfach aufs Klo und schickt eine SMS: »HIIIILFE! SOS! Ruf mich in zehn Minuten an, ich muss hier raus!«

Zupft nicht an eurem Haar, spielt nicht mit eurem BH, lamentiert nicht über den Job, den Chef, die Familie, den Ex und plappert nicht in einem Schwall wie ein Wasserfall. Stellt IHM die Fragen. Bringt ihn dazu, von sich zu erzählen. Beim Zuhören müsst ihr verdammt gut aussehen, das ist schwer genug. Ein bisschen Alkohol lockert eure Hemmungen, aber macht bitte nicht einen auf Raverin, die um zehn nach zwei mal eben eine Runde kotzen geht.

Kein Wunder, dass viele Mädels von One-Night-Stands enttäuscht sind, wenn man bedenkt, dass sie nach sieben Wodkas eine Entscheidung getroffen haben, die sich als fatal erweist.

Eine weitere Regel ist, das erste Mal idealerweise in der Wohnung des Partners stattfinden zu lassen und nicht bei uns wehrlosen Frauen. Die Wohnung eines Mannes können wir verlassen, wenn es uns passt. Schwieriger ist es, jemanden loszuwerden, der es sich in unserem gepflegten Heim erst mal gemütlich gemacht hat. Ausnahmen von dieser Regel könnten lediglich Liebschaften mit Touristen, allein erziehenden Vätern oder Ehemännern sein. In der Wohnung des Lovers lässt es sich lesen wie in einer Biografie. Diese Gelegenheit, hinter die Fassade zu blicken, darf man sich niemals nehmen lassen. Allerdings sollte man für diesen Fall ein kleines Übernachtungsset bei sich führen: Kondome, Kamm, Parfüm, Abdeckstift, G-String, Zahnbürste, Deodorant, Haarspangen, Puder, Lipgloss, Haargummi.

Alles, was herumliegt, ist Beweismaterial: tote Pflanzen, staubiges Potpourri, Feldstecher auf der Fensterbank, Penis-Vergrößerungspumpe, Poster von Katzen oder Fischottern, Auspuffrohre neben Heimwerkerkatalogen in der Schrankwand, Toilettenpapier mit Witzen drauf, Plüschtiersammlung, Handtücher, aus Hotels gestohlen, Waschlappen, aus dem Krankenhaus gestohlen, Fußball/Eishockey/Basketball-T-Shirts signiert an der Wand, Bücher wie »Frauen, die zu sehr lieben«, *Kamasutra*, *In dreißig Tagen Millionär*, Raumsprays und dergleichen mehr.

Die Wahrheit kommt auf jeden Fall ans Tageslicht. Sei es der Trend zum Zweitbuch, sei es die Tamponsammlung im Allibert-Schrank des Bades, seien es die Flecken auf der Unterseite des Couchkissens, welches er vorsorglich umgedreht hat, oder seine Hämorriden-Salbe – die richtige Antwort auf die Frage »Zu dir oder zu mir« ist immer: »Zu dir«. Damit ist der Typ nackt, bevor er sich ausgezogen hat!

Die Überraschungen, die ihr erleben werdet, können natürlich auch von der Qualität sein, dass euch auf den ersten Blick klar wird, dass dies ein Plätzchen ist, in dem es sich mühelos ins gemachte Nest kuscheln ließe.

Vielleicht seid ihr tatsächlich endlich »gelandet«. Gratulation!

Dann lasst euch einfach fallen. Riskiert mal wieder, dass ihr euch früh um sechs als Einzige im Faschingskostüm in die Warteschlange des Busticketautomaten einreihen werdet, in einer zerrissenen Strumpfhose, die Unterhose verkehrt rum an, nach einem sexuellen Erlebnis, das euch schuldbeladen, billig und unbefriedigt zurückgelassen hat. Unter Umständen kann es das Risiko sogar wert sein. Ich würde keinesfalls prinzipiell abraten, aber dennoch vorsichtig abwägen. Wollt ihr neben dem Typen in guten und in schlechten Tagen einschlafen und aufwachen? Dachtet ihr »seine Füße sind süß«? Dann bleibt.

Nun gilt es nur noch, die allerletzte Hürde zu nehmen.

Ebenso wie die Telefonfrage »Wer ruft wen an?«, stellt sich oft Ratlosigkeit darüber ein, was man nach dem ersten Kuss oder dem ersten Sex sagen soll. Mein Vorschlag ist, zur Sicherheit ein Repertoire an Sätzen parat zu haben, die man nach Bedarf vorbringen kann. Mit diesem eisernen Vorrat bin ich – die nie auf den Mund Gefallene – immer gut gefahren, und ich gebe sie hier großzügig weiter:

»Kann ich noch eine Zigarette haben?«

»Hast du noch ein Glas Wein für mich?«

»Jetzt ist es passiert.«

»Jetzt hast du deine Frau betrogen.«

»Stört es dich, wenn ich mit meinem Nivea-Anti-Pflaster schlafe?«

»Wie heißt du eigentlich?«

»Du, ich muss … mein Bus kommt.«

Wie man sein Sexualleben organisiert

Wann haben Sie das letzte Mal so richtig schlechten Sex gehabt?

Kennen Sie auch das Gefühl von gähnender, schmerzhafter, innerer Leere nach einem One-Night-Stand?

Eines meiner schönsten Neujahrsrituale ist es, mich mit meinem Adressbuch und einem Plunderteilchen in die Küche zu setzen und erst mal alle schlechten Liebhaber auszumisten. Radikal!

Als Hausfrau, Showstar und allein erziehende Mutter will auch mein Sexualleben straff durchorganisiert sein. Nur meiner jahrzehntelangen Recherche auf diesem Sachgebiet ist es zu verdanken, dass ich weiß, wie man sich herbe Enttäuschungen erspart.

Ich finde zum Beispiel, dass man an der Art und Weise, wie ein Mann die Toilette benutzt, sofort erkennen kann, was man von ihm als Liebhaber zu erwarten hat: Wenn ein Mann nicht in der Lage ist, in einem hell erleuchteten Raum ein klobrillengroßes Loch zu treffen, und stattdessen die Brille bekleckert, was habe ich dann bitte im Dunkeln zu erwarten?

Auch Männer, die nie zeigen, was wirklich in ihnen vorgeht, scheiden bei mir aus. Das Bett ist wirklich der falsche Ort, um zu beweisen, dass man »ein Stiller« ist… Nichts ist schlimmer, als ein Liebhaber, der plötzlich und ohne Vorankündigung fertig ist. Wie soll man da wissen, wann man aufhören kann, einen Orgasmus zu simulieren? Wenn man so gar kein Feedback bekommt, ruiniert einem das doch jegliches Timing! Und letztendlich kriegt jeder den Sex, den er sich verdient hat!

Apropos – ein Wort noch zum vorgetäuschten Orgasmus: Ich finde, Männer sollten froh sein, wenn man Ihnen was vorspielt. Erstens drückt sich daran echtes Interesse am Partner aus, denn man will einem Menschen, den man gerne hat, die bittere Erkenntnis ersparen, ein schlechter Liebhaber zu sein. Zweitens gebietet es schon das Taktgefühl, dass man nicht mitten im Verkehr abbricht und mit verwüstetem Haar eine Szene macht, weil der Typ sich als unfähiger Aufschneider entpuppt hat, der an einem herumbastelt wie am Chassis eines aufgebockten Geländewagens. Wenn so ein Angeber erzählt, er hätte sieben Stunden lang Sex gehabt, dann hat er das Abendessen und den Kinofilm mitgerechnet.

Letztendlich sitzen wir Frauen am Hebel, denn wir bestimmen, wann Schluss ist, und drücken eben ein bisschen auf die Tube, wenn man uns um den Schönheitsschlaf bringt.

Deshalb fallen Männer auf frigide Frauen immer rein: Die ziehen die beste Show ab.

Nein, ich habe kein Problem mit vorgetäuschten Orgasmen: Frauen mögen überzeugend einen Orgasmus vorspielen, aber Männer simulieren ganze Beziehungen!

Auch die teeniehafte, alberne Vorbereitung auf ein Rendezvous hat sich für mich erledigt. Nach Schularbeitenkontrolle, Bügelwäsche und Silberfischjagd hinterm Klo, drei Gute-Nacht-Geschichten und einem verschütteten Bananenmilchshake, zwinge ich mich nicht mehr in eine Montur, die schreit: »Nimm mich!«, und absurderweise nur ein Ziel hat: abgelegt zu werden.

Es funktioniert auch anders. Frisch rasiert, beschränke ich mich praktisch nur noch auf das Nötigste: die rote Spitzen-Unterwäsche, selbsthaftende Strümpfe, die das zeitraubende Ausziehen ersparen, meine gut eingetretenen praktischen Fickschlappen und darüber der waschmaschinenfeste Daunenmantel von H&H, der auch als Unterlage bestens geeignet ist.

Dann Babysitter bestellt, und ab ins Taxi! Rasch mal um den Block gekurvt: einmal Poppen auf Kurzstrecke! Als Alleinerziehende muss ich schließlich haushalten, potentielle Liebhaber in Randbezirken scheiden aus – fürstlich sind meine Alimente nämlich nicht! Ich vögele nur noch in der Nachbarschaft.

Und auch in der Kiste beschränke ich mich nur noch auf das Wesentliche. Schließlich hab ich schon ein Kind. Da mache ich mir nicht mehr den Mund schmutzig.

Fazit: Ich bin eine ganz normale, intelligente, unabhängige, selbstbewusste moderne Frau! Entspannt euch, Mädels, wir Frauen sind doch eh in der besseren Position: Männer brauchen uns Frauen mehr, als wir Frauen die Männer brauchen. Das ist einfach so. Oder was meinen Sie, warum es Männer sind, die für Sex bezahlen? Zeigen Sie mir ein Männer-Bordell, wo die Kerle wie Stiere an der Tränke vor dem Tresen hängen und auf lukrative Frauenkundschaft warten, die schon feucht die Treppe hochkommt – und ich zeige Ihnen einen Laden, der nach vier Wochen pleite ist. Wenn Männer so genau wüssten, was Frauen wirklich wollen, dann würden sie für Sex nicht zahlen müssen. Dann würden wir's ja umsonst machen!

Sex im Alter

Ich würde gerne mal den Mann kennen lernen, der Sex erfunden hat. Erstens, um Danke zu sagen, – und zweitens, um mir anzusehen, an welchem Projekt er jetzt arbeitet.

Es ist ein Mythos, dass alte Leute kein Sexualleben mehr haben. Diese Legende wurde wahrscheinlich in Gang gesetzt, weil junge Leute dauernd und überall bereit dazu sind, einschließlich beim Autofahren oder auf der Arbeit, während ältere Menschen sich diese Sache für besondere Momente aufsparen, zum Beispiel, wenn ein neuer Bundespräsident gewählt wird, oder parallel zur Fußballweltmeisterschaft.

Ich habe nix gegen alte Männer. Ganz im Gegenteil. Die geben sich beim Sex wesentlich mehr Mühe als junge – die denken ja immer, es könnte das letzte Mal sein.

Außerdem schwitzen die auch nicht so zwischen dem ersten und zweiten Mal, logisch, es liegt ja auch der Sommer dazwischen.

Der Unterschied zwischen einem fünfzigjährigem Mann und einer fünfzigjährigen Frau ist klitzeklein und doch riesengroß: Der Mann redet von Pension, die Frau von Passion!

Alt wird man dann, wenn man Emotionen durch Symptome ersetzen muss.

Wobei sich prinzipiell die Frage stellt, wann Alter überhaupt beginnt?

Meine Faustregel lautet: Alter beginnt immer fünfzehn Jahre später als das, was ich heute bin.

Alter ist keine Zahl, es ist ein Gefühl.

Alt ist man, wenn Bequemlichkeit über Mode triumphiert.

Die mathematische Definition des Alters bei Männern ist der Zustand, der erreicht wird, wenn sich der Ansatz der zurückweichenden Haarlinie diametral zur Ausdehnung der Taille verhält.

In jenen Momenten, wenn am Samstagabend das Telefon klingelte und ich aus tiefstem Herzen gehofft habe, dass es bitte niemand für mich sein möge, habe ich mich schon mit achtzehn Jahren alt gefühlt. Oft habe ich mich mit Mitte zwanzig gefragt, wie so alte Gedanken in einem so jungen Körper wohnen können.

Alter misst sich auch nicht an Falten. Gut, Inge Meysel war schon mit fünfzig nicht faltig, sie war plissiert. Aber man hat ihr das Alter auch nie zum Vorwurf gemacht, sondern sie dafür geliebt.

Das Beste ist, einen Mann aus derselben Generation zu heiraten: Proportional zum Erschlaffen unserer Brust und der Ausbreitung der Cellulitis schwindet bei ihm die Sehkraft.

Und wenn er Viagra einschmeißt, während du gleichzeitig anfängst, deine Stützstrümpfe herunterzurollen, dann sind nach dreißig Minuten beide gleichzeitig fertig. Das hat der Herrgott doch ideal eingerichtet.

Der Verlust der Sehkraft ist ein natürlicher Schutz gegen den körperlichen Verfall des Partners. Manche haben ja bei der Partnerwahl nach vierzig bereits so schlechte Augen, dass sie gar nicht mehr die Details am Körper desjenigen erkennen können, den sie sich ins Bett geholt haben. Ich glaube, wenn man sich mit sechzig neu bindet, ahnt man nur noch Form und Silhouette seiner neuen Liebe und malt sich die Feinheiten einfach selber aus.

Deshalb nehmen alte Kerle auch oft zwanzigjährige Silikonwunder mit Dollarzeichenfigur: Was anderes können die gar nicht mehr deutlich erkennen!

Man sollte ältere Herrschaften in einer intimen Beziehung

einfach nicht unter Leistungsdruck setzen. Das fängt schon beim Outfit an. Wenn ich mit einem Greis ins Bett müsste, dann würde ich ein schwarzes Nachthemd tragen, das überall mit kleinen Knöpfen besetzt ist. Klar ist das nicht bequem, aber ich würde darauf hoffen, dass mein Partner mich für die Fernbedienung hält und beim Entkleiden mit tattriger Hand so viel Energie verschwendet, dass er erschöpft kollabiert, bevor er den Gral der Lust überhaupt erreicht hat.

Die jüngste Erfahrung, die ich gemacht habe, ist, um wie viel attraktiver ein Mann plötzlich werden kann, wenn man erfährt, dass er dreißig Millionen Euro Jahresumsatz macht. Ich finde, ein schwerreicher Mann kann gar nicht unattraktiv sein. Ja, ich mag zunehmend Männer, die Gesichter haben wie ein Blankoscheck. Und ein Mann, dessen Potenz noch funktioniert, ist das Äquivalent zu einer gültigen Kreditkarte.

Gott sei Dank lässt sich durch Anti-Aging-Therapie unser Hormonhaushalt manipulieren. In meiner Branche »natürlich« zu altern ist so gut wie unmöglich. Schon heute fließt in meinen Adern so viel an Eisenpräparaten, dass ich meine Ohrringe wie Magnete befestigen kann. Ich persönlich nehme dreizehn Pillen pro Tag … davon zehn, um die Nebenwirkungen zu behandeln, die die anderen drei ausgelöst haben. Ich schwöre neuerdings auf Vitamin P 69 – das verwandelt Altersflecken in Schweizer Franken!

Gemeinerweise machen die männlichen Wechseljahre viel mehr Spaß als die weiblichen. In der Menopause nehmen Frauen zu und kriegen Hitzewellen. Männer lassen sich Fett absaugen, schleppen Zwanzigjährige ab und fahren Harley Davidson.

Frauen und Autos haben eine Gemeinsamkeit: Der Lack mag zwar die Jahre verbergen, aber das Innenleben enthüllt die Spuren des Alters! Schon heute nehme ich, bevor ich ins Bett gehe, alles raus oder runter. Ich will nicht sagen, dass mein Körper in sich zusammen fällt, aber ich rechne jederzeit damit, dass mein Gynäkologe einen Sturzhelm aufsetzt.

Schauen wir uns um, was auf alte Künstlerinnen zukommt: Inge Meysel war eine begehrte, wohlhabende Frau. Kurz vor ihrem Tod besuchte ich sie noch mal.

Sie klagte über stechende Schmerzen unter der linken Brust. Gott sei Dank war es nur ein Meniskusschaden.

Alter hat den Vorteil, dass man keine Verhütungsmittel mehr braucht. Man lässt einfach das Licht an, wenn man in Ruhe gelassen werden will.

Klar kann man das Alter vor sich herschieben, aber Ellenbogen, Knie, das Ohr, der Hals und unsere Hände und Füße sind untrügliche Indizien, ja, geradezu Verräter im Kampf gegen die Natur.

Ich hab im Sommer auf Sylt Uschi Glas kennen gelernt. Spontan habe ich ihr ein Kompliment für ihre schicken, braunen Krokodillederschuhe gemacht: Dabei war sie barfuß. Die Sonne bringt es an den Tag.

Marika Röck hingegen hielt sich die letzen zwanzig Jahre diskret im Abseits.

Sie hat in ihrem Leben mit dem Alter so gelogen, dass sie sogar ihre Hunde und Katzen jünger machen musste. In Wahrheit war sie 104 Jahre alt!

Die Sozialversicherungsnummer von ihr war die 2! Der einzige Grund, warum Marika Röck nicht mit auf der Arche Noah war, war der, dass sie kein anderes Tier gefunden haben, das aussah wie sie. Auf dem Presseball hat sie mir mal anvertraut, dass ihr Schamhaar schneeweiß geworden sei. In gewissem Licht soll das aussehen, als wenn Edmund Stoiber vor ihr niederkniet.

Das Alter bringt auf schleichende Weise den Verlust unserer Sinne mit sich. Doch was als letztes schwindet, ist die Fähigkeit, zu lieben.

Wenn unser Gedächtnis nachlässt, die Sehkraft versagt und wir Flaschenböden als Brille tragen, wenn wir ein Hörgerät brauchen und die Gehhilfe vor uns herschieben, werden wir immer noch in der Lage sein, zu lieben. Leider werden wir nicht mehr mitkriegen, wen.

Wollen Sie so lange warten? Na also. Fangen Sie besser an, Ihre Gefühle zu verschenken, solange Sie noch bei Trost sind. Und das ist heute!

Warum Männer nie anrufen

Heute widmen wir uns jenem mysteriösen Themenbereich, an dem schon Generationen von Frauen, Wissenschaftlern und Autoren zerbrochen sind: der männlichen Psyche.

Das unerforschteste Segment dieses Terrains ist die Frage: Wie kommt es, dass Männer nie anrufen?

Nach erfolgreichen Dates, versteht sich! Wie kann es sein, dass nach gemeinsamen Stunden voller Glück, Harmonie und perfektem Sex Kerle zu Primaten mutieren, deren Hirn so primitiv ist, dass es nicht mal mehr das zustande bringt, was selbst ein Außerirdischer wie E. T. als Einziges formulieren konnte: »Nach Hause, telefonieren!«

Wann sollte der erste Anruf eingehen, wenn man einen neuen Mann kennen gelernt hat?

Besonders nach dem ersten Geschlechtsverkehr ist das eine Frage, die uns Frauen für alle klaren Gedanken vorübergehend blockiert. Als Erste anzurufen erweckt immer den Eindruck, bedürftig zu sein.

Und trotz dieses Wissens bin ich zu schwach, lange auszuharren, schlimmer noch: Just in dem Moment, wo ich mir schwöre, mit einem Ex endgültig den Kontakt abzubrechen, muss ich ihn geradezu zwanghaft anrufen, um ihm dies mitzuteilen. Wie alle Mädels mit gebrochenem Herzen!

Es gibt natürlich Männer, da hofft man, dass die sich nie mehr melden. In dem Fall klingelt meistens schon das Telefon, bevor der Typ überhaupt zu Hause angekommen ist. Zwar fühlt man sich in so einem Fall garantiert beschissen, aber hier geht es um Nuancen. Richtig schlecht geht es einem erst dann, wenn man verliebt ist und zwei Wochen lang nicht angerufen wird, nachdem man am Ende eines Rendezvous in der ersten S-Bahn im Morgengrauen richtig guten Sex hatte.

Normalerweise sollte ein Mann eine Frau, mit der er Sex hatte, innerhalb der nächsten drei Tage anrufen. Alles andere ist unzivilisiert. Wenn er sich eine ganze Woche nicht gemeldet hat, sollte man bei ihm anrufen oder sich gleich einen Neuen suchen. Ruft man ihn nämlich an, um ihn doch noch für sich zu gewinnen, obwohl er gar nicht will, wird er was vom vollen Terminkalender faseln und erzählen, dass er in den nächsten drei Jahren keine Zeit hat. Dann weiß man Bescheid und kann sich anderen Männern zuwenden. Empfehlenswerter ist, ihn anzurufen und ihm zu sagen, dass er ein blödes Arschloch ist, der einen eh nicht verdient hat. Damit macht man sich Luft, entlastet den Freundeskreis und scheidet mit dem guten Gefühl, selbst Schluss gemacht zu haben.

Aber fangen wir ganz von vorne an: Ich kann keinen Videorekorder programmieren, bin aber in der Lage, einen gut gebauten Techniker zwischen neunundzwanzig und einunddreißig dafür zu bezahlen. Ich halte meine Höhle selber warm, nähre meine Brut, kann eine Glühbirne auswechseln, kurz: Ich habe gelernt, mein Mammut selber zu erlegen und in meine Höhle zu schleifen, ohne überfallen zu werden. Meine Shows haben nicht nur Hunderttausenden von Menschen Lust, Freude und Entertainment verschafft, sondern mich reich und berühmt gemacht. Ich bin ein Star! Kann mir da vielleicht mal jemand erklären, wie es kommt, dass ich das ganze Wochenende mit zitternden Händen auf den Telefonanruf eines Wesens warte, dessen Existenz von Lesben für überflüssig gehalten wird?

Und als es dann am Samstagabend um 23.00 Uhr nach vierzehn Tagen Wartezeit endlich doch noch klingelte, da kam nicht etwa Freude auf! Nein, da fragte ich mich, ob das nicht möglicherweise heißen soll: »Ich klingle mal eben durch, um zu sehen, ob du eine vereinsamte Vierzigerin bist, die am Samstagabend nichts Besseres vorhat, als auf den Anruf eines smarten Typen wie mich zu warten, der sich einmal im Suff hat hinreißen lassen, mit dir in die Kiste zu gehen?«

Jede Single-Frau weiß, wovon ich spreche. Wir wissen Bescheid, voll und ganz!

Man hat sich inniglich verabschiedet, und ER hat gesagt: »Ich ruf dich an.«

Und wir interpretieren dies, als bedeute es: »Er wird mich anrufen.« FALSCH! Reingefallen!!!

In dem Moment, da man als Frau »Ja« sagt, beginnt die Psyche des Mannes sich zu dematerialisieren. Innerhalb weniger Sekunden verkrampft sich jede Zelle seines Körpers, und Botenstoffe voller Selbstschutzmechanismen führen dazu, dass er sich in eine Materie verwandelt, die ihn auf mysteriöse Weise in jenes Bermuda-Dreieck transportiert, wo im Laufe der Jahre Heerscharen von Liebhabern unwiederbringlich verschwunden sind.

Folge: Wir fragen uns, ob mit uns als Frau was nicht stimmt. Irgendein emotionaler oder persönlicher Defekt, mit dem wir die Kerle vergraulen. Vielleicht haben wir Mundgeruch, und keiner wagt es, uns das zu sagen. Es fallen unseren besten Freunden gegenüber Sätze wie: »Wir haben uns wirklich toll verstanden« und »Ich habe ihn auch wirklich nicht unter Druck gesetzt«. Ja, ich bin so weit gegangen, mal zu einer Freundin zu sagen: »Würde es dir etwas ausmachen, ich meine, ganz unter Freunden, mal an meinen Füßen zu riechen?«

Wie dumm! Mit uns Mädels ist alles in Ordnung. Ich habe mir angewöhnt, wenn Männer nicht anrufen, dies als Kompliment zu werten. Denn wenn ein Typ sagt, dass er anruft, stellt er damit in seinem Codex die Frage: »Würdest du mich theoretisch heiraten?« Wenn ein Mann anruft, heißt das für ihn, dass es zu einem Wiedersehn kommt, wobei es aufgrund seiner immer vorhandenen, naturgegebenen Geilheit zum Äußersten kommen wird, was für ihn die Verpflichtung einer festen Bindung skizziert und damit das Übernehmen von Verantwortung zur Folge hat. Ein einziger Griff zum Telefon kann rein theoretisch Prozesskosten und achtzehn Jahre Unterhaltszahlungen zur Folge haben. Mein schlichter Rat an die Single-Frau ist daher, einem potentiellen Stecher auf die Frage, ob er wieder anrufen darf, zu antworten: »Niemals!« oder »Eigentlich schon, aber meine Lebensplanung beinhaltet, dass ich ins Novizentum eintrete, um Nonne zu werden«.

Damit wird er locker umgehen können. Bei jedem weiteren Treffen, bei welchem Sie die Bibel stets spielerisch in Reichweite dekorieren sollten, wird er – sagen wir in der Manier eines Frettchens – zutraulicher reagieren, um Ihnen nach ein paar Jahren, vor dem Hintergrund, dass Sie dieselben Interessen und kompatible Persönlichkeiten feststellen konnten, arglos Studentenfutter direkt aus der Hand zu fressen.

Üben Sie niemals auf einen Kerl Druck aus, Ihnen seine intimsten Gefühle mitzuteilen. Männer hassen das, und ich sage Ihnen, warum: Unter der harten Macho-Schale, die sich in abartigen Diskussionen um Autos und Fußball äußert, schlummert nichts als ein wahres, leidenschaftliches, tiefes, von Herzen kommendes Interesse für: Fußball und Autos! Dahinter liegt … nichts. Typen haben nicht dieses Konstrukt fein verwobener intimer Gedanken- und Gefühlswelten. Es ist Zeit, dass ihr euch damit abfindet, Mädels!

Während ihr über die ihm angedichteten aufgestauten Emotionen fabuliert, von denen ihr ihn erlösen wollt, zählt für ihn nur, wie er an einen längeren Golfschläger kommt und seine Platzreife erlangt. Tut mir Leid, dass ich eure Illusionen zerstören muss. Aber wenn ihr es nicht verkraftet, dann lebt doch einfach Plan B: Geht ins Kloster!

Warum Männer Tiere sind, und wie man zu ihrem Frauchen wird

Es ist hart da draußen für uns Singles. Weltweit findet der Akt des Geschlechtsverkehrs täglich zehn Millionen Mal statt – nicht eingerechnet das Schlafzimmer von Dolly Buster. Da ist es doch ungerecht, dass manche Leute einfach zu kurz kommen.

Deshalb muss man sich als Mädel umfassend orientieren, um nicht seinen Verletzungen zu erliegen.

Ich bin aus diesem Grund zu einer Liebhaberin soziologischer Theorien geworden:

Erstens: Wussten Sie schon, dass nicht nur Sie nicht genug Sex haben, sondern dass ganz Deutschland es zu wenig treibt? Es sieht bitter aus, nachts in deutschen Betten. Dort herrscht mehr oder weniger Ruhe. Meine Theorie ist, dass dies eine Folge des Darwin'schen Selbsterhaltungsdingsbums ist. Fakt ist, dass es ein Massenunterbewusstsein gibt, welches alle Menschen verbindet. Wie sonst könnte auch ein ganzes Land zum Fan von Dieter Bohlen werden, obwohl ihn vorher alle zeitgleich gehasst haben? Unterbewusst sind wir alle eins. Darauf baut ein Konzept wie »Ich bin ein Star – holt mich hier raus« auf. Oder der gesamte Fußball. Und wir ahnen, dass die Welt überlastet ist mit Vollidioten, die nicht in der Lage sind, die Renten zu sichern, unseren Kindern Ausbildungsplätze zu garantieren und die Zigarettenpreise niedrig zu halten. Der Mensch, programmiert auf Selbsterhaltung, hat den Willen verloren, sich in der momentan bestehenden Entwicklungsstufe weiter zu reproduzieren. Es ist auch besser so.

Oder wie finden Sie diese These: Wir werden ein Matriarchat! Männer verlieren ihre Macht. Frauen haben es satt, sich von den Kerlen gängeln zu lassen. Sogar Stewardessen spielen nicht mehr mit. Sie ignorieren jeden Mann, der klingelt. Damit die Saftschubse angewackelt kommt, muss sich ein Mann schon was einfallen lassen. Er könnte beispielsweise rufen: »Stewardess, mein Fenster ist offen!« Vorher passiert da gar nichts. Von Flensburg bis Garmisch-Partenkirchen haben Frauen von den Männern die Schnauze gestrichen voll.

»Männer sind Schweine, sie lügen, sie sind feige, sie sind unzuverlässig.« So endet jede Party am Küchentisch, wenn die Mädels beieinander sitzen. Man braucht als Frau sechs Monate, um sich sexuell zu öffnen, Vertrauen aufzubauen und sich fallen zu lassen. Erst nach dieser Phase kann man langsam anfangen, damit aufzuhören, Orgasmen vorzutäuschen. Doch bis es so weit kommt, hat uns der Mann längst sitzen lassen. Nach einem halben Jahr ist unser nackter Körper, der einst die Lust weckte, so interessant geworden wie ein Küchenhocker. Romantische Leidenschaft ist nun mal nicht von Dauer. Männer sind Jäger. Und der Jäger liebt die Jagd und nicht die Beute.

Leider gibt es heute keinen Anlass mehr, unter Einsatz des Lebens ein Mammut zu erlegen, um die Sippe am Leben zu erhalten und in die Höhle zu schleifen. Essen wird heutzutage vom Pizza-Service angeliefert oder bei McDonalds' in Styropor-Schachteln per Computer zu uns aufs Tablett dirigiert.

Deswegen müssen Männer heute ihren Jagdtrieb kompensieren. Hunden werfen wir einen Stock hin, und sie rennen danach. Männern bleibt nur die Jagd nach Sexualobjekten. Vielleicht sollte man mit aufblasbaren Beate-Uhse-Sexpuppen werfen, damit Männer was zum Apportieren haben. Haben sie nämlich die Frau erst mal erlegt, verlieren sie das Interesse. Sie markieren mit ihrem Saft das neu eroberte Terrain auf unserem weißen Persil-Betttuch und ziehen weiter. Wir bleiben auf der Dreckwäsche sitzen. So will es die Natur heute.

Auch müssen wir uns als Spezies nicht mehr vor wilden Tieren schützen. Wir müssen uns vor den Männern schützen. Unsere Umwelt hat uns darauf dressiert, sonst könnten wir nicht überleben. Was wir heute zum erfolgreichen Überleben brauchen, sind feminine Eigenschaften: diplomatische und soziale Kompetenz, Fantasie, emotionale Kreativität. Also sind wir Frauen heute evolutionär gesehen das starke Geschlecht. Doch die Männer haben diesen Evolutionsquantensprung noch nicht mitgemacht. Sie werden sich an Niederlagen Frauen gegenüber erst gewöhnen müssen. Und wir bleiben Sklavinnen des Mannes, weil unsere Geilheit dafür sorgt, dass wir genommen und richtig flachgelegt werden wollen. Also spielen wir ihnen vor, dass wir uns unterwerfen. Wir leben nicht in einer Demokratie, sondern in einer Phallokratie. Männer sind jedoch nicht dumm. Zumindest nicht so dumm, dass sie in den neunziger Jahren nicht langsam mal begriffen hätten, dass sie besser anfangen, einen auf sensibel zu machen, weil wir sie nämlich sonst überhaupt nicht mehr an uns ranlassen.

Die Männer von heute finden Frauen vor, auf die sie nie vorbereitet wurden, weil es zu Zeiten ihrer Eltern so was wie uns gar nicht gab. Frauen befinden sich als Spezies derzeit mitten in der Mutation.

Meine soziologische Theorie ist, dass der Umstand, heute ein Mann zu sein, mit einer Persönlichkeitsstörung gleichzusetzen ist. Die Ehe kommt einer Internierungsanstalt gleich. Was glauben Sie wohl, warum Männer immer diese Krankenschwesternfantasien haben? Damit geben sie uns ja vor, wie sie behandelt werden wollen – als Patienten.

Mit einer Frau zusammenzuleben ist für einen Mann so etwas wie betreutes Wohnen. Die ideale Frau ist nicht nur Köchin, Putzfrau und Geliebte, sondern auch noch Psychotherapeutin, Betreuerin, Pflegerin.

Und wenn die Frauen sich dann mit den Komplexen und Perversionen der Männer konfrontiert sehen, die die Erziehung der Mutter, die Marlboro-Reklame und die Trunksucht ihnen angetan haben, lösen sie das Problem mit einem Baby. Von da an klappen Männer den Toilettensitz nicht mehr runter, weil sie hoffen, dass man eines Nachts schlaftrunken ins Klo rutscht.

Diesen Zustand zu verbessern, das ist die Aufgabe, die wir in der Mitte des Lebens zu bewältigen haben. Wenn wir bis dato einigermaßen überlebt haben, dann gelingt es uns, auch die verbleibende Lebenszeit zu verbessern.

Unser Dilemma besteht darin, dass wir auf Männer angewiesen sind. Minus und Minus ergibt nun mal Plus. Der Mann ist der Stecker, und wir sind die Dose. Das Licht leuchtet erst, wenn diese Vorrichtungen einander ergänzen. Ich kann einfach nichts mit Frauen anfangen, die die Welt allein regieren wollen: Wenn es keine Männer gäbe, wer würde mir dann den Reißverschluss am kleinen Schwarzen hochziehen?

Warum Männern beim Sex das Lachen vergeht

Eine neue Studie sagt, dass der Deutsche im Durchschnitt siebenundneunzig Mal Sex pro Jahr hat. Also wenn das stimmt, dann muss ich Ausländerin sein.

Ich dachte immer, am Theater macht man Karriere durch die Betten. Ich bin schwer enttäuscht worden. Meinen Traumberuf auszuüben und nebenbei gratis noch die Möglichkeit zu haben, mich auf jeder Besetzungscouch flachlegen zu lassen, wäre für mich die Garantie für ein ausgefülltes Leben gewesen.

Und wenn das dann noch Partner gewesen wären, die mich beruflich weitergebracht hätten, vielleicht sogar noch gute Liebhaber sind, wäre das für mich die Definition von Paradies. Aber bislang habe ich vergeblich auf sexuelle Belästigung am Arbeitsplatz gehofft.

Ich wollte auf die Besetzungscouch, und ich lebe wie im Kloster! Wenn ich so oft Sex hätte, wie ich in der Zeitung stehe, wäre ich schon glücklich.

Soll ich Ihnen mal sagen, warum? Wenn dieses großzügige Angebot tatsächlich von einer langbeinigen Blondine mit Traumfigur, Körbchengröße C, Stil, Charme und Eloquenz, ja, sogar geistreichem Witz kommt, dann sind die Kerle auf einmal zu schwach, um sich der Herausforderung zu stellen. Die Mehrzahl der Männer vögelt nun mal nicht gern auf Augenhöhe. Als sozial geschädigte Hauptschülerin mit kaputter Dauerwelle und einem IQ wie meine Schuhgröße wäre ich auf der Besetzungscouch wahrscheinlich erfolgreicher gewesen. Ich bin nicht blond im Kopf, sondern nur blond auf dem Kopf. Die gefährlichsten Blondinen sind immer die mit den braunen Wurzeln. Deren IQ ist größer als der Brustumfang. Damit stellt man eine Bedrohung für die Männer dar.

Und da liegt mein Problem: Da beim Lachen das Gehirn durchblutet wird, ist es Männern biologisch nicht möglich, zu lachen und gleichzeitig eine Erektion zu halten. Wer lacht, wird zum Schlappschwanz. Sex ist eine ernste Sache! Das Blut im Organismus des Mannes reicht einfach nicht aus, um beide Organe zu versorgen!

Das ist für mich absolut hinderlich, denn wie soll man mit jemandem im Bett landen, mit dem man nicht herzhaft lachen kann? Humor ist doch der entscheidende Faktor bei der Annäherung an einen potentiellen Gesprächs- oder Liebespartner. Um einen Mann zu fesseln, braucht man wahrlich mehr als einen Wonderbra und ein paar tolle Beine.

Im Gegensatz zu Männern lieben Frauen tiefe, einfühlsame Unterhaltungen. Männer belassen Dinge gerne an der Oberfläche und geben sich mit ein paar Blondinenwitzen zufrieden. Und zwar unter Männern! Wenn sie lachen wollen, treffen sie sich mit den Kumpels. In dem Moment, wo eine Frau zum besten Freund mit Brüsten wird, also ein Kumpel an ihrer Seite sitzt, mit dem sie die guten und die schlechten Zeiten teilen können und den sie danach auch noch vögeln können, sind die Männer restlos überfordert. Da sehen sie sich schon mit einem Bein auf dem Standesamt und wissen sich nicht mehr anders zu retten als durch Fluchtverhalten. Humor zeigt, wer wir wirklich sind. Er offenbart unser Wissen um die Natur des Menschen, und er bringt unsere Seele zum Klingen. Unser persönlicher Witz trägt auch unsere persönliche Wahrheit in sich. Im Grunde kann man mit Charme und Humor jedes Gegenüber schachmatt setzen. Man wird automatisch zum Überlegenen zweier Gesprächspartner.

Vor dieser Powerposition haben Männer Angst. Wer die Lacher auf seiner Seite hat, dem gebührt die Aufmerksamkeit. Damit müssen sich Männer erst mal abfinden. Für mich bleiben nur Exemplare mit außerordentlicher Souveränität übrig. Ich habe daher die Strategie entwickelt, mit angezogener Handbremse zu fahren.

Denn das, worüber ein Mann am liebsten redet, ist er selbst. Wenn Sie sich bei einem wirklich wichtigen Date als Frau klug verhalten wollen, dann spielen Sie einfach eine Reporterin. Machen Sie ein Interview. Befragen Sie den Mann nach seinen Hobbys, seinen Erfahrungen mit Frauen, seiner Karriere und seinen Geschäften. Fragen Sie, wo er letztes Jahr in Urlaub war, ob er Kinder hat, welches Auto er fährt, was sein Lieblingsessen ist und wie er die Wochenenden verbringt. Fragen, Fragen, Fragen. So sind Sie auf der sicheren Seite. Jede seiner Antworten wird Sie zur nächsten Frage führen. Ihre Anliegen kommen später dran. Stellen Sie sie vorerst zurück.

Fangen Sie mit simpler Unterhaltung an. Sagen Sie einfach: »Oh, das ist aber eine schöne Krawatte« oder »Bedeutet dieses rote Taschentuch etwas?« oder »Haben Sie schon immer einen Bart getragen?«

Das sind Unterhaltungen nach Männergeschmack. ER steht im Mittelpunkt Ihres Interesses, und die Pointe, die witzige Antwort, überlassen Sie IHM.

Wenn er sich als Linkshänder entpuppt, fragen Sie nicht, ob er sich auch mit links einen runterholt – das wäre ein Brüller, aber gleichzeitig auch ein Kardinalfehler! Nein, sagen Sie: »Oh, President J.F. Kennedy war auch ein Linkshänder. Das sollen sehr charismatische Menschen sein.«

Erwarten Sie bloß nicht, dass ein Mann Ihre Gedanken lesen kann. Sagen Sie ihm deutlich und unmissverständlich, was Sie von ihm erwarten. Männer lieben Frauen, die geradeheraus und in einfacher Sprache ausdrücken, was sie wollen. Feminin und gleichzeitig offen zu sein wirkt auf Männer provokant und verführerisch. Ich persönlich setze immer auf meine Mischung aus Glamour und Direktheit – glauben Sie mir, Männer, die Stil haben, fahren darauf ab. Warum? Eine Frau, die weiß, was sie will, und das Stadium des Mauerblümchens hinter sich gelassen hat, vermittelt einem Mann, dass sie die sinnlichen Freuden des Lebens kennt. Sie hat die Kontrolle über ihre eigenen Affekte und ruht in sich selbst. Die Möglichkeit, eine Frau zu erobern, die ihren Leib und ihre Seele akzeptiert hat, ist viel versprechender als sich mit einem jungen Ding abzumühen, das von der Sinnlichkeit des prallen Lebens noch keinen blassen Schimmer hat.

Die Kunst der Konversation ist die große Chance, mit der wir reifen Damen jugendliche Konkurrenz schachmatt setzen.

Drücken Sie einem Mann gegenüber unbefangen aus, wer Sie sind und was Sie von einer Partnerschaft erwarten. So geben Sie der Opferhaltung von Anfang an keine Chance. Ein Mann, der ein Opfer braucht, ist für eine Vierzigjährige definitiv die falsche Baustelle.

Zeigen Sie ihrem potentiellen Partner auch von Anfang an, welchen Stellenwert Loyalität für Sie hat. Männer lieben Vertrauenswürdigkeit an Frauen ebenso, wie wir das Sicherheitsgefühl genießen, welches uns ein Mann schenkt.

Wir alle lieben einen Menschen, auf den wir zählen können.

Und erst nachdem Sie dieses Fundament der Konversation errichtet haben, können Sie langsam Ihren brillanten Witz hervorblitzen lassen. Ein Mann muss regelrecht Zutrauen zu einer Frau entwickeln, bevor man ihm abverlangen kann, dass er sich von unserem geistreichen Esprit nicht verschrecken lässt. Vermitteln Sie ihm am besten in kleinen Dosierungen, dass ein blitzgescheiter Geist zwischen Ihren wunderschönen Mandelaugen sitzt, der einen kleinen Vorgeschmack auf dieses große, wissende, alles verstehende und alles verzeihende Herz zu geben vermag, welches unter Ihrem wogenden Busen schlummert.

Wenn Sie das geschafft haben, schwenken Sie auf Sex-Talk über. Aber auch das bitte therapeutisch portioniert, also eher scheibchenweise als mit der Keule. Sagen Sie nicht: »Also ich hab so lange keinen mehr reingekriegt, ich hab ganz schön Nachholbedarf. Ich glaube, der nächste Kerl, der mir in die Finger kommt, auf den stürze ich mich wie eine Horde Affen über die letzte Banane im Dschungel.«

Nehmen Sie die Last von seinen Schultern, indem Sie die Latte niedrig hängen. Sagen Sie: »Ich halte multiple Orgasmen für eine komplette Erfindung der Medien. Und auch dieses ganze Gerede um Technik. Was mich betrifft, ich bin schon froh, wenn bei mir der Toast auf beiden Seiten rausspringt!«

Geben Sie sich klein, demütig und dankbar. Dankbarkeit kommt bei Männern immer an. Sagen Sie: »Mein G-Spot steht für ›Gott vergelt's‹!«

Leider halte ich diese strengen Maximen der raffinierten, verführerischeren Konversation zwischen Mann und Frau selbst nicht immer ein. Ich bin mir sicher, dass meine Leserinnen bald sehr viel virtuoser auf der von mir benannten Klaviatur spielen werden als die Meisterin selbst.

Und wehe, wenn sich doch mal ein Witz Bahn bricht. Dann schallt mein Lachen aus mir so befreiend heraus wie die Eruption eines Vulkanausbruches.

Typisch: Sobald etwas Bremsen oder Hoden hat, komme ich in Schwierigkeiten.

Wie man sich vor Arschlöchern schützt

Unser nacktes, ungeschütztes Herz hat sich schon so viele Male fragen müssen: Warum tauscht dieses Arschloch mich alte Kuh gegen eine neue Kuh? Nun, sehr einfach: Weil wir eben dumme Kühe sind, wenn wir uns in Arschlöcher verlieben.

Ich meine in ausgewiesene, promovierte, fortgeschrittene, professionelle Arschlöcher. Solche, die charmante, gut aussehende, humorvolle Verführer sind und eigentlich nur mit unseren Gefühlen spielen, um sich selber einen darauf runterzuholen, was sie für ein scharfer Frauenkenner sind. Diese Kategorie ist prinzipiell immer auf der Jagd, und das Fatale ist, dass sie im Grunde Frauen verachten. Für solche Typen ist man eine Wegwerfware, die verschlissen wird wie ein alter Lappen, mit dem das Arschloch sein Selbstbewusstsein aufpoliert hat. Solche Männer gibt es unter den potentiell tollen »Typen zum Verlieben« wie Sand am Meer. Was Liebe ist, werden sie nie erfahren. Gemeine Arschlöcher eben, mit denen man endlich mal wieder glücklich ist, Cabriolet fährt und die harmonische Leichtigkeit erlebt, die man Verliebtheit nennt. Ich könnte diese, meine Lebenserfahrungen nicht auffächern wie ein Sortiment bunter Glasperlen, wenn ich nicht im Zuge meiner Wellness-Erlebnisse mit Arschlöchern am Ende immer das Opfer gewesen wäre.

Wenn ich auf irgendeine Kategorie von Männern spezialisiert bin, dann auf Arschlöcher.

Ohne Arschlöcher hätte keine Single-Frau in Deutschland in den letzten drei Jahren jemals ein Date gehabt. Das heißt, man wäre ja ohne Arschlöcher noch einsamer. Soll man auch noch dankbar sein für die Brosamen, die einem der Herrgott zugeteilt hat, oder was? Nein, ich verbiete es euch strengstens, mit solchen Typen auszugehen, ja, ich erlaube euch nicht mal, mit Arschlöchern einen Kaffee zu trinken. Oder sie nach dem Weg zu fragen. Gar nicht erst hingucken. Wegrennen, flüchten heißt die Devise.

Wenn es ein Typ ist, den ihr am Ende ernähren müsst, wird er wahrscheinlich schon beim ersten Treffen sagen: »Ich kann irgendwie nicht wirklich Geld mit meinem Beruf verdienen, aber das ist nicht meine Schuld, es ist die Schuld unseres politischen Systems, ich bin eben kein Arschkriecher. Mich anbiedern, das liegt mir nicht, aber egal, so kann ich jedenfalls noch in den Spiegel schauen.«

Arschlöcher verstehen es, immer sich selbst zum Opfer zu machen, während sie uns dabei seelisch missbrauchen. Wenn es den Arschlöchern gelungen ist, uns erst mal in ihre Lügenwelten zu verstricken und so weit zu haben, dass wir einen beträchtlichen Teil unserer Arbeitszeit (!) damit zubringen, analytisch ihr widersprüchliches Verhalten ergründen zu wollen, und wenn selbst die beste Freundin zu uns sagt, sie kann das Thema nicht mehr hören, dann kommt der Punkt, wo sich für unser Helfersyndrom ein neues Betätigungsfeld auftut.

Wie ein Trüffelschwein haben unsere Instinkte geortet, wo ein kaputter Egomane, ein narzisstischer Alkoholiker, ein manisch-depressiver Komiker, ein sensibler Süchtiger, ein charmanter Frauenhasser oder ein komplizierter Spinner unsere Hilfe braucht. Von nun an spielen wir nur noch die Statistenrolle in der Doku-Soap unseres »Traummannes«. Das Leben hat uns umbesetzt, ohne dass wir es bemerkten.

Wir machen es zu unserer verhängnisvollen Aufgabe, die Persönlichkeitsstörungen des Partners in unsere Liebesbeziehung zu integrieren. Doch egal, was Sie auch versuchen, eine solche »Liebe« wird Ihr Herz brechen.

Was Sie schwach werden lässt, ist das schöne Gefühl, gebraucht zu werden und dadurch vereint zu sein. Nehmen Sie einen Paradigmenwechsel vor, solange Sie noch halbwegs bei Trost sind. Machen Sie es sich zur Regel, dass Sie prinzipiell nie wieder mit jemandem etwas anfangen, dessen Persönlichkeitsprobleme größer sind als Ihre eigenen.

Nachdem ich jahrelang an kaputten Typen rumgebastelt habe, meist erfolglose egozentrische Psychos, die ihre Krankheit unter dem Deckmäntelchen des unentdeckten, erfolglosen Künstlers verborgen hielten, ergründete ich, woran es lag, dass ich wie ein Magnet immerzu Arschlöcher anzog. Sie besaßen nicht nur eine Reihe ähnlicher Eigenschaften, sondern ausgesprochen viel Charme – und das macht sie so unberechenbar gefährlich.

Sie sehen im Gegensatz zu den Psychos aus Hollywoodfilmen nicht wie Massenmörder aus, sondern sie sind attraktiv, haben geheimnisvolle, schöne Augen, markante Züge! Sie haben aufgesetztes Selbstbewusstsein, Fantasie, sind sensibel, einfühlsam, können zuhören und sind in allem äußerst intensiv. Die Nerven liegen blank bei den Psychos, und sie geben die Mimose. Noch dazu sind sie verdammt sexy – intensiv auch hier auf höchstem Niveau.

Perfiderweise küssen sie auch noch gut. Sie beherrschen die gesamte Klaviatur dessen, was uns irre macht. Sonst wären sie ja auch keine ausgemachten Arschlöcher.

Wir reagieren mit Energieverschwendung an den falschen Mann, und die Todesspirale nimmt ihren Lauf.

Wenn euch das alles bekannt vorkommt, dann seid ihr das Opfer eines Borderliners! Viel zu spät habe ich erkannt, dass mein gut sortiertes Sortiment von Nieten aus pathologischen Grenzfällen bestand, nämlich Psychos mit Borderline-Syndrom. Diese Menschen wissen nicht, wo sie selber aufhören und wo der andere anfängt. Deshalb stellt sich tiefe Nähe ein. Darauf fallen wir rein. Diese Menschen ruinieren unser Leben. Ein Borderliner wird niemals in der Lage sein, eine gesunde Beziehung zu erleben, und peitscht uns von Panikattacke zu Panikattacke. Mit einem Borderliner erleben wir emotionales Bungee-Jumping.

In meinem Fall habe ich die letzte Bestie dieser Gattung (siehe *Warum hässliche Frauen häufiger Sex haben*) im Nachhinein dazu benutzt, um nach dem bitteren Erwachen und großem beruflichem, finanziellem und emotionalem Schaden die Festplatte in meinem Hirn neu zu speichern: einen Paradigmenwechsel vorzunehmen. Nebenbei habe ich den Typen noch zu Hackfleisch gemacht. Mit Freude! Er zittert noch heute, ja, er wird blass, wenn er meinen Namen hört, weil er weiß, dass ich seinen Aufenthaltsort kenne und im Besitz seiner Telefonnummern sowie derer seiner Frau bin.

Außerdem ist er fest davon überzeugt, dass ich es war, die für seine Kündigung am Hans-Otto-Theater in Potsdam gesorgt hat. Und das ist gut so.

Ich habe mir damals nach getaner Arbeit den Schweiß von der Stirn gewischt und wusste: So was passiert mir nie wieder.

Seitdem gehören bei mir dramatische Misserfolge der Vergangenheit an, und ich habe mich in eine glückliche, erfolgreiche, begehrenswerte, unabhängige Frau verwandelt, die dann und wann einem sympathischen Verehrer eine Audienz gewährt. Die Männer dürfen bei mir baggern, ich wähle aus. Einige lasse ich am ausgestreckten Arm verhungern. Andere teilen das Beste mit mir, was es zwischen Mann und Frau geben kann.

Entfernen auch Sie sich von jedem, der Sie chronisch unglücklich macht. Es ist besser, alleine unglücklich zu sein als mit einem Arschloch auf hohem Niveau.

Arschlöcher haben Rache verdient. Das sind wir unseren Geschlechtsgenossinnen aus Fairness einfach schuldig.

Wie man an Schmuck kommt

Seitdem Eva im Paradies Adam den Apfel gab, wurde die Welt heimgesucht von Missverständnissen zwischen Mann und Frau, wenn's um Geschenke geht.

Die Vertreibung aus dem Garten Eden begann mit einem Geschenk. Von nun an stand Adam in Evas Schuld. Ich glaube, Eva wollte nur mittels des Apfels mit dem Zaunpfahl winken, weil sie vergeblich auf eine Morgengabe von Adam gewartet hat. Als sensible Frau wollte sie ein Zeichen setzen. Sie hat mit ihrer Geste Adams Großzügigkeit wecken wollen.

Das ist voll nach hinten losgegangen. Wäre dieser Stiesel von Mann großzügiger gewesen und hätte er seiner Eva als Geste einen hübschen, selbst gebastelten Blumenkranz aufs Haupt gesetzt, und zwar täglich, dann hätte das uns eine Menge Ärger erspart. Bis heute hätten wir schmerzlos entbinden können, wenn nicht der Mann als solcher vom Geiz befallen wäre. Adams Knauserigkeit war an allem schuld. Ich glaube, als Gott die Menschen erschuf, hat er an Adam noch geübt. Der war so was wie Gottes Entwurf. Und als der liebe Gott im zweiten Anlauf die Frau aus der Rippe Adams formte, da beherrschte er sein Handwerk schon perfekt und hat an Eva einfach ein paar Korrekturen vorgenommen. Allerdings ist Gottes Rechnung nicht ganz aufgegangen. Er hat nämlich den fatalen Fehler gemacht, der Frau Verstand zu verleihen. Seitdem gibt es den Krieg der Geschlechter.

Sie merken schon, ich bin aus tiefstem Herzen romantisch. Und gläubig. Die Illusion großer Liebe werde ich niemals aufgeben. Mein Märchenschloss der Fantasie ist voll edler Gefühle, aber inzwischen habe ich mir auch ein Haus in der Realität gebaut. Deshalb bin ich Expertin auf einem Gebiet, welches früher oder später jede Frau betrifft: der Seitensprung! Haben Sie einen Partner, der fremdgeht? Verlieben Sie sich in Männer, die sich nicht binden können? Mein Rat ist: Haben Sie sich nicht so! Werden Sie erwachsen! Beenden Sie Ihre Beziehung nicht wegen Untreue, denn der nächste Partner betrügt Sie auch!

Ich hatte treue Männer, mit denen ich schlechte Beziehungen hatte, und untreue, mit denen ich glücklich war. Mit dem Vater meines Kindes war ich zwölf Jahre zusammen, und er war nicht immer treu. Überhaupt neige ich dazu, Männer zu begehren, die »ihre Freiheit lieben«. In der Sprache der Männer heißt das: »Ich vögele herum.« Wegen dieser biologischen Banalität hätte ich niemals meine Liebe aufgegeben, nein, ich habe gelernt, wie man damit umgeht.

Die Spezies Mann ist von der Arterhaltung her so konzipiert, dass sie ihren Samen möglichst weit in die Welt trägt, anstatt ihn immer an ein und derselben Stelle zu platzieren. Darauf müssen Sie reagieren. Natürlich auch im Bett! Für wen halten Sie sich, wenn Sie glauben, dieses archaische Konzept besiegen zu können? Ändern können Sie die Männer nicht, ändern Sie stattdessen Ihre Einstellung. Das spart Zeit und Nerven.

Fordern Sie anstatt Treue etwas Besseres: Schmuck! Durch das Anlegen von Fesseln und Freiheitsberaubung ist noch keine Verbindung glücklich geworden. Machen Sie nie den Fehler, zu erwarten, im Leben eines Mannes die Letzte zu sein. Ihre Großzügigkeit hat natürlich ihren Preis: Fordern Sie Wiedergutmachung für jeden Fehltritt! Werden Sie handelseinig mit Ihrem Partner. Helfen Sie ihm, eine gute Beziehung hinzukriegen. Er ist wahrscheinlich zu blöd dazu. Hören Sie auf, zu kontrollieren und auszufragen. Lernen Sie, das Vokabular der Männer zu übersetzen. Wenn er sagt: »Die finde ich nicht so doll«, heißt das: »Die ist gut genug, um ab und zu mal drüber zu rutschen«. Fordern Sie von Ihrem Partner nichts, was er nicht geben kann.

Der Sex zu Hause muss der beste der Welt sein. Sonst können Sie die Sache gleich vergessen. Seien Sie die Kellnerin, die liefert, was er bestellt! Man muss sich eben Mühe geben.

Der Begriff »eheliche Pflichten« beschreibt ja schon die lustfreie Last, die in deutschen Schlafzimmern das Miteinander dominiert. Kein Wunder, dass die Kerle sich Spezialistinnen suchen, welche die Erotik wiederbeleben.

Ich habe meine Partner dazu erzogen, mit ihren Affären nicht mein Terrain zu besudeln. Guter Sex und Ehrlichkeit sind die Fundamente jeder Liebe. Ich habe Ehrlichkeit nie bestraft, sie immer belohnt: mit Verständnis und Liebe. Bezahlen müssen die Typen für ihre kleinen Schweinereien natürlich mit Schmuckstücken! Glauben Sie mir: Meine Schatulle ist voll!

Mein wertvollster Ring ist ein Diamantherz. Damit kam mein Letzter an, nachdem eine hartnäckige Schlampe anfing, ihn zu nerven. Es lief fast ein Jahr, und er sagte, sie wolle auf einmal wissen, ob er gebunden und was sein Nachname sei. Da wurde es ihm zu eng.

Er hat dann freiwillig ein Geständnis abgelegt, und ich sagte nur: »Aber Schätzchen, das habe ich doch schon die ganze Zeit gewusst.« Dann hat er den Ring aus der Hosentasche geholt. Zwei Jahre später bekam ich dazu den passenden Anhänger. Ich hatte immer noch auf das Set von Ohrclips gehofft, aber irgendwann hat er begriffen, dass an die Stelle von »Freiheit« etwas viel Wertvolleres trat: Geborgenheit, Wärme und innige Liebe.

Der schöne Brauch, Frauen mit Pretiosen zu überhäufen, ist zugunsten eines Zweitwagens und Pauschalreisen leider etwas abhanden gekommen. Im Gegensatz zu diesen Großprojekten hat Schmuck so was Handliches. Man nimmt ihn einfach mit, wenn man geht. Mit einem ausgebauten Dachgeschoss sieht das anders aus. Ich glaube, die Männer haben das extra so eingefädelt, um uns bei einer Trennung am langen Arm verhungern zu lassen. Die Frau als Statussymbol zu behängen gehört irgendwie nicht mehr zum modernen Leben. Wirklich schade! Allerdings habe ich festgestellt, dass Männer, die selber Schmuck tragen, großzügiger mit Geschenken an die Damenwelt sind. Deshalb werde ich mich jetzt Männern zuwenden, die gepierct sind. Die sind bestens vorbereitet auf die Ehe. Sie haben Schmerz ertragen und Schmuck gekauft.

Was will man mehr?

Wie man Affären als Alleinerziehende überlebt

Jede allein erziehende Mutter, die in ihr berufliches Leben eine längerfristige Affäre zu integrieren weiß, könnte Vorträge über Zeitmanagement auf Seminaren für Top-Manager halten.

Überhaupt könnte eine dermaßen qualifizierte Frau jederzeit Verantwortung in Organisation, Controlling und Personalführung übernehmen.

Die Bedeutung des Wortes »prekär« erschließt sich erst, wenn man mit seinen Techtelmechtels, Affären oder One-Night-Stands das Kinderzimmer raffiniert zu umschiffen weiß. Nur der Herrgott ahnt, wie oft ich umsonst teure Babysitter bezahlt habe, mich mühsam freigeschaufelt und Verpflichtungen verschoben habe, um ungefickt nach Hause zurückzukehren, weil irgendein ignorantes Arschloch plötzlich gestand, dass die Ehefrau um 22.00 Uhr mit den Fingern auf der Tischplatte trommelt, weil die Ausgangszeit des Gatten verstrichen ist.

Solche Männer haben einfach keinen Respekt vor dem Wert meiner Zeit und der Qualität einer Mutter-Kind-Beziehung. Bei einem Anwalt ist die Stunde zweihundertfünfzig Euro wert. Die Stunde einer Désirée Nick kostet eintausend Euro.

Man sollte einen Unkostenbeitrag in Rechnung stellen, wenn man dann auch noch ungevögelt abserviert wird. Ich finde, ein echter Gentleman sollte bei einem Date mit einer Alleinerziehenden für Taxi, Babysitterlohn, die dem Rendezvous vorausgegangene Pediküre und den Frisörbesuch aufkommen.

Und am Ende der Beziehung sollte eine Schadensersatzpauschale fällig werden, für die Schuldgefühle, die man als Mutter hat.

Nachmittägliche Kaffeeficks sind für Alleinerziehende ganz gestorben. Nicht, dass man das Kind nicht geparkt bekäme, aber wer kann in der Hektik von Anrufen der Mutter, spontanen Besuchen, Kurierlieferungen und dem Rattern des Faxgerätes, aus dem meist die Relikte unerfreulicher Geschäftsbeziehungen flattern, entspannt Liebe machen?

Ein Chef zieht sich einfach in sein Konferenzzimmer zur Besprechung zurück.

»Er ist in einem Meeting« ... bla, bla, bla. Ich unterstelle mal, dass ein gewisser Prozentsatz aller Meetings fürs Rammeln reserviert ist. Unweit jedes im Büro installierten Fernsehgerätes befindet sich ein Sortiment von Pornos. Bei einigen Kandidaten, die ihre Firmen schneller wechseln als das Hemd, sind Pornos wohl das Einzige, was im Safe versteckt wird.

Klinge ich vielleicht bitter? O.K., ich bin bitter, aber ich traue Männern einfach nicht über den Weg. Und wissen Sie was? Mit dieser Einstellung fahre ich am besten!

Ich gebe zu, dass die modernen Zeiten auch der umtriebigen Männerwelt eine neue Anpassungsfähigkeit abverlangen. Nie zuvor gab es so viele ledige, allein erziehende Mütter, die noch flott sind. Ja, ich habe »flott« gesagt. Flott bedeutet, dass der auf ein Hausmütterchen geeichte Mann sich einer begehrenswerten Frau auf gleicher Augenhöhe gegenübergestellt sieht, die mit links noch das Pensum dessen absolviert, wofür dieser Mann bei seiner Gattin lebenslänglich die Wartungskosten übernommen hat. Man ist als Alleinerziehende in jedem Fall der bessere Deal.

So ein Mann sollte sich uns einfach anpassen, wir hüpfen nicht »allzeit bereit« herbei, wenn er pfeift. Nein, unser Tagesablauf wird von Kindergarten, Schulzeiten, Mittagessen, Kindergeburtstagen, Hobbys, Schularbeiten und dem Sandmännchen bestimmt.

Nichts verleiht dem Leben einer Frau mehr Struktur als ein

Kind. Von nun an müssen sexuelle Abenteuer schwer erarbeitet werden. Der Traum vom gemeinsamen Wochenende, an dem man sich unbeschwert der Liebe hingibt? Vorbei!

Ich halte Kind und Liebhaber strikt getrennt. Das fehlte mir noch, wenn in der wertvollen Zeit mein Lover statt mit mir mit der Eisenbahn und meinem Kind spielt.

Solange die Bindung nicht für immer zu sein scheint, sollte man Kinder aus seinem Sexualleben heraushalten. Dass Männer im Leben einer Frau kommen und gehen und der Beruf und das Kind das Einzige ist, was uns dauerhaft bleibt, diese bittere Pille sollte man seinem Nachwuchs wahrlich ersparen. Wie soll ein Kind jemals an die Liebe zwischen Mann und Frau glauben, wenn es den Männerverschleiß seiner Mutter mitkriegt?

Karrieremänner, die neben der Ehefrau routiniert ihre Affären abwickeln, haben ein Recht auf ein unbehelligtes Doppelleben. Schließlich muss man ja erst mal Ideale aufbauen, damit der junge Mensch etwas hat, was vom Leben später zerstört werden kann… Nein, die Sache mit den Schuldgefühlen haben Sie als toughe Frau nicht nötig. Die Zeiten, die wir für unsere Affäre reserviert haben, sind das Mindeste, was uns zusteht. Wir sind schließlich nicht lebendig begraben.

Eine Alleinerziehende schleppt unterbewusst einen Sack voller Schuldgefühle mit sich herum. Wir haben es als Frau nicht geschafft, für unser Kind einen Vater bereitzustellen, einen Mann zu binden, eine intakte Familie zu präsentieren.

Unser Ego ist verwundet. Basta. Wenn wir jemanden kennen lernen, der wahre Bedeutung für uns hat, wird er eines Tages unser Kind sehen wollen.

Hier rate ich zu Unverfänglichkeit.

Als perfekte Mutter sollten Sie etwas überlegen, was Ihrem Kind die Begegnung mit dem neuen Mann spielerisch und leicht macht: ein Fußballspiel, ein Ausflug, ein Kinobesuch mit Eisessengehen.

Dass Ihr Kind einen Kerl in Ihrem Bett entdeckt, wenn es nachts zu Ihnen krabbelt, halte ich für unverantwortlich. Rechnen Sie damit, dass Ihr Kind den Mann Ihrer Träume schlichtweg Scheiße findet. Rechnen Sie damit, dass Ihr geliebter Sprössling sagt, der Typ stinkt. Rechnen Sie einfach auch hier mit dem Schlimmsten. Wenn Sie eine feste Beziehung mit einem Mann führen, der selber Kinder hat, und Ihr Projekt darin besteht, eine Ehe zu sprengen, dann wird der Preis, den Sie zu zahlen haben, der Hass von Kindern sein, wie ihn nur eine Stiefmutter kennt. Kinder ändern ihr Verhalten, wenn sie merken, dass ein Konkurrent zwischen die Liebe zu den Eltern tritt, mehr noch zwischen die Liebe zu dem einzigen Elternteil, den dieses Kind hat.

Es bedarf viel psychologischer Raffinesse, um diese neue Konstellation zu meistern.

Ein Kind, was sich in Liebe geborgen fühlt, wird auch mit der Trennung fertig. Also lassen Sie Milde walten, und sehen Sie der Gegenseite jedes Fehlverhalten nach. Für ein Kind ist ein fremder Mann ab einem gewissen Grad der Nähe ein Eindringling, der verjagt werden muss.

Genau dasselbe sind Sie als Frau für die Kinder eines verheirateten Mannes.

Vielleicht haben Sie sich als Alleinerziehende so wie ich immer die ideale, heile, intakte Familie ersehnt. Vielleicht hatten Sie Glück, und nun scheint dieses Ideal in greifbare Nähe zu rücken.

Jetzt gilt es, die letzte Klippe zu nehmen. Sie, die Geliebte, die begehrenswerte Frau für die schönsten Stunden zwischen Mann und Frau, werden plötzlich sichtbar als »Mutti«.

Ihr Liebhaber erlebt Sie als Frau, die ihrem Kind die Rotznase abwischt und das Harry-Potter-Pflaster auf die aufgeschlagenen Knie klebt. Sie haben einst die Tür im Negligé geöffnet, und nun spucken Sie ins Tempo-Taschentuch, um ihrem Kind die Schokolade aus den Mundwinkeln zu wischen.

Da legt der Mann den Schalter um. Das Kind im Manne meldet sich, und dieser starke Typ, den Sie sich geangelt haben, wird von nun an erwarten, dass Sie auch ihm die Schnürsenkel zubinden und den Arsch abwischen, wenn 's sein muss.

Wehe, wenn Sie kochen können! Dann werden Sie an diesem Punkt in Beugehaft genommen. Wenn Sie eh Kohlrouladen machen, können Sie doch gleich noch ein Kotelett mehr in die Pfanne hauen. Und da eh jeden Tag bei Ihnen die Trommel läuft, wird bald ein weiterer Korb Dreckwäsche zu Ihnen die Treppe hochgetragen werden. Der Kreis hat sich geschlossen.

Der Mann hat wieder eine gefunden, die umsonst putzt und fickt. Ein Schnäppchen sind Sie!

Und er glaubt, er macht die Rechnung glatt, indem er mit Ihrem Zögling kickt!

Wenn Sie meinen, dass irgendein Typ diesen Deal wert ist, dann gebe ich die Verantwortung für Sie an dieser Stelle ab. Sie haben nur eine Entschuldigung: Sie sind angefixt. Hoffnungslos verliebt und im Stadium der seelischen Verwirrung. Man muss Sie vor sich selber schützen.

Versuchen Sie, den Zipfel dieses kleinen roten Fadens, den ich Ihnen in Form meines Buches gegeben habe, in der Hand zu behalten, um wie Rotkäppchen anhand der verstreuten Brotkrumen in die Realität zurückzufinden. Wahrscheinlich ist es schon zu spät, und die Vögel haben die Krumen längst aufgepickt.

Hier mein Rat für alle im Chaos Ertrinkenden, ein Anker in letzter Not: Lassen Sie die Diva raushängen! Ein Mann, der Sie will, muss um Sie kämpfen wie ein Ritter in strahlender Rüstung. Seien Sie es, die chauffiert, eingeladen, verwöhnt und bedient wird. Keine Angst, so viele Traumfrauen rennen da draußen nicht rum. Zeigen Sie Souveränität, und ziehen Sie die Reißleine, wenn die Macht sich verschiebt. Ihr kleines Beiboot, das in Ihrem Schlepptau gedeiht, rechtfertigt so vieles. Der einzige Mensch, der Ihnen sagen wird, dass Sie schön sind, wenn Sie als fette Schlampe im Bikini vorm Spiegel stehen, der zu Ihnen ins warme Bett krabbelt, wenn Sie das nächste Mal verlassen werden, ist dieses bezaubernde junge Leben, dessen Gesicht immer noch staunt, wenn 's schneit. Mein Sohn ist der einzige Mensch unter Gottes Sonne, der meine Pickel sieht und der mich trotzdem liebt.

Der entscheidende Test, den jeder Mann bei mir zu bestehen hat, ist die Frage: »Ist das ein Mann, den ich meinem Kind am Wochenende zumuten kann?«

Ihr Kind ist und bleibt die letzte Instanz! Machen Sie die Kinder Ihrer neuen Partner, die Sie als Anhang potentiell geliefert bekommen, einander zu Prinzen und Prinzessinnen. Dann klappt 's auch mit dem Nachbarn!

Wie Ihr Anrufbeantworter Ihr Schlüssel zum Glück wird

Ich wende mich in diesem Kapitel all den berufstätigen Frauen zu, die nicht die Möglichkeit haben, sich im Büro einen Partner zuzulegen, die ihren gesamten Freundeskreis durchforstet haben und sich fragen: »Warum finde ausgerechnet ich keinen Mann?«

Solchen Fällen kann man nur raten: Gebt endlich Gas! Seid nicht zimperlich, und vergesst pubertäre Koketterie. Werdet endlich erwachsen, und besinnt euch auf weibliche Raffinesse. Das fängt bei eurem Anrufbeantworter an. Der ist eure Kontaktbörse Nummer eins.

Jeder Handwerker, Gerichtsvollzieher oder Überziehungskrediteintreiber eurer Bank sollte wissen, dass sich hinter dem Gerät ein williges Weib verbirgt, welches sich nach männlichem Beistand sehnt.

Sie müssen auf Ihrem AB unbedingt zum Ausdruck bringen, dass es sich um einen Single-Haushalt handelt und es in Ihrem Leben an männlicher Kompetenz mangelt. Säuseln Sie mit sanfter, erotisch umflorter Stimme eines der folgenden Textbeispiele, und ich garantiere Ihnen baldige Veränderungen in Ihrem Privatleben. Mit dem nächsten Rohrleger, der anruft, flirten Sie ein wenig länger, als es für eine nüchterne Terminabsprache nötig wäre. Täuschen Sie eine Spülstein-Verstopfung vor oder einen tropfenden Wasserhahn. Wenn er einen Termin vorschlägt, verneinen Sie dreimal aus folgenden Gründen: »Da geh ich zum Ballett«, »Da hab ich Beckenbodentraining«, »Da bin ich in der Selbsthilfegruppe der anonymen Sexsüchtigen«.

Leider ist der erste freie Termin ein Freitagnachmittag. Wenn

Ihnen der Typ nicht passt, der mit bloßer Hand in ihrem Klo-knie nach den Relikten Ihres Intimlebens sucht, können Sie es sich ja immer noch überlegen. Wenn Sie sich auf Banker versteifen oder auf Ihren Steuerberater, säuseln Sie was von der Unübersichtlichkeit Ihrer Unterlagen, die dringend gesichtet werden müssen, und ziehen Sie diese dann in gebückter Haltung unter Ihrem Bett hervor. Im Nu haben Sie eine langweilige Verhandlung auf Ihre Bettkante verlegt. Der Rest ergibt sich von selbst.

Verpatzen Sie keinesfalls die Chance, auf ihrem AB eindeutig als Untertext die Message »Hilfe, ich bin ungefickt!« zu übermitteln. Der erste Schritt zu einem glücklichen Dasein beginnt mit der sofortigen Änderung Ihrer AB-Ansage:

»So, nun hab ich auch so eine Maschine, oh Gott, wenn ich nur wüsste, wie man das macht, hmmmm. Drücken Sie die Raute-Taste, hab ich gemacht… aber das Licht leuchtet gar nicht… nanu… hallo? Was ist das denn hier für ein Knopf? Hallo? Testing 1 2 3… mal sehen, was passiert, wenn ich hier ganz fest meinen Finger draufdrücke .. oh jaaaa… oh mein Gott… es geeeehhht – jaaaah!«

»Der Countdown läuft: 5… 4… 3… 2… 1… los, komm, mach schon, jaaah, trau dich einfach – man, ey, nun mach schon, leg einfach los, Junge… beeeep, oh, gut war das, jaaah… oh, nicht aufhören – beeeep… na bitte, geht doch, oh nein, nicht da, nein, nein, nicht doch, hör auf, nein, kein beeep, wehe, ich will das nicht… wenn du noch mal beeeep sagst, nein! Nein! Nein nicht DAS! Alles, aber bitte nicht das! Nicht das BEEEP! Bitte! Kein BEEP! NEIN! Nein, das halte ich nicht aus… Oh Gott… ja, jaaa, jetzt gleich, ahhh, jaaaa, BEEEEEEEEP!«

»Hallo. Ich bin ein allein stehender Anrufbeantworter mit den Maßen (bitte Traummaße einsetzen). Ich bin ausgestattet mit einem tiefergelegten Chassis, Hochglanzfelgen und einem sehr engen, aber durchaus dehnbaren, kaum verschlissenen Auspuff. Bitte schnallen Sie sich an, denn unsere gemeinsame Fahrt kann von unvorhergesehenen Turbulenzen erschüttert werden. Hinterlassen Sie bitte Ihre gepflegten, rasierten Maße und Ihren Rückrufintimcode …«

»Hallo, mein Anrufbeantworter ist kaputt. Hier spricht der Kühlschrank. Bitte rede langsam mit mir, und ich werde deine Nachricht mit einem Magneten an meine großen, schweren, frisch geölten Megatitten anpinnen.«

»Hier ist Jenny. Mein Kerl ist abgehauen. Das Schwein hat mich sitzen lassen wegen einer beschissenen, alten Mikrowelle, die er im Macromarkt kennen gelernt hat. Das Leben ist Scheiße. Ich kann nicht mehr. Holt mich hier raus.«

»Hallo, hier ist Manuelas Institut für den Erhalt der anonymen Hobbynutten. Alle meine Kolleginnen sind zur Zeit belegt. Aber wenn Sie Ihre Nummer, Ihren Namen und Ihre speziellen Vorlieben hinterlassen, rufen wir Sie zurück, sobald sich in unserem voll belegten Whirlpool ein Loch auftut-tut-tut-tut …«

»Hi. Hier ist Private-Porno-Movie Unlimited. Wir können gerade nicht drangehen, weil wir ein Casting haben mit gut gebauten Darstellerinnen für unseren neuen Streifen ›Es ist nicht die Größe, die zählt, sondern das Wetter‹. Wenn Sie an einer Mitwirkung Interesse haben oder vor Lust platzen, hinterlassen Sie Ihre Maße, Alter, einige Angaben zu Ihrer sexuellen Erfahrung, sowohl auf als auch jenseits der Leinwand, und eine delikate Schilderung Ihrer bevorzugten Sexualfantasie, die mindestens vier Männer, ein paar Handschellen und eine Peitsche umfassen sollte. Wir rufen Sie an.«

Warum es sinnvoll ist, ihn beschatten zu lassen

Ostern stand ich kurz vor einer Affäre mit einem Frauenarzt.

Ich dachte mir, das ist doch ideal, einen Fachmann im Hause zu haben, der nach Dienstschluss bei mir nach dem Rechten sieht. Gott sei Dank jedoch war der edle Doktor zu blöd, im richtigen Moment zuzugreifen. Ein grober Fehler, denn das hat mir Zeit gegeben nachzudenken. Beinahe hätte er mich in die Reihe von Flittchen eingegliedert, die er am Laufen hat und nach dem Rotationsprinzip durchnudelt. Schließlich suche ich einen liquiden und vor allem ehrenwerten Vater für meinen kleinen Prinzen und keinen vierzigjährigen bindungsunfähigen Psychopathen, der meint, ein paar Statussymbole in Kombination mit einigen abgegriffenen Klischeelügen reichen aus, um als alternder Aufreißer unverbindlich davonzukommen.

Wenn Sie Sätze hören wie: »Ich habe mein Handy nicht dabei gehabt«, bis »Ich sage alles ab, was nicht berufsbezogen ist«, gehen Sie in Hab-Acht-Stellung! Ich jedenfalls wurde richtig stutzig, als er mir einen Fall schilderte und zugab, bei einer gynäkologischen Untersuchung nicht bemerkt zu haben, dass er es mit einer Transsexuellen zu tun hatte. So was darf einem Experten nicht passieren! » Gut, solange der Kerl ein Spekulum halten kann, bin ich versorgt«, dachte ich mir, aber potentiell ernst zu nehmende Heirats-Kandidaten sollten mindestens einen Mann von einer Frau unterscheiden können.

Zudem machte er sich wichtig als »Segler, Jogger und Inlineskater«, und was er wohl für cool hielt, teilte mir deutlich mit, dass dieser Kerl auf der Flucht vor sich selbst ist.

Hören Sie genau hin: Aus der Wahl der Sportarten lässt sich ablesen, was die neue Bekanntschaft vor Ihnen verbergen will! Kommt dazu noch das geleaste Cabrio? So ein Kerl ist ein Getriebener und bewaffnet sich mit allen Mitteln, die ihn auf und davon tragen … Und dann deklariert er sich noch als »anspruchsvoll«, nach dem Motto: »Welche Frau entspricht schon meinem Format?«. Vergessen Sie es!

Man schätzt mich nicht nur als eine der nettesten und beliebtesten Kolleginnen im Showbusiness und unter Kolleginnen als beste Freundin, sondern man lernt von mir vor allem, wie man sich als Frau das Leben erleichtern kann. Ich habe euch beigebracht, wie man tiefe Bindungen vermeidet, sich alle Möglichkeiten zum gesellschaftlichen Aufstieg offen hält und selbst in der Ehe nichts anbrennen lässt. Ihr konntet von mir lernen, wie man Sex, Geld, Freunde und Intrigen benutzt, um sich unbequeme Verpflichtungen vom Halse zu halten, und auf allen Festen in der ersten Reihe sitzt, natürlich in gesponserten Klamotten.

Aber was ist, wenn ganz unerwartet die starke Frau auf ihren Traummann trifft, der aus ihr ein kleines Mädchen macht, das tagelang auf seinen Anruf wartet und Gefahr läuft, nach Strich und Faden verarscht zu werden?

Wenn du ernsthaft meinst, den Mann deines Lebens getroffen zu haben, dann schütze dich vor neuerlichen Verletzungen. Werde hellhörig und beobachte die folgenden Punkte:

a. Nimmt er prinzipiell die Opferhaltung ein, und redet er von privaten Altlasten?
   (Das heißt im Klartext »Ich bin ein Schwein, das privat nur Scheiße baut.«)
b. Werden seine Anrufe unzuverlässig in Kombination mit geplatzten Verabredungen?
c. Verwickelt er sich bei der leisesten Konfrontation sofort in Widersprüche und in mitleidheischende Standard-Ausflüchte?

d. Rechtfertigt er Ihre Zweifel an ihm damit, dass Sie Wahnvorstellungen haben und nicht vertrauen können?

Dann rate ich dringend zu Folgendem: Bevor du die Einladungsliste für die Hochzeitsparty auf Burg Schlitz zusammenstellst, um Himmels willen verliere nicht den Verstand, sondern investiere ein letztes Mal in deine Zukunft! Wäre es nicht schrecklich, wenn du die nächsten fünfundvierzig Jahre in der Gesellschaft eines Mannes verbringen müsstest, hinter dessen weichgespülter Maske ein Lügner und Betrüger lauert?

Sobald die Fassade bröckelt, gehe in den Keller und prüfe die Substanz und das Fundament deines potentiellen Stechers: Lass ihn beschatten! Ein Privatdetektiv benötigt etwa vier Tage, um die infamsten Schweinereien für dich aufzudecken, während du entspannt in der Sonne liegst und deine Nägel feilst. Ein Investment von zweitausend Euro ist nichts, verglichen mit der Alternative, in die nächste Privatkatastrophe zu rasseln oder sich die gesamte Zukunft zu ruinieren. Du sparst kostbare Zeit, bittere Enttäuschungen und zermürbende Umwege – aber das Beste kommt noch: Man liefert dir, wenn er den Test nicht besteht, eine lange Liste von Vorkommnissen, die dich so anekeln, dass du dich schlagartig entliebst.

Meine Damen, gehen Sie in der Zeit der Observation klug vor, arbeiten Sie präzise. Stellen Sie scheinheilige, harmlose Fragen wie:

a. Was hast du gestern noch so gemacht?
b. Wie lange hast du gearbeitet?
c. Wann warst du heute im Büro?
d. Wo bist du grade?

Diese Auskünfte vergleichen Sie am nächsten Tag mit dem vorliegenden Observationsbericht. Rufen Sie ihn in dieser Zeit nicht an, ziehen Sie sich zurück, damit Sie ihm Zeit schenken, ungestört in die offenen Messer zu rennen, die Sie bereitgestellt haben. Und wenn sein Sündenregister voll ist, kommt Ihr großer Auftritt!

Genießen Sie entspannt bei einem Gläschen Prosecco, wie er sich bei der Konfrontation windet wie ein Aal, die Hautfarbe wechselt, in aberwitzige Widersprüche verstrickt und Ihrem Blick nicht standhalten kann. Bestenfalls rutscht ihm noch heraus, dass die Dame, die zu Hause im Bett liegt und sich schwängern lassen will, bereits von ihm mit drei anderen Weibern betrogen wird.

Wollen Sie wirklich so einen Mann? Wer braucht das? Ich jedenfalls bin als Siegerin nach Hause gegangen und fühle mich gerettet: Ein Leben ohne ihn – wunderbar!

Warum Schokolade so tröstlich ist

Ich möchte meiner werten Leserschaft an dieser Stelle sechzehn Gründe nennen, warum Schokolade besser ist als Sex. Beziehungen sind nun mal Schwankungen unterworfen. Wer keinen Partner hat, sehnt sich nach einer Beziehung und erhofft sich dort das perfekte Glück. Doch oftmals tauscht man die Einsamkeit nur gegen die Probleme ein. In die Schublade mit den Kondomen, der Gleitcreme und den Handschellen gehört auch stets ein Sortiment von Leckerlis, die Ihnen über die nächste Durststrecke hinweghelfen.

Die moderne Frau sollte neben Lippenstift und Tampons immer eine Notration ihrer Lieblingssorte Schokolade bei sich führen, um frustrierten Freundinnen über den Berg zu helfen. Süßes schüttet in unserem Hirn ähnliche Glückshormone aus wie Sex. Ich finde Männer völlig überbewertet. Ich frage mich, wie ich ihnen erliegen würde, wenn sie auch noch gut schmecken würden. Meine kleine Liste verschafft Ihnen unter Garantie mehr Trost, als ein Mann es je tun kann.

Halten Sie sich folgende Punkte vor Augen:

1. »Wenn du mich liebst, schluckst du das runter«, bekommt bei Schokolade eine völlig neue Bedeutung.
2. Schokolade ist selbst dann noch befriedigend, wenn sie butterweich wird.
3. Schokolade kann man ohne Gefahren und völlig straffrei auch während des Autofahrens genießen.
4. In Schokolade kann man als Frau so lange und so oft schwelgen, wie man sie braucht. Sie steht jederzeit zur Verfügung.

5. Wenn man zu hart auf die Nüsse beißt, macht es bei Schokolade nichts aus.
6. Mit einem gleichgeschlechtlichen Partner kann man Schokolade lutschen, ohne dass man diskriminiert wird.
7. Das Wort »Liebe« und der Satz »Ich brauche dich« schlagen Schokolade nicht in die Flucht.
8. Man kann sich Schokolade am Schreibtisch hingeben und sie auf der Zunge zergehen lassen, ohne dass sich die Kollegen dadurch abgelenkt fühlen.
9. Man kann einen Fremden nach Schokolade fragen, ohne dass es als sexuelle Belästigung verbucht wird.
10. Nach dem Genuss von Schokolade hat man keine Schamhaare zwischen den Zähnen.
11. Bei Schokolade muss man keine Höhepunkte vortäuschen.
12. Schokolade macht zwar dick, aber nicht schwanger. Wer nur dick wird, muss nicht achtzehn Jahre die Anschlusskosten einer Schwangerschaft übernehmen.
13. Schokolade lässt sich gefahrlos an jedem einzelnen Tag des Monats genießen.
14. Man kann jegliche Art von Schokolade genießen, die der Markt zu bieten hat, ohne als pervers zu gelten.
15. Ob im Bus oder Theater, Schokolade stimuliert unsere Sinne überall in der Öffentlichkeit.
16. Für Schokolade ist man niemals zu alt oder zu jung, zu hässlich oder einfach nicht der Typ.

Welche Standardlügen Sie kennen müssen

Wissen Sie, woran man erkennt, dass ein Mann lügt?

Seine Lippen bewegen sich.

Wie Männer wirklich sind, erfährt man eigentlich nur, wenn man auf der anderen Seite steht: als Prostituierte oder als attraktive Single-Frau in den besten Jahren, die sich vor Verehrern nicht retten kann. Keine Frau, die im Hafen der Ehe sicher geparkt ist, kann sich vorstellen, dass Männer prinzipiell auf der Suche nach einem Abenteuer sind. Momentan liegen auf meinem Tisch sechs Visitenkarten von Typen, die Schlange stehen, weil sie dringend fremdgehen wollen. Davon habe ich zwei wegen Armut sofort aussortiert. Zwei weitere haben den Test des gemeinsamen Abendessens bestanden und Aussicht, auf Stufe zwei nachzurücken: Sie stehen auf meiner Liste der noch abzuarbeitenden Liebhaber, denn sie haben mich gut unterhalten und sie sind attraktiv. Sobald ich meine Drei-Monats-Verhütungsspritze aufgefrischt habe, werde ich sie anrufen und auffordern, in ihrem Leben für mich Platz zu schaffen. Der fünfte wäre ein Mann zum Verlieben, aber er ist polyglott eingespannt und jettet ständig um den Erdball, was einer stetig sich entwickelnden Beziehung massiv im Wege steht. Für dieses Sehnsuchtsgedöns am Telefon und verheulte Abschiedsszenen am Flughafen fühle ich mich mit vierzig einfach zu alt. Und die verbleibende Nummer sechs ist sexsüchtig und hat neben mir noch ein Fickverhältnis im Büro. Erschwerend kommt bei diesem Kandidaten hinzu, dass er stolzer Besitzer einer Solariumskette ist, circa vierzig turbogebräunte Luder um sich herum schart, welche den ganzen Tag nach vorne gebückt die Liegen reinigen und nur darauf warten, dass der Chef sie mit seinem Porsche auf eine kleine Spritztour einlädt. Im Übrigen finde ich Porsche mega-out und dermaßen peinlich, also das ist ja so was von einer veralteten Eitelkeitsnummer, dass man Porschefahrer beinahe schon als senil einstufen muss. Porschefahrer sind Leute, die in den Achtzigern stehen geblieben sind. Total uncool, aber das wissen die Solariumsklavinnen natürlich nicht.

Diese sechs Herren haben eine Gemeinsamkeit: Sie sind allesamt verheiratet und haben zu Hause eine Frau, die ihre Hand ins Feuer dafür legt, dass ihr Mann treu ist. Eigentlich sollten diese Ehefrauen eine Selbsthilfegruppe gründen, denn, wodurch die Männer sich auszeichnen, ist nicht nur das Fremdgehen, sondern auch das professionelle Lügen.

Kategorie zwei der Standardlügen sind berufliche Katastrophen: Krankheitsfälle, Gerichtsbescheide, drohender Konkurs, illoyale Mitarbeiter, die Schaden produziert haben. Grundtenor sämtlicher Standardlügen ist, dass DIE FIRMA gerettet werden muss. Mindestens dreimal täglich.

Eine weitere Gemeinsamkeit all dieser potentiellen Kandidaten ist, dass sie Unschuldsengel sind. Sie tragen allesamt ein hartes Päckchen an Verantwortung und werden von bösen Menschen zu Unrecht umzingelt. Es ist immer wieder dasselbe Muster: Der einzige strahlende Held inmitten des grausamen Schlachtfeldes ist der jeweilige Superhengst, der niemals jemandem wehtun würde und nur aus beruflichen Zwängen heraus agiert. Eigentlich ist er ein netter Kerl, aber was soll man machen, wenn einem die Weiber die Bude einrennen und sich quasi breitbeinig auf den Schreibtisch schmeißen? Ein kurzer Rock im Büro und ein offener Blusenknopf reichen völlig aus, um beim Chef einen Samenkoller hervorzurufen, der dringende Entspannung nötig werden lässt, damit im Namen der Firma in Ruhe weitergearbeitet werden kann. Auch so ein Büroquickie findet eigentlich nur zur Rettung der Firma statt.

Punkt vier der Standardhaltung ist, dass alle Typen unter Zeitmangel leiden und dauerhaft überarbeitet sind und letztlich arme Schweine, missverstanden von ihren Ehefrauen: Opfer eben. Und da muss man sich doch ab und an mal nebenher eine Affäre gönnen – so lange die Ehefrau noch einmal die Woche zuverlässig bedient wird, ist die Ehe doch intakt!!!

Der Gipfel männlicher Selbstgefälligkeit ist aber diese Version: Ohne die Geliebte wäre seine Ehe längst gescheitert, denn die Affäre dient dem Zweck, die Ehe intakt zu halten. Draußen holt sich der Mann – die Krone der Schöpfung – die Kraft und Inspiration, die er braucht, um die häusliche Bürde überhaupt durchstehen zu können. So nagelt die Geliebte die Ehe immer wieder zusammen. Ohne seine Affären hätte die holde Gattin einen frustrierten, depressiven Schlappschwanz am Hals, einen Primaten, dessen Testosteron langsam vor sich hinklumpt. Im tiefsten Innern findet ein solcher Macho, dass ihm seitens seiner Frau eigentlich Dank gebührt, denn ER ist es, der immer wieder dafür sorgt, dass das häusliche Glück erhalten bleibt.

Affären als altruistische Eherettung – ein Modell, welches nur das Gehirn eines geilen Alphamännchens ausbrüten kann.

Ich glaube, die Menschen brauchen längst nicht so dringend guten Sex, wie sie jemanden brauchen, der ihnen zuhört. Sobald die Leute verheiratet sind, erfahren sie vom Partner doch gar nichts mehr. Am allerwenigsten die Wahrheit. Danach wird der Mann wieder zum Single. Millionen von Ehemännern sind nur am Wochenende verheiratet und verabschieden sich jeden Morgen als Single ins Büro. Auf Geschäftsreisen tun Männer prinzipiell immer so, als besäßen sie alle Freiheit der Welt.

Merke: Wenn Männer Überstunden machen, ist die Arbeit meist blond und jung.

Bei meinem letzten Liebhaber war die Arbeit allerdings grauhaarig und alt. Dafür jedoch griechische Milliardärin.

Aber das ist eine andere Geschichte.

Wie man seine Haut rettet, wenn man sich verliebt hat

Verliebt zu sein macht einen nicht unbedingt liebenswerter! Liebe macht besitzergreifend, eifersüchtig, hysterisch oder hasserfüllt, wenn 's daneben geht.

Ich glaube, wenn mein Leben an der Schwelle zum Jenseits in Sekunden an mir Revue passieren würde, dann bestünde der größte Teil meines Blickes in die Vergangenheit darin, dass ich in zahllosen Coffeeshops vor endlosen Latte Macchiato mit unzähligen Freundinnen sitze, um das so unergründliche Thema »Männer« durchzusprechen, und darüber lamentiere, was es wirklich zu bedeuten hat, wenn ER sagt: »Ich melde mich.«

Die Essenz sämtlicher Analysen ist: Wenn ein Mann sagt, dass er eine Frau nicht begehrt, meint er damit, dass er für Sie nicht um die halbe Welt reisen würde, um Sie flachzulegen, sondern bei akuter Notgeilheit höchstens bis nach Österreich.

Männer haben mir sowohl fette als auch kleine Frauen vorgezogen, sie haben mich für dumme Frauen sitzen lassen, für zehn Jahre ältere, für Weiber mit gigantischen Haarwuchsstörungen (Oberlippe, Brust und Schambereich), schlechten Zähnen, Schuhgröße 44 und ganz besonders gern für Cellulitisärsche. Richterinnen, Ärztinnen, Managerinnen müssen das Feld räumen für Kellnerinnen und Sekretärinnen. Umso intellektueller, erfolgreicher und mächtiger eine Frau wird, desto mehr verringert sich ihre Chance, einen Mann abzukriegen. Selbstverständlich auch dadurch, dass proportional zu ihrer Unabhängigkeit die Ansprüche an den Partner wachsen – zu Recht!

Es ist eine bittere Pille, wenn man dann endlich ein Exemplar aufgetan hat, mit dem die Chemie stimmt, mit dem es gut läuft und bei dem man häppchenweise erkennen muss, dass sich der Kerl selbst zu sehr im Wege steht, um jemals der wahren Liebe eine Chance zu geben. Bevor bei so einem Traummann die Fassade restlos bröckelt, wird er das Weite suchen. Männer ertragen es nicht, wenn man sie entlarvt. Daher bevorzugen sie Frauen, die zu blöd dazu sind.

Umso intelligenter die Frau, desto schneller wird sie merken, wenn ein Mann fremdgeht.

Das ist ein großes Manko in einer ansonsten intakten Partnerschaft. Ihrem Liebsten wäre es garantiert lieber, wenn Sie als Partnerin abgestumpft den Kopf in den Sand stecken und seine Eskapaden gar nicht mitkriegen würden. Das Schlimmste, was man einem Mann antun kann, ist, ihn zu hinterfragen. Einfalt der Frau ist somit ein Garant dafür, dass der Mann lügen und betrügen kann, ohne dass sein Doppelleben jemals auffliegt. Mein letzter Liebhaber hatte eine so schlichte Frau, dass sie ihm sogar abgekauft hat, er müsse Sonntagabend ins Büro. Dort hat er bis zum Morgengrauen »geschuftet«. Auf mir. Ihre Frage, was er getrieben habe, beantwortete er so: »Ich hatte einen Filmriss.« Dies ließ keine weiteren Fragen zu. Übrigens hält dieser Casanova seine Ehe für intakt! Die Frau auch!

Frauen, die meinen »Mein Mann würde so etwas nie tun«, wollen die nackte Wahrheit nicht wissen. Ich kriege viele private Angebote, und ich schwöre, drei Viertel meiner Verehrer sind verheiratet! Sollte ein Mann tatsächlich treu sein (ja, ich kenne tatsächlich welche, die es sind!), dann gibt es dafür nur einen Grund: Mangel an Gelegenheit.

Es ist leicht, treu zu sein, wenn einen keiner haben will.

Die sympathischsten Typen sind die, welche zugeben, dass ihnen der Start in eine neue Affäre einfach zu nervenaufreibend und zu anstrengend wäre. Sich noch mal auf eine neue Frau einstellen und die ganzen alten Geschichten von vorne erzählen müssen? Och neeeee … dazu ist ein treuer Papi viel zu bequem.

Aber abgeneigt wären Sie natürlich keinesfalls … wenn sich die Gelegenheit böte, ›man soll nie nie sagen‹. Hahahahahahahahahaha … ha.

Der Rest ist deshalb treu, weil es mit anderen nicht klappt. Entweder kriegen sie mangels Attraktivität keine Neue mehr ab, oder sie leiden unter Mangel an Nachfrage.

Die Phase, in der ein Mann wirklich nur Augen für seine Liebste hat und um jede andere attraktive Frau einen Bogen macht, mag es geben – aber seit Entdeckung der Chaostheorie weiß man, dass sich dieser Zustand im Laufe der Zeit ändern wird. Die Natur kennt keine lebende Materie, die nicht ständig in metamorpher Bewegung ist.

Das gilt für Menschen, Tiere und Pflanzen, für Wasser, Feuer, Chemie, Geologie, das Wetter und das gesamte Universum. Sich nicht zu verändern hieße in Erstarrung zu verharren. In der Physik käme das totem Material gleich. Ihr Leben wäre dann ungefähr so spannend wie das eines Acrylesstisches.

Irgendwann stehen Sie im Weg rum, und Ihr Besitzer, der die Versicherung bescheißen will, nimmt einen Hammer und schlägt Sie kaputt.

Sie müssen davon ausgehen, dass Ihre neue/alte Beziehung verschiedene Phasen durchläuft und sich der Mensch, mit dem Sie es zu tun haben, verändert.

Und umso attraktiver der Mann, desto mehr Weiber laufen ihm nach. Ein erfolgreicher Mann wird sich immer seine Freiräume schaufeln können und von seinem guten Recht auf ein Schäferstündchen überzeugt sein. Oder wollten Sie jemals so einen abgehangenen Schlaffi an Ihrer Seite, bei dem jede andere Frau schreiend davonläuft? Ja, was wollen Sie denn nun?

Ein Alpha-Tierchen hält seine Lieben gut versorgt und kümmert sich kaum um etwas anderes als um die Karriere. Deshalb will er sich ab und an ein bisschen Freiheit gönnen und mal hier, mal da seine Nase/Zunge reinstecken. Ich bin der Meinung, kein Mensch unter Gottes Sonne kann alles haben. Es ist und bleibt ein hartes Los für uns Frauen, außer wir sind auf den Kopf gefallen. Das ist der einzige Garant fürs ganz große Glück.

Wie also soll man sich als Frau schützen?

Das Beste ist, Sie machen zu Beginn Ihrer neuen Liebe eine zeitsparende Beziehungsanamnese wie bei einem Personalbogen. Ich frage Familienstand, das Niveau der ehelichen Zerrüttung, Scheidungsgründe, die Anzahl der Ex-Geliebten, beruflichen Werdegang, Eheverträge, die letzten Arbeitgeber, Urlaubsorte, Frequenz der gemeinsamen Reisen und diverse Details ab. Immer wieder. Um die Antworten zu vergleichen. Notorische Lügner widersprechen sich über kurz oder lang in ihren Angaben und verstricken sich in Widersprüchlichkeiten, weil sie unterschiedliche Versionen liefern. Ein Mann reiner Gesinnung und aufrechten Charakters hat bei mir nichts zu befürchten. Es ist wie bei einer Flughafensicherheitskontrolle. Wir Otto Normalverbraucher, die wir keine Terroristen sind, lassen uns seelenruhig durchchecken – weil wir nichts zu verbergen haben.

Wenn ein Mann diesen kleinen weiblichen Prüfungen nicht standhält und sich peinlich berührt fühlt, dann wissen Sie wenigstens vorab, welches Stündlein mal wieder geschlagen hat.

Stellen Sie sich darauf ein, dass Sie die nächste Verliererin in der Warteschleife von Frauen sind, die er abarbeiten muss. Wenn die Chemie stimmt, dann wird Ihnen das alles egal sein, aber hüten Sie Ihr Herz. Man kann auch eine Affäre haben und permanent mit einem Bein draußen stehen. Das lässt einen niemals die Kontrolle verlieren.

Ich finde Liebe ohne Netz können wir uns einfach nicht mehr leisten.

Ich will Ihnen jetzt sagen, wie man einen Mann behält:

Die traurige Wahrheit ist, dass man als Frau in einer gleichberechtigten, sich gegenseitig fördernden, liebevollen Partnerschaft auf »gleicher Augenhöhe« jederzeit fähig sein sollte, zu gehen. Eine Frau sollte in der Gewissheit leben, dass sie auch allein ein lebenswertes, erfülltes Leben führen könnte.

Sie können das perfekte Glück nicht um jeden Preis vom Schicksal einfordern. Vielleicht begreifen Sie erst nach vielen Jahren, was das Leben wirklich von Ihnen wollte. Vielleicht haben Sie eine Mission, die Sie zu einer viel besseren Variante Ihrer selbst werden lässt, als Sie es in einer lebenslänglichen Verbindung je geworden wären. Vielleicht will der Herrgott, dass Sie das Allerbeste aus sich herausholen und nicht den bequemen Weg gehen.

Wenn Sie daran arbeiten, Ihrem Leben auch allein Qualität zu verleihen, dann wird der in Ihr Leben tretende Partner zum Sahnehäubchen Ihres Lebens.

Mein Glücks-Mantra lautet: »Ein Mann ist nicht die Antwort auf alles.«

Ich kenne keinen besseren Garant für die Stabilität einer Liebe, als sich gefühlsmäßig so einzustellen, dass man sich immer sagen kann:

»Wenn es sein muss, kann ich dieses Verhältnis beenden, ohne dass ich draufgehe.«

Ich halte mich zum Absprung bereit und habe die Rückfahrkarte in ein ökonomisch unabhängiges Leben in der Tasche. Ich werde in Frieden weiterarbeiten können, und ich habe Freundschaften, die mich auffangen. Wenn es zum Schlimmsten kommt, wird es andere Männer geben, die mich verdient haben und mich als Partnerin zu schätzen wissen.

Das Schlimmste, was uns als Frau in einer Partnerschaft passieren kann, ist, die Liebe unseres Lebens zu verlieren. Umso mehr wir uns von dieser Liebe abhängig machen, uns an sie kletten, ohne den Mann weder existieren noch in uns ruhen können, desto mehr laufen wir Gefahr, ihn in die Flucht zu schlagen.

Ein Mann wird die übergroße Intensität der Liebe einer Frau, die ihn mit Haut und Haar besitzen will, auf Dauer nicht ertragen können. Kein Kerl kann sich auf die Couch setzen und nichts weiter tun, als eine Frau vierundzwanzig Stunden nur anhimmeln. Zumindest nicht aktiv.

Eine weitere Säule jeder stabilen Verbindung ist die Kommunikationsfähigkeit.

Solange Sie Ihre Probleme besprechen können, ist Besserung in Sicht. Einander zuhören, aufeinander eingehen und sich Zeit füreinander nehmen kann so viele Missverständnisse oder Unsicherheiten aus dem Weg räumen. Fatal, wenn ausgerechnet diese Fähigkeit zwischen Partnern verloren geht. Sprachlosigkeit ist ein Damoklesschwert.

Der Heilige Gral jeder Beziehung ist das Vertrauen.

Wenn das Vertrauen auf der Strecke geblieben ist, hat die Frau einen Schock zu verkraften.

Wenn überhaupt, dann kann es nur durch schonungslose Offenheit jemals wieder gekittet werden. Ein Mensch, der sich selbst in Situationen, wo er Verzeihung erbeten müsste, noch in Lügen flüchtet, wird eines Tages selbst daran ersticken. Nur Sie können einschätzen, ob Sie einen Kandidaten an der Angel haben, mit dem Sie von einer Katastrophe in die nächste taumeln und der Ihre Lebenszeit einfach nur verschleißt. Oder ob er es wert ist. Leider machen wir Frauen uns gerade in diesem Punkt gerne etwas vor. Daher ist die beste Haltung folgende:

Eine Frau, die ihre Authentizität bewahrt, weil Sie sich sagt: »Ich könnte auch gehen und würde daran nicht zerbrechen, ein Leben allein kann durchaus lebenswert sein«, wird versöhnlicher, großzügiger, lässiger und souveräner mit ihrem Partner umgehen und wohl dadurch Katastrophen am ehesten vermeiden. In den schlimmsten Momenten ist es manchmal nur der Humor, der uns noch retten kann, diese ultimative Gnade Gottes. Wen der Herrgott aus seinem Füllhorn großzügig mit

Humor bedacht hat, den zählt er wahrlich zu seinen gesegneten Kindern.

Haben alle Mittel, Tricks und Strategien, die Partnerschaft zu kitten, versagt? Dann entwaffnen Sie den Herzensbrecher mit Humor! Das ist der Joker, den Sie immer aus dem Ärmel ziehen sollten, wenn gar nichts mehr läuft... Kriegsführung ist etwas für Hyänen, Megären und Furien. Wir sind Siegerinnen mit einem Lächeln auf den Lippen.

Humor entwaffnet und setzt schachmatt. Selbst wenn Sie den Kerl nicht für sich gewinnen können, dient Ihnen Humor als Pufferzone, damit es Sie nicht umhaut.

Denkt dran, der Mann ist nur das Sahnehäubchen.

Mangelnde Wertschätzung, Psychospielchen, Terror und Verachtung von einem Partner hinzunehmen, haben Sie nicht nötig. Sie haben Besseres verdient als Missachtung ausgerechnet durch einen Menschen, dem Sie Ihr Wertvollstes, Ihre Liebe schenken wollen.

Frauen sollten sich immer vor Augen halten, dass ein erfülltes Leben ohne Mann möglich ist.

Es kann nicht sein, dass jahrzehntelang Ihre Energien nur durch Missbrauch eines anderen Menschen verschlissen werden. Den anderen mehr als sich selbst zu lieben führt geradewegs ins Verderben. Da schiebt sogar die Bibel den Riegel vor, denn es hieße, sich selbst zu zerstören.

Wenn Ihnen all das fremd vorkommt – gratuliere! Möge Sie niemals ein Wetterwechsel ereilen!

Vielleicht gehören Sie zu den fünf Prozent der Frauen, denen Juwelen zu Füßen gelegt, ein Taj-Mahal gebaut und das Schweizer Konto eingerichtet wird.

Vielleicht gehören Sie auch zu den glücklichen zehn Prozent, die in junger Liebe ins Glück getaumelt und einander ewig treu geblieben sind, die an ihrer Laube werkeln und innig händchenhaltend in der Ostsee waten? Macht weiter so! Ihr habt mehr, als den meisten Menschen vergönnt ist.

Und ich lege in meiner mathematischen Gleichung großzügig noch fünf Prozent für nicht kalkulierbare Jungverliebte drauf. Macht zwanzig Prozent Glückspilze.

Ich habe mein Buch für die restlichen achtzig Prozent Frauen geschrieben.

Das Leben ist nie hoffnungslos. Es gibt nur Situationen, die hoffnungslos geworden sind. Und aus Situationen kann man sich befreien. Sie sind vorübergehend und zerschmelzen eines Tages in der Vergangenheit.

Liebe ist der Triumph der Fantasie über die Intelligenz. Liebe ist eine Insel von Emotionen, inmitten eines Meeres von Unkosten. Liebe ist ein loderndes Feuer, für dessen Schäden keine Versicherung aufkommt. Liebe ist die Illusion, dass jeder Partner anders wäre als der vorherige.

Die Frage ist nur: Wie alt muss man werden, um all das zu begreifen?

Früher wurden die Menschen zwischen vierzig und fünfzig Jahren von ihrem irdischen Dasein erlöst. So lange konnte man die Illusion von ewiger Liebe vielleicht noch mit einem blauen Auge aufrechterhalten. Heute wollen wir mindestens achtzig Jahre alt werden und feiern mit vierzig unser »Bergfest«.

Da bleibt uns einfach zu viel Zeit übrig, um nicht irgendwann nach rechts oder links zu sehen. Und dann sind wir die Hälfte unseres Lebens plötzlich »alt«.

Mädels, wir ändern das!

Allein zu sein ist für mich die größte Chance zu wachsen. Ich besinne mich auf meine eigentlichen Lebensziele und reife als Persönlichkeit.

Ich muss keinen Mann herbeizwingen. Ich werde mich zurücklehnen und die Dinge auf mich zukommen lassen.

Dann tritt ein neuer Partner automatisch in mein Leben. Und der ist dann der Richtige!

Es ist möglich für Frauen, mit einem Mann glücklich zu werden, aber nicht, wenn Sie gerettet werden wollen.

Lassen Sie Ihr Leben einmal Revue passieren. Ist es nicht so, dass jeder Mensch, der Ihnen begegnet ist, genau zum richtigen Zeitpunkt in Ihr Leben trat?

Begegnungen folgen dem Muster eines Reifeprozesses, um genau das zu lernen, was zu unserer Vervollkommnung oder Entwicklung an der Reihe ist.

Merke: Projizieren Sie in Ihren Liebsten niemals gigantische Qualitäten. Befreien Sie sich von dem Glauben, er wäre ein Geschenk Gottes für die Frauenwelt. Denken Sie einfach an die hundert Millionen anderer Mädchen, die wahnsinnig gut ohne diesen Mann auskommen und sich dabei wunderbar fühlen. Ist das nicht ein raffinierter Tipp?

Happy End –
Fakt oder Fiktion?

Ich sitze in seiner Küche, und ich denke: »Jetzt ist alles gut. So soll es bleiben. Das ist mein Happy End. Er ist glücklich, ich bin glücklich. Ich bin in einer glücklichen Beziehung.«

Eine glückliche Beziehung? Was für ein mulmiges Gefühl … irgendwas stimmt da doch nicht. Wir sind so eins, so sanft miteinander, wir müssen uns nicht mal mehr unterhalten. Es reicht, dass wir zusammen sind, miteinander sitzen, schweigen und kochen. Ich glaube, ich habe seit 1974 nicht mehr gekocht.

Wahrscheinlich läuft es so gut, weil ER es war, der MICH wollte. Wenn ich jemanden will, dann ist das ein verrückter Songschreiber, ein Immobilienmillionär mit drei Doppelleben, der im Puff verkehrt, ein schizophrener Schauspieler oder ein Typ, der ein begabtes, hypochondrisches Nervenbündel ist, das eines Tages an einer Überdosis Hustensaft stirbt. Ein Kerl, der mich garantiert eines Tages verlassen wird, so oder so.

Es gab Zeiten, da war ich besessen. Da habe ich das Handy mit in die Dusche genommen. Ich habe Rosamunde Pilcher gelesen und nach tausend Seiten gemerkt, dass ich mich nicht an ein einziges Wort erinnerte. Ich habe Nägel geknabbert, bis sie bluteten, und bevor ER kam, im Bad achtmal in den Spiegel geschaut.

In Zeiten der Besessenheit verliere ich meine Willenskraft. Ich rufe Freundinnen an und lamentiere endlos: »Er hat gesagt, seine Sekretärin sieht gut aus. Spricht jemand, der in mich verliebt ist, von seiner Sekretärin? Heißt das, dass ich hässlich bin?« Die Ohren meiner Freunde sind schon taub, aber ich kann nicht aufhören, denn von ihm zu reden gibt mir Sicherheit, fast so, als säße er neben mir. Die Sekunde, in der das Thema gewechselt wird, bricht mir das Herz, und ich begebe mich auf den Weg zur Hölle.

Warum ist Glück für mich, in der Küche Zwiebeln anzubraten, während er nebenan am Computer sitzt? Mehr brauche ich nicht. Ist das nicht ein bisschen wenig für eine Diva? Ich empfinde solch bescheidene Momente als Quelle der Wärme und Sicherheit. Wenn er dann ins Büro geht, denke ich, ich muss sterben. Dort wartet schon die gut aussehende Sekretärin, wahrscheinlich im Minirock mit hochgeschnallten Titten und frisch gebrühtem Kaffee.

»Besessenheit«, sagt mein Analytiker, »projiziert jedes Problem der Kindheit auf einen Menschen, der am Ende Angst haben wird, dass du seine Telefonnummer und Adresse kennst.« Ich bin die perfekte Kandidatin für eine manisch-besessene Beziehung. Mein Vater hat, als ich drei war, das Kinderzimmer verlassen und ist nie zurückgekehrt. Dreißig Jahre später habe ich mir eine eiserne Rüstung geschaffen, die mich davor schützt, dass sich die Dämonen meiner Kindheit zu Wort melden. Ich hab zwanzig Jahre psychologische Fachliteratur gelesen, um auf dem Sofa mit einem Mann kuscheln zu können, der dabei Chips frisst und Sportschau sieht. Es geht mir gut, ich bin glücklich!

UND MIR IST PLÖTZLICH SO GOTTVERDAMMT LANGWEILIG WIE NIE IN MEINEM LEBEN!!!!! Ich glaube, ich muss dem Typen gleich die Bierflasche auf den Kopf hauen, damit heute noch was passiert. Dieser Typ ist so supernett, dass es mich aggressiv macht. Ich glaube, der Mann, den ich wirklich brauche, muss die gleiche dysfunktionale Kindheit gehabt haben wie ich. Und dieser Typ Mann wird der Erste sein, der beim ersten Anzeichen von Intimität schreiend den Raum verlässt und die Flucht ergreift. Da denkt man, man hat alle Trümpfe in der Hand, und dann merkt man plötzlich, der andere spielt Schach.

Ehe ist, wenn Mann mit anderen schläft

In der Liebe gibt es zwei Tragödien: Die eine ist, nicht zu bekommen, was man sich ersehnt. Die zweite ist noch schlimmer: zu kriegen, was man haben wollte!

Liebe macht blind, aber die Ehe öffnet die Augen. Meine beste Freundin Nuschi führt genau das Leben, was ich mir als kleines Mädchen für mich ausgemalt habe. Sie hat alles, was man sich als Frau wünscht: drei süße Kinder, eine riesige Luxuswohnung, einen knackigen Ehemann, der mit dreißig seine erste Million gescheffelt hat und ausnehmend wohlproportioniert gebaut ist. Er hat seine Familie bestens geparkt und steht zu seiner Verpflichtung, Frau und Kinder niemals zu verlassen. Nuschi ist siebenunddreißig, hat ihren Mann noch nie betrogen und ist total abhängig von ihm. Sie kann ohne ihn nicht einschlafen und kann sich den selten gewordenen Luxus leisten, sich ganz und gar der Erziehung ihrer Kinder zu widmen. In ihrer Edeleinbauküche, die komfortabler aussieht als bei manchen Leuten das Wohnzimmer, stehen vier große, verschnörkelte Goldbuchstaben im Deko-Regal: LOVE. Ich werde Nuschi zu Weihnachten ein I schenken, dann kann sie das O wegstellen und die Buchstaben zu EVIL umarrangieren. Nicht, dass ich zynisch geworden bin, ich habe nur Lebenserfahrung verwertet!

Nuschis Mädchentraum ist in Erfüllung gegangen: Sie hat ihren Traummann geheiratet und ihre große Liebe jeden Morgen im Bademantel am Frühstückstisch. Seit zwölf Jahren. Nuschi hat Sicherheit, ein Zuhause und einen Mann, der ihr das Gefühl gibt: »Baby, ich mach das schon.« Sie ist die Frau mit dem märchenhaften Hochzeitsfoto im dicken Silberrahmen und dem Porsche-Geländewagen in der Garage. Und wissen Sie, was das Gemeinste ist?

Ich ausgelaugtes, abgehangenes Karrierewrack muss in meiner Freizeit Nuschi trösten. Aufpäppeln. Ihr Selbstbewusstsein stärken.

Neulich fragte Nuschis elfjähriger Sohn den smarten Papi: »Wie kommt das, dass Mami ein Versager ist?«

Papi antwortete: »Mami kümmert sich um euch und ums Haus, und ich kümmere mich ums Geldverdienen. Das heißt doch nicht, dass Mami ein Versager ist.«

Das Schlimme ist, dass Mami gerade vom Frisör nach Hause kam und das Gespräch belauscht hat. Überhaupt ist es Mamis Hobby geworden, zu recherchieren, was in Papis Leben wirklich passiert. Wie es kommt, dass er manchmal einfach keinen Sex mehr will, wenn er aus dem Büro kommt. Dass er sich tagsüber Klamotten gekauft hat und mit einem anderen Hemd heimkommt. Dass er bis zwei Uhr nachts Meetings hat. Dass er es hasst, wenn man ihn fragt: »Wo warst du?« Dass er eiskalt reagiert, wenn man wissen will, wie alt seine neue Sekretärin ist und wie sie aussieht. Dass er neuerdings auch Samstagabend Geschäftsfreunde trifft. Dass die Geschäftsreisen sich häufen. Dass Mutti nie mitgenommen wird, wenn er wichtige Leute trifft. Und dass sie sich als Standardantwort gefallen lassen muss: »Ich brauche eben meine Freiheit. Vertrau mir einfach!« Wenn es an die Feiertage oder gemeinsame Urlaubsreisen geht, kriegt Papi regelrecht Panik. Und weil er so viel arbeitet, hat er neuerdings sogar getrennte Schlafzimmer eingeführt. Er muss sich entspannen und auch mal alleine sein. Den ganzen Tag wird er im Büro zugetextet, da muss er wenigstens zu Hause abschalten und will nicht angesprochen werden. Was gar nicht geht, ist, wenn zu Hause Remmidemmi stattfindet: Kindergeburtstag, Schwiegereltern, verlassene Freundinnen, die aufgenommen werden, Nachbarn, die auf ein Tässchen Tee mal eben rüberkommen. Mami hat gar nicht mitgekriegt, dass Papi im Büro eine heiße Liebschaft hatte, als sie das dritte Kind bekam. Die Affäre ging vier Jahre, und nicht eine Sekunde hat Mami daran gedacht, dass Papi mal fremdgehen könnte. Sicher, einmal in zehn Jahren hat sie konkret gefragt, aber den Verdacht hat Papi sofort zerschlagen. »Du willst mir doch nicht etwa unterstellen, dass ich dich betrüge?« Zu der Zeit hatte seine Sekretärin gerade eine Abtreibung. Danach hat er sie rausgeschmissen.

Papi ist neuerdings als TV-Produzent eingestiegen. Da habe ich seinen allerbesten Freund, Geschäftspartner und Kumpel kennen gelernt. Wir hatten eine sportliche Affäre. Vom Kumpel weiß ich, dass Papi in den elf Jahren Ehe unzählige Affären hatte: Sekretärinnen, Praktikantinnen, Mädels vom Fitnesscenter, seine Homöopathin, seine Zahnärztin, die übrigens die ganze Familie behandelt, Nachbarinnen, Mädels aus dem Sonnenstudio, Anwältinnen, zwei Stewardessen und und und … und Papi lügt gar nicht mal so viel: Er ist beim Zahnarzt, im Flugzeug, bei der Homöopathie, bei der Anwältin oder im Büro oder im Sonnenstudio. Mamis Welt ist intakt. Die würde Papi nie zerstören. Er liebt doch seine Kinder – und Mami liebt er auch. Verlassen würde er sie nie.

Bei unserer Zigarette »danach« habe ich den Kumpel gefragt: »Und wie bringt ein Mann so was fertig?«

Da kam die lakonische Antwort: »Na, nur so geht es. Wenn der ehrlich wäre, wäre die Ehe doch längst im Eimer. Immerhin sind die beiden noch zusammen.«

Und dieser Mann liebt seine Frau! Er sagt über sich: »Für meine Familie würde ich durchs Feuer gehen.« Wenn das die Antwort auf Liebe ist, soll mal bitte einer die Frage neu formulieren.

Wie man sich als Frau durch Geld befreit

Wenn man sieht, was manche Frauen so heiraten, wird einem klar, wie sehr sie es hassen müssen, für ihren Lebensunterhalt zu arbeiten.

Sex, Luft und Geld haben eine Gemeinsamkeit: Sie sind unwichtig, außer es mangelt daran. Dann werden diese Dinge elementar, Voraussetzungen fürs nackte Überleben. Über Sex hat meine liebe Leserschaft bereits eine Menge von mir lernen können, aber wenn ihr es als Frau wirklich zu Glück und Unabhängigkeit bringen wollt, dann ist Geld genauso wichtig für euch wie Sex.

Ich widme mich diesem Thema, weil sich die Situation der Frau in unserer Gesellschaft nur durch finanzielle Unabhängigkeit verbessern kann. Und wie wir wissen, liegt mir nichts mehr am Herzen, als die Situation von Frauen zu verbessern. Wenn es um lebenswichtige Dinge geht, darf man sich niemandem ausliefern, nicht mal dem eigenen Lebenspartner.

Beziehungen verändern sich nun mal. Intelligente, tolle Männer haben loyalen Ehefrauen nach dreiunddreißig Jahren Ehe einen Zettel auf den Tisch gelegt mit nur einem Satz: »Diese Ehe war ein Irrtum.« Marilyn Monroe musste sich aus Einsamkeit und diffusen Verstrickungen mit tollen Männern das Leben nehmen. Muss ich mehr sagen? Wir Mädels sind dauernd in Gefahr.

Potentielle Krisenherde gilt es daher von vornherein zu vermeiden. Die meisten Trennungen sind auf Untreue und Geldsorgen zurückzuführen. An der Untreue lässt sich seit den Primaten nicht viel ändern, also müssen wir als Frauen versuchen, unsere Haut zu retten, wenn's um die Finanzen geht.

Im Umgang mit Geld gibt es zwischen Männern und Frauen drastische Unterschiede. Ohne eigenes Geld wird eine Frau niemals frei sein. Sie bleibt abhängig und Spielball desjenigen, der das Geld hat. Meistens ist das leider der Mann. Die Verlockung daran ist, dass Frauen gerne den bequemen Weg gehen und Verantwortung abgeben. Es kann ja sehr schön sein, wenn sich ein anderer um alles sorgt. Sie riskieren jedoch, mit leeren Händen und völlig mittellos dazustehen, wenn die Wetterlage sich ändert.

Sobald Sie als Frau eigenes Vermögen aufbauen, werden Sie nicht nur ein neues, unabhängiges Leben erfahren, Sie werden auch andere Männer kennen lernen. Ja, Sie werden ganz anders akzeptiert. Geld ändert Ihre Lebensqualität, Ihr Gefühl zu sich selbst und die Gefühle anderer für Sie. Geld beruhigt. Es lindert Not. Ich liebe Geld!

Mit eigenem Geld in der Tasche können Sie unabhängig von anderen Ihre Persönlichkeit entfalten, Ihre Träume und Ideen umsetzen. Kein eigenes Geld zu haben ist ein Hindernis auf dem Weg zum Glück. Auch die gesamte Gleichberechtigung in einer Partnerschaft verkommt zur Farce, wenn Sie abhängig von einem Mann sind, der Ihnen zwar das Haushaltsgeld auf den Tisch legt, Sie im Gegenzuge aber mit heimlichen Geliebten betrügt und nach seiner Laune sowohl Hobbys, Reiseziele als auch Anschaffungen vorgibt. Die Einstellung zum Geld hat viel mit Gefühlen zu tun. Kein Geld zu haben wird jedes Problem, das ein Mensch hat, nur verschärfen, anstatt es zu lindern.

Ich persönlich bin lieber alt, krank und reich als alt, krank und arm. Natürlich macht Geld allein nicht glücklich – aber es gibt keine Situation, die sich durch Reichtum verschlimmert hätte. Nennen Sie mich opportunistisch? Ich nenne es Feminisierung des Arbeitsmarktes!

Menschen, denen Spiritualität, Familie, Freundschaften und Wärme an erster Stelle stehen, die »arm, aber glücklich und zufrieden« sein wollen, muss der Gedanke erschrecken, dass man durchaus spirituell, warmherzig, familiär, glücklich UND reich sein kann. Wer hat den dummen Gedanken erfunden, dass das eine das andere ausschließe? Ich bin hundert Prozent überzeugt, dass uns von allem das Beste zusteht. Die Reichen, die angeblich das Unglück gepachtet haben, wären arm auch nicht besser dran.

Überhaupt kursieren die dümmsten Sprüche übers Geld: »Über Geld spricht man nicht« oder »Früher Vogel fängt den Wurm«.

Der frühe Vogel, der den Wurm fängt, arbeitet für jemanden, der am späten Nachmittag ins Büro kommt und dem die ganze Farm gehört!

Sicher, man kann sich mit Geld nicht alles kaufen, aber dafür gibt's ja Kreditkarten.

Wer arm bleiben will, hat gar keine Mittel, anderen Menschen zu helfen. Die Welt wird zu einem besseren Platz nur dadurch, dass wir Projekte unterstützen und in Ideen investieren können, die uns am Herzen liegen. Wenn man finanziell unabhängig ist, kann man als Frau viel besser für andere sorgen.

Glauben Sie bloß nicht, dass meine armen Freunde mich besser behandelt hätten als meine reichen Liebhaber. Ich wurde von armen Männern belogen und betrogen, und ich wurde von reichen Männern belogen und betrogen. Raten Sie mal, was mehr Spaß gemacht hat? Wenn ich etwas verabscheue, dann ist es die Kombination von verliebt, reich und geizig. Das geht ja nun gar nicht. Gott sei Dank hat der Herrgott es so eingerichtet, dass Geiz eine durchgängige Charaktereigenschaft ist. Geizige Männer geizen eben auch mit Küssen, Cunnilingus, Alimenten, Blumen und ihrer Freizeit. Großzügigkeit hingegen ist eine der charmantesten Männereigenschaften.

Geld zu besitzen und seine Liebsten nicht daran teilhaben zu lassen, es festzuhalten und die Welt mit Dollarzeichen in den Augen zu betrachten – das ist das Negativmuster eines geizigen Geldsacks. Ausgerechnet diese Spezies hat immerzu Angst, dass potentielle Partnerinnen nur hinter dem Vermögen her sind. Es fragt sich, was so ein Geizkragen sonst noch zu bieten hat? Fantasie? Humor und brillanten Witz? Charme? Tolles Aussehen? Einen Gladiatorenkörper? Ich meine, woran soll man sich als Frau denn halten, wenn nicht mehr da ist als die Kohle? Für mich sind die tollsten Männer jene, die großartige Persönlichkeiten mit den oben genannten Eigenschaften sind und obendrein, als »Sättigungsbeilage« sozusagen, aus finanzieller Unabhängigkeit heraus ein komfortables, bequemes Leben bieten können.

Man muss sich wahrlich nicht mit jemandem zusammentun, um dadurch mehr Probleme bewältigen zu müssen, als man zuvor alleine hatte. Ein Mann soll doch meine Probleme lindern. Da ich dumm genug war, mehr als einmal aus selbstloser Verliebtheit heraus Männer auch finanziell zu unterstützen, sogar die gesamte Miete für ein gemeinsames Domizil zu bezahlen, weiß ich aus purer Lebenserfahrung, dass einer Frau so etwas nie gedankt wird. Sie können einem Mann ganze Häuserzeilen überschreiben, festnageln können Sie ihn dadurch nicht.

Im Gegenteil. Bald wird der Mann keinen mehr hochkriegen, denn er kommt sich klein und unterlegen, abhängig und dominiert vor. Das wird er Ihnen am Ende noch vorwerfen.

Männer sind evolutionstechnisch einfach noch nicht so weit, dass Sie es ertragen können, dass eine Frau dreimal so viel verdient wie Sie und mit links jedes Finanzproblem zu lösen weiß, während der Typ im Stadium stecken geblieben ist, unliebsame Rechnungen »nach hinten zu sortieren«.

Es gibt Männer, deren Schreibtische aussehen wie ein Stillleben von Hieronymus Bosch.

Solange ein Typ dieses Chaos von der Ordnung seiner Finanzen isolieren kann, soll ihm das gestattet sein. Erfolgreiche Männer bedanken sich gerne bei Tischreden bei ihren Frauen, durch deren Management im Hintergrund sie erst wirklich erfolgreich werden konnten. Ich finde das wunderbar, würde aber gerne erleben, dass Männer eine Frau auf dem Weg ihrer Karriere im gleichen Maße unterstützen.

Ich betrachte das Leben wie einen Heimwerkerkoffer.

Wir sind umgeben von Werkzeugen und müssen damit arbeiten. Basteln Sie rum.

Bauen Sie was aus dem Material, das Sie vorfinden. Ich kann jeder Frau nur raten: Do it yourself! Üben, üben, üben.

Es ist sexy, kompetent zu sein.

Ich würde mir als Frau ohne Karriere eher einen Halbtagsjob als Bäckereiverkäuferin suchen, als ausschließlich abhängig vom Geld meines Gatten zu existieren. Ich kann mir einfach nicht vorstellen, einen Mann fragen zu müssen, ob ich mir bitte, bitte dieses Paar Schuhe kaufen darf. Was ist, wenn er »Nein« sagt? Wenn 's dann mal schlecht in der Beziehung läuft, kriegt man ja gar nichts mehr.

Mein Rat ist nicht unbedingt, eine Karriere außerhalb zu machen, auch Heimarbeit kann sehr befriedigend sein. Häkeln Sie doch Bikinis! Basteln Sie Sommerhüte, oder backen Sie traumhaften American Cheesecake ohne Kalorien für die angesagtesten oder skurrilsten Läden in ihrem Kiez. Einer der größten Vorteile an Heimarbeit ist, dass man weiß, was die Katze den lieben, langen Tag so treibt.

Hausfrau zu sein ist ein respektabler Beruf, der entsprechend entlohnt werden sollte. Egal, ob Sie nebenbei beruflich tätig sind oder nicht, über ein festes »Einkommen«, welches mit dem Haushaltsgeld nichts zu tun hat, das allein zu Ihrer freien Verfügung steht, sollten Sie sich mit Ihrem Partner einigen. Führen Sie unbedingt auch getrennte Konten ein, und unterschreiben Sie keinerlei Kredite, Bürgschaften, Hypotheken gemeinsam.

Jede zweite Ehe wird heutzutage geschieden. Selbst wenn Ihrem Mann der Offenbarungseid droht, in dem Moment, wo beide unterzeichnet haben, steckt Ihr Kopf mit in der Schlinge. Hat nur einer unterschrieben, gibt es diverse Möglichkeiten, durch Umschichtungen und Überschreibungen neu anzufangen und mit einem blauen Auge davonzukommen.

Das Gefährlichste für Ihr Leben ist, Geld mit Liebe zu vermischen und Unterschriften »aus Liebe« zu leisten. Wenn jemand das von Ihnen verlangt, fragen Sie doch mal, ob Ihr geliebter Partner Sie nicht eher benutzt anstatt Sie zu lieben.

Wenn Sie eigenes Geld, und damit Ihre Unabhängigkeit, erwerben wollen und nicht in der glücklichen Lage sind, einen Mann zu haben, der Ihnen Mietshäuser, Juwelen und eine Apanage überschreibt, dann werden Sie eben arbeiten müssen. Eine eigene Karriere ist etwas sehr Erotisches, Lebendiges, meine wahre Leidenschaft. Ich betrachte mein wachsendes Konto mit dem lustvollen Gefühl eines Mannes, der seine heimliche Mätresse im Hintergrund betrachtet.

Es gibt wenige Jobs, für die man einen Penis oder eine Vagina braucht. Alle anderen Jobs sollten jedermann zugänglich sein. Der einzige Job, für den eine Frau keinerlei Qualifikationen mitbringt, ist der des Samenspenders. Darüber hinaus sollten Sie sich auf Ihre ganz persönlichen Vorteile konzentrieren und Ihre Einmaligkeit als Persönlichkeit herausarbeiten. Damit lässt sich Geld verdienen. Ob Sie nun Altenpflegerin, Haushaltshilfe, Masseuse, Bauchtanzlehrerin, Übersetzerin, Visagistin, Hundetrainerin, Pförtnerin, Trödlerin, Taxifahrerin, Blumenhändlerin, Schneiderin, Kinderbetreuerin, Sekretärin, Telefonistin, Fußpflegerin, Moderatorin, Empfangspersonal, Hausdame oder Second-Hand-Boutiquenbesitzerin werden wollen, das Wichtigste ist der erste Schritt. Also fangen Sie an!

Wenn ein Partner nicht verstehen kann, dass Ihr Wunsch, »eigenes Geld« zu haben, Teil Ihres emotionalen Wohlbefindens ist, wird er auch in anderen Punkten keine Rücksicht auf Sie nehmen. Rechtlich unabhängig und ökonomisch abhängig zu sein ist die denkbar schlechteste Lage, in die Sie als Frau kommen können.

Geld ist nun mal rund – deshalb rollt es fort.

Um glücklich zu werden, muss man wahrlich nicht reich und berühmt sein.

Es genügt schon, reich zu sein. Früher hab ich anders gedacht. Es ist wirklich erstaunlich, wie heilsam Geld sein kann. Nur kuscheln kann man nicht damit.

Wie man als Geliebte die Trümpfe in der Hand behält

Dating nenne ich die Zeit, in der man als kluge Frau prüft, ob sich nicht etwas Lukrativeres findet.

Liebe ist das einzige Spiel, bei dem beide Partner entweder die Gewinner oder beide die Verlierer sind.

Was tun, wenn die attraktive Single-Frau nun nach einer langen Dürreperiode endlich auf ihren Traummann trifft … und er sich gleich beim ersten Date als verheirateter Familienvater outet?

Ich finde, nach einer Selbstanzeige sollte man Milde walten lassen und gründlich abwägen, was aus einem selber wird, wenn man diesen Mann weiterziehen lässt.

Doch bevor Sie im Spiel des Lebens die Rolle der Geliebten einnehmen, streichen Sie Ihren Text zusammen! Vergessen Sie alles, was mit Zukunftsplanung zu tun hat, und konzentrieren Sie sich auf den Spaß-Faktor. Machen Sie sich eine Liste von Verhaltensmaßregeln, solange Sie noch klar im Kopf sind. Werfen Sie auf diesen Verhaltenscodex einen Blick, sobald Sie meinen, die Kontrolle über Ihre Gefühle zu verlieren. Wenn Sie Ihre eigenen Ratschläge nicht beherzigen, dann betrügen Sie sich selbst. Die Position einer Geliebten kann eine verdammt gute Chance sein, Ihrem vereinsamten Single-Frust zu entrinnen. Beherzigen Sie folgende Regeln:

Sie sind als Opfer zu schade. Vielleicht haben Sie es mit einem Mann zu tun, der weiß, dass er als Familienvater kein gutes Beispiel sein kann, und sich entschlossen hat, als schreckliche Warnung durchs Leben zu gehen. Nehmen Sie das Beste, was er anbieten kann, und haben Sie mit ihm einfach nur Spaß. Aber bleiben Sie fair: Bauen Sie sich mit so einem eine Insel des Glücks. Für seine gebügelten Hemden sind Sie nicht verantwortlich, auch nicht dafür, dass seine Ehe zerrüttet ist – aber so ein Mann ist prädestiniert, Ihnen den Himmel auf Erden zu bereiten. Sie sind verantwortlich für die schönsten Stunden, die es zwischen Mann und Frau überhaupt gibt. Behandeln Sie solche Männer wie Lieferanten: Im Blumenladen verlangen Sie sonst ja auch keine Wurst.

Wenn Ihnen einer begegnet, der eine romantische Affäre verspricht, und Sie ihn mögen, greifen Sie zu! Vielleicht ist er ein guter Liebhaber, und Sie können prima reden. Dann beklagen Sie das Schicksal nicht, weil er verheiratet ist. Wenn er fremdgehen will und Sie auf ihn verzichten, weil er eine Frau hat, dann sucht er sich eben eine andere, mit der er Spaß hat. Durch Ihren Verzicht ist noch keine Ehe gerettet worden. Wenn Sie eine tolle Frau sind, machen Sie es diskret, und die Ehefrau kann von Glück reden, dass Sie wissen, wo die Grenzen sind. Ändern können Sie so einen Mann genauso wenig, wie seine Frau es vergeblich versucht hat. Die ist auch an ihm gescheitert, sonst würde er ja nicht in Ihrem Bett liegen. Verraten Sie ihn nicht, denn er macht Ihnen ein Geschenk. Der ist genug damit gestraft, dass er nach Hause gehen und seiner Frau unschuldig in die Augen sehen muss. So was strengt an.

Der Glücksautomat des Lebens schenkt Ihnen in so einem Moment drei Zitronen: Pressen Sie sie aus! Spielen Sie mit, aber erwarten Sie nicht, dass unten ein neuer Nachname rausspringt. Was rauskommt, sind bestenfalls Juwelen. Natürlich weisen Sie auch ein Mietshaus, ein schnittiges Cabriolet oder eine Eigentumswohnung nicht zurück. Wertgegenstände und guter Sex, das ist der beste Handel, den es auf der Welt gibt. Wenn Ihnen das ein Mann schenkt, dürfen Sie ihn nicht vergraulen! Wenn Sie keine gute Ehefrau sein können, dann werden Sie eben eine tolle Geliebte. Damit haben Sie oft das schönere Leben. Vergessen Sie jegliches Schuldgefühl. Sie glauben doch wohl nicht, dass dieser Mann das erste Mal fremdgeht?

Für die Ehefrau brauchen Sie kein Mitgefühl zu haben, denn wenn es deren Ehemann gelingt, dass er seine Frau betrügt, dann geschieht's der recht. Dafür, dass es in der Ehe an etwas mangelt, sind doch nicht Sie verantwortlich.

Und sollte es jemals zu dem fatalen Moment kommen, an dem eine impertinente Ehefrau Sie konfrontiert, dann bleiben Sie souverän.

Auf ihre prekäre Frage »Haben Sie ein Verhältnis mit meinem Mann?« antworten Sie mit Ihrem charmantesten Lächeln: »Die Frage, die Sie sich stellen sollten, meine Liebe, ist doch wohl die, warum Ihr Mann überhaupt Verhältnisse mit anderen Frauen haben will?«

Darauf erheben Sie sich und zeigen der Gattin, wie eine Dame aufrecht und voller Stolz den Raum verlässt.

Und denken Sie daran: Nicht jeder Mann hat eine Geliebte – manche Schweine haben sogar zwei!

Wie Sie Liebe im Büro meistern

Träumen wir nicht alle davon, mit dem Mann unseres Herzens tagtäglich mindestens acht Stunden zu verbringen und das, ohne uns am Telefon ein Rendezvous erbetteln zu müssen?

Wie wäre es, morgens zu wissen, dass der Mann, in den wir uns verknallt haben, gezwungen wird, auf unser Dekolleté und unsere nackten Beine zu schielen, ob er es nun will oder nicht?

Und wäre es nicht großartig, wenn genau dieser Typ auf uns an seiner Seite angewiesen wäre?

Dann empfehle ich Mut zur Liebe im Büro. Liebe im Büro ist das Gegenteil von sexueller Belästigung am Arbeitsplatz.

Es gibt keinen souveräneren Start in eine Beziehung als Liebe am Arbeitsplatz.

Wie verhalten wir uns nun, wenn sich der kleine Ausrutscher auf der Betriebsfeier in eine handfeste Romanze verwandelt?

Eines kann ich Ihnen garantieren: Die Büro-Affäre hat Konsequenzen. So oder so.

Sind Sie eine Untergebene, die dem Chef in der Mittagspause »mundgeklöppelte« Erleichterung verschafft? Ziehen Sie vorm Diktat Ihr Höschen aus, und hatten Sie schon mal Sex auf einem Drehstuhl? War die Affäre so heiß, dass Ihr verheirateter Boss abhängig von Ihnen wurde und eine Machtübernahme das Chefzimmer bedrohte?

Dann spielen Sie auf Risiko und könnten von heute auf morgen arbeitslos werden, sobald der Wind sich dreht.

Sowohl Mobbing durch Ihre Kolleginnen als auch eine

Beförderung kann Konsequenz Ihres vollen Körpereinsatzes am Arbeitsplatz sein. Wir haben es bei Liebe im Büro immer mit einem zweischneidigen Schwert zu tun.

Das sollte Ihnen auf jeden Fall klar sein, wenn Sie das Chefzimmer anwählen und in den Hörer raunen: »Ich komme gleich rein und blas dir einen.«

Ich sage Ihnen, was meine Erfahrung ist: Mit dem Chef liiert zu sein bedeutet, sich am Arbeitsplatz sogar noch kompetenter beweisen zu müssen, wenn man seine Karriere und den Ruf in der Branche intakt aufrechterhalten will. Es bedeutet, besser sein zu müssen als die anderen. Klüger taktieren zu müssen als die Kollegen. Durch eine Affäre mit dem Chef wird man angreifbar.

Sie wollen in der Branche doch nicht bekannt werden als diejenige, welche was mit dem Marketing Manager hat, sondern als jene, deren Umsätze und Marktanalysen die lukrativsten der Firma sind.

Ich habe nichts gegen Hardcore-Flirten im Büro. Die Typen fühlen sich als geile Hengste hinterm Schreibtisch, wenn ihnen jemand im Businesslook den Kopf verdreht, und die aufgestaute Aggressivität kommt der Arbeit eines Profis zugute.

Der gut aussehende Banker am Schreibtisch nebenan könnte theoretisch Ihr nächster Ehegatte sein. Es gibt eine Menge, was Sie mit dem attraktiven Kollegen verbindet: gleiche Toilette, gleiche Kaffeeküche, gleiche Interessen, der gleiche Kantinenfraß, ähnliche Kompetenzen und dieselben Parkplatzprobleme am frühen Morgen. Wenn dieser Mann noch dazu dieselben Werte und Ziele hat, ist eine romantische Einlassung mit diesem professionellen Partner quasi schon besiegelt.

Von dem Tag an, da Sie diesen Mann am Lift abfangen und ihm einen »After Work Cocktail« aus den Rippen leiern, der zum Ziel hat, die gemeinsamen körperlichen Aktivitäten an den Start zu bringen, wird Ihr Leben komplizierter. Wenn Sie es sportlich sehen und wirklich unabhängig bleiben, einen kühlen Kopf bewahren und nicht viel erwarten, droht außer einem bitteren Nachgeschmack keine Gefahr. Aber wer kann das schon? Unser Selbstschutz funktioniert immer nur bis zu einem gewissen Punkt. Wenn Sie sich verlieren und Fehler machen, können diese ihre Existenz bedrohen. Aber das Leben ist nun mal kein Drehbuch mit Happy End, und alle, die prinzipiell verlauten lassen: »Ich vögele nicht am Arbeitsplatz«, tun mir ehrlich gesagt Leid.

Sie tun mir Leid, weil sie nie das Glück oder das Unglück erfahren haben, vom Typen aus dem Management Department nach Feierabend im Stehen durchgevögelt zu werden und sich dabei am Kopiergerät festzuhalten.

Glauben Sie mir, in jedem Büro müssen Sie für leidenschaftliche Abweichungen vom Dienstplan büßen. Egal, mit wem Sie's treiben und wie heimlich Sie es tun, die Leute werden es erfahren. Ich hasse es, wenn salopp behauptet wird, »die hat sich hochgevögelt«. Fakt ist, dass in den meisten Fällen die Erreichung unserer Ziele durch Liebe im Büro sogar ausgebremst wird. Kollegen reden. Die Gerüchteküche brodelt. Eifersuchtsdramen in der Teeküche mit dem Azubi, der auch mal was mit dem Chef hatte. Die Praktikantin im kurzen Stretch-Rock schneidet Sie plötzlich. Wenn Sie sich in dieser Situation wiederfinden, akzeptieren Sie die Folgen, und entwerfen Sie einen Schlachtplan. Ich kenne Chefs, die derartige Bürokonstellationen sogar betrieblich für förderlich halten. Es kann durchaus Ihrer Karriere einen Schub geben, wenn sich jemand in einem kleinen Unternehmen mit klar abgegrenzten Kompetenzen um Ihr körperliches Wohl sorgt und nichts mehr ablehnt, als mit ungeficktem Personal zu arbeiten.

Ein großes, unüberschaubares Unternehmen mit viel personeller Fluktuation kann dagegen sogar den Personalchef ersuchen, bei aufkeimenden Partnerschaften oder Heiraten einem der Partner die Kündigung nahe zu legen.

Bei einer Büroliebe kommen nicht die ausgesprochenen, sondern die unausgesprochenen Regeln Ihrer Firma ins Spiel. Die Frage, die Sie sich immer stellen sollten, lautet: »Trage ich dazu bei, dass meine Kollegen sich unwohl fühlen? Leiden die Mitarbeiter unter dieser Liaison?«

Beim Flirten können Sie zumindest Ort und Uhrzeit unter Kontrolle behalten. Vielsagende Blicke und frivole Anspielungen am Getränkeautomaten werden keinen stören. Anders sieht's aus, wenn Sie beim Vorstandstreffen Ihre Strapse ins rechte Licht rücken und bedeutungsvoll die Lippen nachziehen. Öffentliche Zonen wie der Telefoncounter oder der Empfang stellen etwas anderes dar als der Konferenzraum, welcher ein Repräsentant der Unternehmensphilosophie ist. Romantik in die Konferenzsitzung zu tragen verletzt nicht die unausgesprochenen Gesetze einer Firma, sondern untergräbt sie. Wenn es möglich ist, die Affäre im Büro zu verheimlichen, dann tun Sie das.

Wenn Ihre romantischen Interessen größer sind als die beruflichen, werden Sie im Nu umzingelt sein von ehrgeizigen Mitstreitern, die sich Ihre Schwächen zu Nutze machen.

Man kann es nicht oft genug sagen: Ihre einzige Chance ist, härter zu arbeiten und besser zu sein als alle andern. Sie werden bei einer dauerhaften Büroliebe mit Neid konfrontiert, und alle Aspekte Ihrer Arbeit werden mit Argusaugen einer ständigen Kontrolle unterzogen.

Tratsch und Klatsch hinter Ihrem Rücken sind Ihnen sicher. Das Schlimmste, was passieren kann, ist, dass Sie aus Liebesblindheit dumme Fehler machen. Ein Fehler wäre beispielsweise, als Praktikantin oder Schreibkraft, die den Boss vögelt, plötzlich bei Vorstandssitzungen dabei zu sein und Kompetenzen zu überschreiten.

Sie sollten die Hierarchien und Konventionen Ihres Unternehmens klar im Blick behalten. Wenn Sie von alldem keine Ahnung haben, wandeln Sie auf dünnem Eis.

Ein anderer Fehler wäre, plötzlich im Unternehmen eine größere Funktion zu übernehmen, wenn Sie auf diese nicht vorbereitet sind. Damit begeben Sie sich in die Schusslinie und machen es Widersachern leicht, Sie auszuradieren. Sie sollten im Büro niemals das Territorium verlassen, welches Ihrem Job entspricht. Wenn der Chef Ihnen Aufmerksamkeit schenkt, nutzen Sie diese zu Ihrem Vorteil. Sie wären ja blöd, die Chance zu verpassen, sich schneller zu profilieren als die anderen. Aber seien Sie die Erste und die Letzte im Büro und sorgen Sie dafür, dass die Projekte, die Ihnen zugeschoben werden, erfolgreich sind.

Wenn dieser Chef, der Sie persönlich auf allen Ebenen fördert, nicht verheiratet ist, dann Gratulation. Hat er eine Frau, dann herzliches Beileid. Haben Sie vor diese Ehe zu sprengen, dann ist mein Rat: Managen Sie es gründlich.

Wenn das ganz große Glück in der Chefetage lockt, dann lassen Sie diese Chance nicht durch Ihre schlanken Fingerchen rutschen. Machen Sie Ihren Traum zur Realität, aber seien Sie bereit, den Preis dafür zu bezahlen. Akzeptieren Sie mögliche Konsequenzen Ihrer Aktionen. Die Zukunft liegt in Ihren Händen, und wenn Sie sicher sind, dass es sich um die eine Liebe handelt, nach der Ihr Herz sich immer gesehnt hat, dann gehen Sie den Weg. Mit allen ausgefahrenen Antennen, die Sie haben, perfekt gespitztem Bleistift und im schlichten, dunklen Nadelstreifen-Kostüm. Die Kraft sei mit dir! Und das Kondom.

Macht Macht Männer männlich?

Meine Mutter hat mich immer vor zwei Dingen gewarnt: vor Männern und vor Alkohol. Von Frauen und Drogen hat sie nichts gesagt! Ich habe Drogen genommen, als sie noch gesund waren. Wenn ich heutzutage deprimiert bin, dann streiche ich mir Bienengift auf meine Slipeinlage. Das kann ich nur empfehlen, da springt man im Quadrat. Ist auch viel billiger als Ecstasy und macht keine Beschaffungsprobleme, gibt's nämlich in jeder Apotheke.

Irgendwas muss man ja nehmen – nüchtern lässt sich jedenfalls unsere Welt nicht mehr ertragen. Ich wünschte, Galileo Galilei hätte Unrecht gehabt und die Erde wäre doch eine Scheibe. Dann hätte das Elend wenigstens mal ein Ende. Aber so lange die Erde sich dreht, wird uns das Leid bis in die Unendlichkeit überrollen.

Erbaut und regiert wurde diese Welt von Männern. Und was ist dabei herausgekommen? Eine Welt voller Phallussymbole!

Ist Ihnen schon mal aufgefallen, dass die meisten Dinge dieser Welt die Form eines Penis haben? Hochhäuser, Fernsehtürme, Obelisken, Raumschiffe, Flugzeuge, Bleistifte, Lippenstifte, Deo-Sticks, Haarsprayflaschen, Colaflaschen, Tampons … der ganz normale Alltag einer Hausfrau zwischen Putzen und Kochen reicht völlig aus, um durch das, was Männer geschaffen haben, nur an Sex erinnert zu werden. Und dieselben Männer, die eine solche Welt erbaut haben, regieren unser Leben. Wenn ich an Politik denke, denke ich auch an Sex.

Politik ist das zweitälteste Gewerbe der Welt. Ich mache mit zunehmendem Alter die Beobachtung, dass das älteste Gewerbe der Welt sehr viel Ähnlichkeit mit dem zweitältesten hat.

Es ist mir völlig egal, mit wie vielen Leuten unsere Politiker geschlafen haben. Sexuell umtriebig zu sein schmälert in keinster Weise, womit man wirklich beschäftigt ist oder was man für die Gesellschaft leisten kann. Nur weil ein Typ ab und zu mal fremdgeht, ist er noch lange kein schlechter Kanzler – oder Bürgermeister, nein, er ist noch nicht einmal ein schlechter Mensch. Man kann doch nicht sagen: »Du da, du bist nicht befähigt, im Namen der Allgemeinheit Entscheidungen zu treffen, weil du eine andere Frau angemacht hast und ihr deinen Schniedelwutz gezeigt hast.«

Nehmen wir mal John F. Kennedy. Dieser gut aussehende, charmante, charismatische Präsident hat vermittelt, dass alle Menschen gleich sind und dass jeder innerhalb der ihm geschenkten Möglichkeiten die Welt verbessern kann. Die Auffassung, dass wir alle gemeinsam etwas bewirken können, geht auf John F. Kennedy zurück. Da war es doch ganz egal, dass er Marilyn Monroe fickte.

Die Ehen der Politiker werden immer unter die Lupe genommen. Niemand weiß, was in einer Ehe vorgeht, aber die Tatsache, dass man verheiratet ist, bedeutet nicht, das man niemals Mist baut. Wir alle bauen Mist. Politiker bauen allerdings auf einer öffentlichen Bühne Mist. Welcher Mann mit Macht hat keine Fehltritte begangen? Entscheidungen werden von leidenschaftlichen Menschen getroffen, die sich nicht vor Verantwortung scheuen. Solche Menschen tun auch auf anderen Gebieten Dinge, die der Nachbar nicht unbedingt tun würde. Sind diese Menschen deshalb schlecht? Ich glaube nicht. Ich glaube, sie sind geil. Und wenn die Muschi ruft, sind eine ganze Menge Männer zur Stelle. So sind Männer eben.

Männer in Machtpositionen werden nun mal ins Bett gezerrt. Leider ist es nie umgekehrt, jedenfalls nicht bei mir. Durch Macht wird man als Frau in den Augen der meisten

Männer maskulin. Deshalb waren die Leute immer sauer auf Hilary Clinton. Sie dachten, dass sie wie ER sein will. Macht und Sexualität passen bei Frauen nicht zusammen. Männer wollen die Führung übernehmen, und Frauen sind dazu erzogen, mitzuspielen. Deshalb kann man sich als Frau im Job den Arsch aufreißen und wird immer noch schief angesehen, weil man ja seine Kinder von acht bis fünf in einen Hort gibt, um überhaupt arbeiten zu können. Wenn Männer ihre Kinder nur am Wochenende erleben, gilt das als »karrierebewusst«. Und so ganz nebenbei schmeißt Mutti noch den Haushalt, malt Ostereier und zaubert was Leckeres zum Abendbrot. Und danach geht's an die ehelichen Pflichten. In einer Frauenzeitschrift habe ich mal gelesen, man soll Männern sagen, wie sie bessere Liebhaber werden. Die Männer, die ich hatte, sind schon ausgerastet, wenn man ihnen nur gesagt hat, wie sie bessere Autofahrer werden.

Und da hat diese Welt immer noch Zweifel, wenn Frauen die Macht übernehmen? Wovor haben diese Männer Angst? Dass in einer Wirtschaftswelt bestehend aus Frauen alle irgendwann am gleichen Tag ihre Periode haben und das Kabinett in die Luft jagen?

Es ist mir völlig egal, ob Ole von Beust oder Jette Joop in Hamburg die CDU regiert.

Beide sind Millionäre, und beide sind Peroxydblondinen. Es gibt nur einen Unterschied: Frauen lügen nie! Sie gehen nur ökonomisch mit der Wahrheit um.

Sind Sie sicher, dass Sie weiblich sind?

Wenn ich etwas im Überfluss besitze, dann sind es feminine Eigenschaften! Ich bin mütterlich, nähre und bekoche, was mir über den Weg läuft, züchte junge Triebe im Blumenfenster, mache Fresschen für Hund und Katze – und: Ich bin schlecht im Sport, habe Bindegewebsschwäche, lange blonde Haare, enthaarte Beine und Spitzengardinen im Schlafzimmer. Im Grunde bin ich viel zu weiblich! Wenn andere Fahrstunden nehmen, sitze ich im Nagelstudio. Ja, ich habe keinen Führerschein! Ich war einfach zu blöd dazu. Ich trage Brillantherzen als Ohrringe und eine rosa Blume als Haarspange. Ich spüle meine Angora-Pullis mit Lenor. Trage gerne Rüschenblusen. Habe einen Lavastein, mit dem ich mir bei jedem Bad die Hornhaut abschmirgele. Ich habe Tränen in den Augen, wenn ich in einer grell ausgeleuchteten Umkleide Unterwäsche probiere und tief gedemütigt und mit der Überzeugung, ein Krüppel zu sein, das Geschäft verlasse.

Weiblich zu sein wird uns Mädels anerzogen – wer will schon einen ganzen Kerl als Partnerin? Aber gleichzeitig ist Weiblichkeit in unserer Gesellschaft negativ belastet. Eine alte Frau zu sein heißt, man ist verwirrt und zänkisch mit nur einem Zahn. Ein alter Mann zu sein heißt, man hat dreckige Fantasien und liebt schmutzige Witze.

Was bedeutet Weiblichkeit? Klatsch und Tratsch. Eitelkeit. Den ganzen Tag vorm Spiegel im Bad verbringen. Nicht fertig werden, wenn man ausgeht und der Mann im Auto wartet. Hohe Telefonrechnungen produzieren. Kaufrausch. Überzogene

Konten. Unbezahlte Rechnungen. Klappernde Armreifen. Knallende Absätze auf Asphalt und kaputte Dauerwellen.

Nein, es ist nicht erstrebenswert, »weiblich« genannt zu werden.

Eine Frau riecht auch immer gut. Besonders »unten rum«. Als Dame schwitzt man nicht, weil man sich nicht anstrengt, da man keinen eisernen Willen besitzt und nicht kämpft. Kämpfen und noch dazu gewinnen, oh nein, das ist nicht ladylike. Blasen auch nicht, aber darüber hat sich noch keiner beschwert. Eine Dame zu sein bedeutet, nie laut zu lachen, keine schmutzigen Witze zu erzählen und über die Witze anderer nur verschämt zu kichern. Eine Frau zu sein heißt, Männern das Gefühl zu geben, dass sie groß und stark sind und den Videorekorder und die Fernbedienung verwalten dürfen. Die Weinflasche entkorken müssen. Der Mann hält die Tür auf und bezahlt die Rechnung. Ganz tolle Männer halten sogar ihr Jackett wie einen Schirm über einem hoch, wenn es regnet, damit man sich die Frisur nicht versaut. Als Dame hat man damit zu tun, Hilflosigkeit zu signalisieren. Man sucht sich einen Mann, der einen beschützt. Weiblich zu sein heißt auch, zu helfen: als Krankenschwester, die sich nicht vor Blut ekelt. Als Kindergärtnerin, Küchenhilfe oder Putzkraft.

Weiblich sein heißt, in Kategorien zu denken, die mehr zyklisch sind als linear: Der Natur im Laufe der Jahreszeiten folgen, säen und ernten, hegen und pflegen, dem Aufstieg und Untergang der Medienstars folgen, Angst haben, dass Blut durch die weiße Jeans in den gepolsterten Sessel gesickert ist.

Weiblichkeit bedeutet Unsicherheit: »Mag er mich?«; »Was meint er, wenn er so etwas sagt?«; »Wie kann ich besser aussehen?«; »Bin ich zu dick?«

Weiblichkeit bedeutet, die Regeln zu kennen: Wenn man einen Rock trägt, hält man die Knie geschlossen, außer man ist Sharon Stone, die gerade einen Film dreht und fünf Millionen dafür bekommt, dass sie ohne Schlüpfer rumrennt. Sharon ist eine der seltenen weiblichen Erscheinungen, die Karriere machen durften, obwohl sie eine Vagina UND ein Gehirn zugleich haben. Die meisten Mädels in der Branche schaffen es nur, lediglich eines dieser beiden Attribute hervorblitzen zu lassen.

»Ganz Frau zu sein« bedeutet, sein Revier wie eine Katze zu verteidigen: Wer mit meinem Mann vögelt, mit meinen Kindern, mit meinen Tieren oder mit meinen neuen Schuhen, den knalle ich ab. Eine Frau zu sein bedeutet, mit dem Wahnsinn des Lebens raffiniert umzugehen, manipulativ zu sein und zum Überleben die Mittel einzusetzen, die der Herrgott uns Frauen gab. Wozu gab er uns Brüste und einen Hintern, mit dem es sich wackeln lässt, wenn er nicht gewollt hätte, dass wir damit wackeln? Ich setze meine Accessoires für das ein, wofür der Herrgott sie konzipiert hat. Wenn ich Handgelenke habe, die sich abknicken lassen, warum soll ich meine Zigarette nicht halten wie eine Frau? Im Prinzip suche ich einen Mann, der mir die Asche von der Schulter klopft. Nur als Schlampe ist man »ganz Frau«!

Mein Leben als Mann – Ein Selbstversuch

Jetzt möchte ich mich ausnahmsweise an all jene richten, ohne die es »Selbsthilfebücher für Frauen« gar nicht gäbe, kurz an die Wurzel, das Motiv, den Motor, sprich das Grundübel der gesamten Frauenliteratur: die Männer! Die Smartesten von euch haben natürlich längst entdeckt, wie erlösend es ist, meine Werke zu konsumieren, weil es euch direkten Zugang zum Wesen, Denken und Handeln einer Frau verschafft. Durch die Lektüre meiner Bücher werdet ihr endlich begreifen lernen!

Sie glauben ja gar nicht, wie viel Dankbarkeit für meine bahnbrechenden Feldstudien auf dem Gebiet der modernen Partnerschaft bei mir zu Hause durch den Briefschlitz flutscht.

In Anerkennung jedes Mannes, der zu meinem Buch greift, habe ich mich als Versuchskaninchen hergegeben, um für meine Freundinnen die Frage zu klären: »Wie fühlt man sich auf Testosteron?«

Mein Leben als Mann begann mit einem Besuch beim Frauenarzt. Mein Arzt sagte, durch Testosteronpflaster würde mir kein Bart wachsen, aber mein Denken und Fühlen würde sich verändern. Endlich würde ich verstehen, was aus Typen Typen macht.

Testosteron gibt Kraft, macht aggressiv und geil, wusste ich von meiner lesbischen Kollegin Bettina. Es trennt die rechte Gehirnhälfte von der linken. Macht es möglich, einen Kernspintomographen zu erfinden. Oder Tampons. Auch Tangas sind eine Erfindung der Männer. Zu all dem würde ich nun auch befähigt sein: Und dazu noch, jemanden zu vögeln, ohne mich daran zu erinnern. Zu sagen, ich rufe an, und es dann nicht zu tun.

Also ging ich heim, klebte mir die Pflaster auf den Rücken, erhitzte sie laut Anweisung mit dem Föhn und wartete ab. Schnell wurde mir langweilig. Nichts war anders, aber mir fiel plötzlich die Decke auf den Kopf. Wer hockt schon gerne zu Hause rum?

Ich ging zu meiner Freundin Nuschi zum Kaffee. Ihr Mann Olli saß auf der Couch und guckte in die Röhre. Ich setzte mich dazu. Es war eine sehr schmale Couch. Olli ist nie mein Typ gewesen – ein armseliger, kleiner Spinner, aber egal! Der Typ, der das Wetter ansagte, sah scharf aus. Volles, kräftiges Haar, sonnengebräunte Haut, groß, muskulös, perfekte Zähne, ein offenes Lächeln … oh mein Gott!

Ich musste mich am Riemen reißen, um meine Hand nicht auf Ollis Oberschenkel wandern zu lassen. Plötzlich hatte er für mich was Interessantes. Detaillierte sexuelle Fantasien schossen mir durch den Kopf. Als Nuschi Bier auf den Tisch stellte, schlug das Zeug zu.

Ich griff zur Fernbedienung und schaltete auf Fußball um. Das Bier langweilte mich, aber das Spiel war der Hit. Ich kriegte eine höllische Wut, als der FC Bayern Hertha foulte. Mein Team! Das waren meine Leute, verdammte Scheiße! »Lasst die Finger von den Jungs!«, brüllte ich in die Röhre und stampfte auf. »Ich dreh euch den Hals um, ihr Wichser«, setzte ich noch drauf, während ich die Chipstüte mit den Zähnen aufriss und den Schnipsel zur Seite spuckte.

Normalerweise habe ich immer Mitleid mit dem Verliererteam und will trösten. Jetzt nicht. Jetzt wollte ich die Schweine am Boden sehen. Ich wollte sehen, wie Hertha sie vernichtet und wie sie blutend auf dem Rasen liegen und gekrümmt abtransportiert werden, diese verdammten Loser, die sich für die Größten halten.

Als Hertha gewann, sind Olli und ich losgezogen, um in der

Kneipe ein paar Schicksen aufzureißen. Ging bei mir nicht. Meine Lust konzentrierte sich nach wie vor auf Männer. Wir hatten echt Spaß am Tresen. Ich gab eine Runde nach der anderen aus und wusste, dass jeder von meinen dreckigen Witzen fasziniert war. Irgendwie fühlte ich mich witziger als die anderen, ich sah auch besser aus als der Rest. Nach zwei Stunden ging ich ins Männerklo, packte den Kerl am Pinkelbecken an der Schulter, griff ihn an den Schwanz und küsste ihn. Fest und fordernd. Ich sagte: »Komm, du willst es doch auch.« An viel erinnere ich mich nicht, nur dass ich mich mit beiden Händen am Rand des Pissoirs abstützte und mich, als sein Becken rhythmisch auf mich zukam, wunderte, wie selten doch so ein Sieb mit Schamhaaren im Abfluss gereinigt wird. Als der Typ dann nach meinem Namen fragte, sagte ich: »Was soll der Scheiß? Haben wir Verträge oder was?«, und schüttelte ihn wie eine lästige Fliege ab.

Beim Verlassen der Kneipe gab ich Olli ein kurzes Handzeichen. Cool eben. Ich fuhr nach Hause und wollte jeden, der mich auf der Autobahn überholte, auf der Stelle gegen die Böschung drücken. Endlich ging's mir gut, hier auf dem Fahrersitz meines riesigen, von mir selbst geknackten Brummis. Ich war größer und schneller als alle anderen. Sah beim Fahren auf jeden hinab. Als ich ankam, war ich verschwitzt und mir war schwindelig. Hab ein paar von den Müll-Containern meiner Nachbarn mitgenommen, als ich meinen Laster vorm Hauseingang parkte.

Oben angekommen, rief ich meinen Sohn: »Nenn mich Papi«, sagte ich.

Am nächsten Morgen ging's erst richtig los. Keiner konnte mir was recht machen. Telekom sandte mir eine verfickte Rechnung. Ich glaube, die wissen nicht, mit wem sie es bei mir zu tun haben. Ich rief meinen Anwalt an. »Er ist bei einem Termin, worum geht es bitte?«, flötete die Vorzimmerschnalle in den Apparat. Die hat mich schon immer angekotzt. Ich hab sofort aufgeknallt.

Ich hätte zum Hammermörder werden können! Es ist mir ein Rätsel, wie Männer existieren können, mit diesen Hormonbomben, die sich durch ihr System pumpen.

Kein Wunder, dass halbwüchsige Jungs aufsässig und gewalttätig werden, wenn ihnen der Herrgott dieses Hexengebräu ins System jagt. Ich bin lieber auf Prozac als auf Testosteron! Mit dieser Droge gehört man unter Observation gestellt. Das ist eine tickende Zeitbombe, die Rundum-Betreuung notwendig werden lässt! Im Grunde macht Testosteron Männer zum Pflegefall! Alle Frauen sollten es mal probieren, um zu erleben, womit Männer zu kämpfen haben. Ich jedenfalls hab meinen Rock hochgehoben und mir die drei Pflaster abgerissen. Vielleicht waren drei auch zu viel. Ich hab mich aufs Bett gelegt, an die Decke gestarrt und masturbiert. Der Druck musste raus. Es hat zwei Minuten gedauert. Eine kurze, emotionslose Entladung in meinem Unterleib. Danach war ich entspannt wie nie. Was will Mann mehr?

Warum Männer anders empfinden als Frauen

Ich bin ein natürlicher Typ, schüttele beim Erwachen meine honigfarbene Naturmähne, die ich mit einer eleganten Handbewegung und einem Hornkamm zu einer lässigen Hochfrisur auftürme, wobei einzelne goldene Strähnen spiralförmig meine hohen Wangenknochen umrahmen. Ich benetze meine rosigen, vollen Lippen und schlüpfe in ein paar Cloé-Bluejeans Größe 36, die lose auf meinen schmalen Hüftknochen aufliegen und eine Taille freigeben, welche von zwei kräftigen Männerhänden umschlossen werden kann. Meine schwarzen, seidigen Wimpern umrahmen mandelförmige Augen in der Farbe eines strahlendblauen Frühlingshimmels. Mein makelloser Porzellanteint leuchtet beim Erröten wie zartrosa Apfelblüten. Ich begrüße den Tag mit einem Lächeln, welches kleine, perfekte, weiße Zähne, aufgereiht wie eine Perlenkette, freigibt. Meine Brüste sind groß, schneeweiß und vollkommen. Sie stehen aufrecht, mit leicht nach außen gerichteten Brustwarzen in der Farbe pastelliger Rosenblätter. Eine Brust füllt zwei meiner Hände, und wenn ich mit einem Mann spreche, verliert sich sein Blick regelmäßig in meinem Dekolleté. Dann weiß ich, dass ich diesen Mann nie wieder loswerde und er mir eines Tages einen tiefblauen Saphir überreichen wird und mich anfleht, ihn nie wieder zu verlassen, sondern als Mutter seiner Kinder an seiner Seite zu bleiben, bis der Tod uns scheidet. Habe ich vergessen zu erwähnen, das ich eine siebzehnjährige Jungfrau mit Adelstitel aus einer Industriellen-Dynastie bin?

O.K., die Scheiße mit der Jungfräulichkeit können wir streichen, aber der Rest passt: Männer lechzen danach, mich flachzulegen. Sobald ich einen Raum betrete, verstummen die Gespräche, die Aufmerksamkeit gehört mir, und reiche, gut aussehende Kerle, insbesondere der Hochadel, legen mir ihre Herzen zu Füßen.

Ja, ich lese neuerdings Kitschromane und identifiziere mich mit deren Heroinen, die unerwartet des Nachts von gut gebauten Liebhabern in ihren Himmelbetten so was von durchgerammelt werden, dass die Brokatschabracken mit den weichen, schweren Brüsten um die Wette schaukeln. Ich frühstücke im Bett. Denn jeden Morgen zur Arbeit fahren, und das bei den schlechten Löhnen für Frauen und dem Mobbing am Arbeitsplatz, dieser ganze Aufwand für das bisschen Unabhängigkeit, nein, das ist nicht mein Ding. Ich lasse mich aushalten, und für so banale Dinge wie Autofahren, Haushalt und Kinder engagiere ich Personal. Durch mein Luxusleben schaffe ich Arbeitsplätze.

Ich dachte immer, dass nur Hauptschülerinnen oder arbeitslose Frisösen diese Romane mit den bunten Buchdeckeln kaufen, wo leichtbekleidete Schönheiten hinterm Fliederbusch von starken Männern mit offenem Hemd die Bluse vom Leib gerissen bekommen. In der U-Bahn auf dem Weg zum Sozialamt lesen schlichte Gemüter solche Schundromane in Großdruckbuchstaben, um ihrem eigenen Elend zu entfliehen. Frauen in bunten Polyester-Blusen ab Größe 44 sitzen damit in Bus-Bahnhöfen und Waschsalons rum. Wenn sie wirklich fett sind, tragen sie Leggins, T-Shirts mit Katzenapplikation, Westernstiefel und einen breiten Stretchgürtel um die prallen Cellulitis-Hüften. Sie sitzen am Muttertag mit der Familie bei McDonalds' und fahren zu Pfingsten in einen Familien-Erlebnispark mit Wildwasserrutschbahn. Dachte ich.

Da ich ständig auf Tournee bin, verbringe ich einen Großteil meiner Freizeit in Bahnhofsbuchhandlungen. Die Drehständer mit den Kitschromanen sind inzwischen größer als die Presseabteilung. Diese Taschenbücher in poppigen Farben, gerne auch mit konvexer Prägung in Goldbuchstaben, haben schon die Pornografie beiseite gedrängt. Gut, hab ich mir neulich gesagt und so eine Schwarte schamvoll zwischen *Bunte* und *Cosmopolitan* geschummelt. Zwischen Überlingen am Bodensee und Berlin-Zoo verlor ich mich in historischem Ambiente, verknüpft mit den heißesten Sexfantasien. Schwülstige Klischees erweckten per Knopfdruck meine verschütteten Sehnsüchte und lösten einen Hormonkoller aus, bis der Baumwollschlüpfer feucht war. Kein Wunder: Diese Bücher sind Masturbationsbibeln! Kostprobe gefällig?

»Getragen von einem unkontrollierten Stöhnen, erkundete ihre samtene Zunge seinen Leib, bis sie die tropfende Speerspitze fand, welche vom kostbaren Nektar seiner glühenden, fordernden Leidenschaft benetzt war. Seine Finger öffneten ihren femininen Schrein wie eine taubenetzte, feuchte Knospe und erforschten dieses Schatzkästchen, welches wie eine zitternde, fleischfressende Pflanze vor ihm lag. Während sie der Himmel hinforttrug, krampfte sich ihr Kleinod zuckend um seine Finger wie Blütenblätter, und sie ergoss sich in seine Hand wie ein warmer Sommerregen.«

Und dann geht's erst richtig los! Die treiben es bis zu acht Seiten! Da wird an Nippeln gesaugt, er taucht in seine romantische Heroine ein und pumpt sie voll, bis sie auf einer neuen Bewusstseinsstufe in seinen starken Armen langsam in die Realität zurückfindet. Da finden multiple Plateau-Orgasmen statt, detailreich beschrieben, da passiert einfach alles, was mir das Schicksal grausam vorenthält! Und wissen Sie, warum es ein Frauen-Porno ist? Am Ende wird geheiratet, ganz in Weiß. Ach, ist das schön …

Ich hab jetzt angefangen, die Schwarten zu verschenken. Meine Freundinnen sind begeistert. Trotz Abitur! Uns geht es nämlich nicht um sportliche Rammeleien, sondern um Romantik! Unser Adonis muss soziale Substanz haben, moralisch integer sein, loyal in seiner Liebe, ehrenwert und von uns so besessen, dass er fast den Verstand verliert. In Pornos, die von Männern gelesen werden, sitzen die Frauen nackt beim Diktat mit abartigen Riesenmöpsen und machen es auf der Kühlerhaube. Unser leidenschaftlicher Held hingegen trägt Armani-Anzüge, kommt mit einem Bouquet, führt uns ins teuerste Restaurant der Stadt und bringt uns einen Abend lang zum Lachen. Er hat ein Gestüt. Er ist Polospieler. Welcher Mann hat sich je darum geschert, meine Fantasien zu bedienen?

Ja, ich bin eine von den Frauen in der U-Bahn mit dem Katzen-T-Shirt in Größe 44. Und ich belächle keine arbeitslose Küchenhilfe mehr. Ich verstehe euch, ihr verfetteten Schlampen! Es ist egal, wie ihr ausseht, denn im Herzen sind wir alle gleich: zarte, jungfräuliche Elfen mit lockigem Haar aus gesponnenem Gold und Körbchengröße Doppel-D, die auf ihren Beschützer warten.

Und jedes alte Mädel hat dem Hirn eines Top-Managers, der sich einen Porno reinzieht, noch was voraus! Wir wissen: Fantasien werden niemals wahr! Und ihr sitzt in euren Büros und wartet darauf, dass Pamela Anderson reinkommt. Lächerlich! Werdet erwachsen, Jungs: Das Leben ist kein Porno-Film! Die Weiber sind da nur so geil, weil sie an ihre Gage denken!

Immer wenn ich Pornos sehe, denke ich nach den ersten zehn Minuten, ich sollte auch mal wieder Sex haben. Nach dreißig Minuten denke ich: Ich will nie wieder Sex haben, solange ich lebe.

Was wir von Lesben lernen können

Ich persönlich mag Frauen, die sich wie Frauen benehmen, und Männer, die richtige Männer sind: kindisch und stark. Sie schenken Blumen und bezahlen unsere Rechnungen – so wäre meine Welt in Ordnung!

Heutzutage gilt ein Mann schon als Gentleman, wenn er seine Zigarette aus dem Mund nimmt, bevor er eine Frau küsst. Ich akzeptiere auch, dass die einzige Form von Tiefe, die Männer an Frauen mögen, die des Dekolletés ist. Ich habe nie begriffen, was der Reiz von Frauen sein soll, die sich benehmen wie Kerle, und warum sich manche Frauen einen Hausmann an die Seite wünschen. Diese fließenden Grenzen zwischen männlich und weiblich machen die Welt arm an Kontrasten. »Vielfalt« heißt doch das Motto, das unsere Welt und unsere menschlichen Kontakte vorantreibt. Ich will weder Unisex-Klamotten tragen noch flach wie ein Bügelbrett durchs Leben gehen. Ein Mann, an dessen Körper ein Hemd wie eine Bluse wirkt und der sich vorm Date dreimal umzieht, ist nicht das, was ich mir unter einem richtigen Kerl vorstelle.

Im Tierreich sind die Männchen schöner als die Weibchen. Diesen Fehler hat der Herrgott bei den Menschen korrigiert. Ich finde, dabei sollten wir es belassen. Alice Schwarzer hat es sich sehr leicht gemacht. Sie hat sich nie der Verpflichtung gestellt, das volle Programm als Frau zu leben und gleichzeitig politisch ein emanzipiertes Dasein zu führen. Man hat als Emanze gut reden, wenn man seine Weiblichkeit verdorren lässt, ungeschminkt daherkommt und sich weder Kindergeburtstage noch Rotznasen und Hausaufgabenmachen ans Bein gebunden hat.

Bei all der Zeit, die man ohne derartige Verpflichtungen gewinnt, frage ich mich, warum ausgerechnet Emanzen nicht die Zeit finden, zum Frisör zu gehen und sich ein bisschen umweltfreundlicher zu stylen. Rein vom Zeitmanagement her verbringen Frauen Jahre ihres Lebens vor dem Spiegel. Trotzdem schaffen sie es, Haushalt, Karriere, Kinder und Shopping unter einen Hut zu bringen. Was machen die Lesben in der Zeit? Pflegen sie ihren Damenbart? Flechten sie Zöpfe aus ihren Achselhaaren? Oder engagieren sie sich als Kampflesbe für mehr Handlung in Pornofilmen? Vielleicht würde man ihnen bei solchen Anlässen mehr zuhören, wenn sie gut geschminkt wären.

Stellen wir uns drei Frauen auf einer Damentoilette vor: Die beiden Heteromädels bleiben vorm Spiegel stehen und korrigieren ihren Lippenstift. Die Lesbe stürmt raus, ohne in den Spiegel zu schauen. Und sie hat einen Grund dafür: Sie weiß, dass ihr Haar sitzt! Sie weiß es, denn sie hat ihre Frisur seit fünfundzwanzig Jahren nicht verändert. Sie muss sie nicht mehr im Spiegel kontrollieren. Auch das nicht vorhandene Make-up bedarf keiner Auffrischung, und wieder mal schlägt uns die Lesbe ein Schnippchen: Ihr Lebensstil erweist sich als die zeitsparende Variante.

Zum politisch korrekten Selbstverständnis von Lesben gehört, dass man sich von Äußerlichkeiten nicht unter Druck setzen lässt. Gut, ich gebe zu, dass wir Frauen anders aussehen würden, wenn es keine Männer gäbe: Die Welt wäre wahrscheinlich voll von fetten, ungeschminkten, glücklichen Weibern.

Es gibt allerdings auch Grenzfälle, bei denen man sich nicht sicher sein kann, ob jemand nun lesbisch ist oder nicht. Ich rate in solch rätselhaften Situationen, den »Wohnungstest« zu machen. Besuchen Sie die fragliche Freundin in ihren eigenen vier Wänden: Wenn innerhalb der ersten zehn Minuten die Ex-Freundin anruft, ist es eine Lesbe. Lesben sind un-zer-trenn-lich und scharen einen familiären Clan ihrer Ex-Verhältnisse um sich. Besonders prädestiniert sind Lesben auch für zermürbende

Trennungen. Jede Frau trägt in sich eine prekäre Neigung zu klammern – und vor allem die unheilvolle Tugend der Leidensfähigkeit. Das potenziert sich nun bei zwei Frauen zu einem doppelt Maß an Selbstzerfleischung. Dennoch blicke ich neidvoll auf die praktischen Aspekte des Lesbenlebens: Es ist so viel billiger!

Lesben sammeln keine Dessous, haben keinen Schuhtick, keine Parfumablage wie bei Douglas, müssen nicht dreimal die Woche zum Frisör, rennen nicht dauernd ins Nagelstudio – eine Lesbe mit langen Fingernägeln bleibt unter Garantie Single! Und ich beneide Lesben, weil sie sich weder vom Altern noch vom Schlankheitswahn terrorisieren lassen.

Manche Frauen merken ja erst mit sechzig, dass sie eine Butch sind. Haben dreißig Jahre lang die Familie terrorisiert, und wenn die Kinder aus dem Haus sind, hat Mutti ihr Coming-out. Ganz anders als bei den Schwulen: Da ist auf dem Fleischmarkt mit fünfunddreißig Feierabend. Fragen Sie Herrn Lagerfeld! Von dem Laissez-faire und der Freiheit der Lesben können Schwule nur träumen. Betrachten wir Hella von Sinnen: die absolute Ikone, das Rollenmodell der Lesben! Die war im Sommer bei mir zum Kaffee. Da hat sie sich in meine Hängematte plumpsen lassen und dabei zwei Bäume entwurzelt.

Aber ich hab das Beste draus gemacht. Sie hatte einen weißen Overall an, da hab ich gleich einen Dia-Abend gemacht. Ich meine, man muss ja nicht unbedingt mehr wiegen als der eigene Kühlschrank.

Manchmal wünschte ich, ich wäre lesbisch: Da müsste ich mich nicht mehr über hochgeklappte Klobrillen ärgern – ich hasse nämlich Männer, die im Studio ihre 300-kg-Hanteln stemmen und zu Hause nicht mehr die Kraft haben, den Klodeckel zurückzuklappen.

Ich müsste auch bei Schlecker keine Kondome mehr kaufen, und vor allem müsste ich nicht nervenaufreibenden familiären Verpflichtungen nachkommen.

Dennoch weiß ich es besser, und ich verrate Ihnen, wie die Welt tickt: Kluge Frauen machen sich deshalb zurecht, weil das Auge des Mannes besser entwickelt ist als sein Verstand. Damit muss man spielen. Inzwischen trägt sogar Alice Schwarzer Lippenstift.

Trotzdem werde ich es in diesem Leben wohl nicht mehr zur Lesbe bringen. Ich hab 's redlich versucht, aber es mundet mir nun mal nicht. Dennoch: Wo immer ich gehe und stehe, werde ich für euch eintreten und meine lesbischen Schwestern verteidigen. Denn ich habe keine Angst vor euch.

Die Natur sorgt schon dafür, dass die Menschheit überlebt und im Gleichgewicht bleibt: Der Herrgott hat nämlich Lesben erschaffen, damit Feministinnen sich nicht vermehren.

Kann man einen schwulen Mann umkrempeln?

Nein. Vergessen Sie's!

Woran man merkt, ob ein Mann schwul ist

Im Leben jeder Frau gibt es verschiedene Wachstumsstufen, nennen wir sie Rituale, die unser Erwachsenwerden begleiten: die erste Blutung, der erste Kuss, das Abitur, Führerscheinprüfung, der erste Liebesurlaub, der erste One-Night-Stand, der erste Überziehungskredit, Zahlungsbefehl, Offenbarungseid, die erste Hefepilzinfektion, der erste Dreier, Abtreibung, die erste Kündigung, die erste Ehe und die erste Scheidung. Dies wäre grob skizziert ein ganz normaler Lebenslauf ohne weitere Komplikationen, der sich cool abwickeln lässt.

Schwierig wird es erst, wenn wir Männern begegnen, die dem Schema, auf welches uns die Gesellschaft vorbereitet hat, nicht entsprechen. Hier brauchen wir professionelle Hilfe. Jedes moderne Mädchen wird früher oder später einen Traummann kennen lernen, dessen zögerliches Verhalten im Kreise der Freundinnen die folgende Frage aufwirft: »Bist du sicher, dass er nicht schwul ist?«

Falls es sich um einen charmanten Beau handelt, der körperbewusst, stilvoll, kulturell gebildet, humorvoll und einfühlsam mit Ihnen umzugehen weiß, stehen Ihre Chancen schlecht. Umso zauberhafter der neue Typ an Ihrer Seite, dieser beste Freund, der Ihnen, wohlerzogen wie er ist, nicht gleich an die Wäsche will, obwohl Sie ein Herz und eine Seele sind, desto größer die Wahrscheinlichkeit, dass er schwul ist.

In der Beantwortung dieser Frage gibt es natürlich keine bessere Ratgeberin als mich, denn ohne meine homosexuellen Fans wäre ich nie zu dem geworden, was ich bin. Daher kenne ich die Indizien, die darüber entscheiden, ob eure neue Flamme zu der beliebten Minorität gehört, die im seichten Ende des genetischen Pools steht. Folgende Indizien verschaffen Ihnen Klarheit darüber, ob es sich um einen Mann handelt, bei dem der Familienstammbaum endet.

- Er kann in einer Disko unter fünfhundert Menschen stehen und Ihnen binnen kürzester Zeit den Typen mit dem größten Schwanz zeigen.
- Er macht Ihnen ein Kompliment über Ihren neuen sexy Badeanzug, und er meint wirklich nichts anderes als diesen Badeanzug.
- Er kennt die feinen Unterschiede zwischen Stecher, Freund, Liebhaber und Ehemann.
- Er hat schon mal was anderes als sein Gesicht rasiert.
- Er hat Bilder von nackten Männern, die er nicht kennt, in seiner Wohnung.
- Er hat nackte Männer, die er nicht kennt, in seiner Wohnung.
- Er weiß, dass der wichtigste Teil einer Partydekoration das gute Aussehen der Kellner ist.
- Er lächelt, um Leuten zu zeigen, dass er sie hasst.
- Er weiß, wie man sich strategisch kleidet – vom Tweedjackett bis zum Stretch-T-Shirt.
- Er trägt Polyester nur mit Absicht, niemals aus Zufall.
- Er ist der Einzige auf dem Klassentreffen, der besser aussieht als in der Schulzeit.
- Er weiß, dass »billiges Flittchen« nicht unbedingt ein Schimpfwort sein muss.
- Er sorgt sich um Frauen, die er nicht einmal kennt – wie zum Beispiel Liza Minelli und Liz Taylor.
- Er hat Donna Summer zum Star gemacht.
- Er hat Donna Summer zum Ex-Star gemacht.
- Er vergöttert Bette Davis, Barbra Streisand und Judy Garland.

- Seine Pflegeablage im Bad sieht aus wie das Parfümeriedepot im KaDeWe.
- Wenn er von »Bären« und »Schweinen« spricht, meint er nicht Tiere, sondern Männer.
- Er findet, dass ein zweisitziger Sportflitzer ausreichend Platz bietet.
- Das Wort »Prada« fällt täglich mindestens einmal.
- Er kennt hundert Arten zu sagen: »Ich komme gleich, Schätzchen«, und davon sind 99 nicht verbal.

In dem Moment, wo Ihr Traum von Sex mit diesem Mann erstirbt, wird eine wunderbare Freundschaft geboren. Vertrauensvoller, als es mit einem Lebenspartner je möglich sein wird. Liebhaber kommen und Liebhaber gehen, schwule Freunde bleiben. Ohne schwule Entourage ist man als Dame von Welt doch heute nicht salonfähig. Wen soll man denn fragen, wenn man mal wieder einen Furunkel im Analbereich hat? Da muss der Fachmann ran. Sie brauchen unbedingt einen Freund, der einen Blick drauf wirft und Ihnen sagt, wie schlimm es wirklich ist. Was so eine alte Tucke ist, die hat doch mehr gesehen als Ihr Hausarzt.

Lassen Sie sich von Ihrer männlichen Busenfreundin die Haare machen, gehen Sie mit ihm shoppen, unterziehen Sie sich einer Typberatung, lassen Sie einmal pro Woche Ihre Wohnung umdekorieren, die frischesten Bouquets vom Markt besorgen und sich beibringen, wie man mit dem richtigen SSF-Sortiment strategisch einen Milchkaffee-Teint aufbaut. Sie werden ein neuer Mensch, glücklich und braun an den Beinen, wenn Sie in Ihrem Leben Platz schaffen für den Mann, der Ihr CD-Regal aufforstet, und das alles, ohne die Eifersucht einer Nebenbuhlerin ertragen zu müssen. Ohne einen Frisör im engeren Freundeskreis können Sie auf lange Sicht nicht mithalten. Hegen und pflegen Sie diesen Mann, denn er wird derjenige sein, der an Ihrem Bett sitzt, wenn Sie vom Facelift erwachen oder nach der

Oberlidstraffung zum ersten Mal die Sonnenbrille abnehmen. Wer liebt so jemanden nicht?

Fazit: Ins Leben jeder zivilisierten Dame gehört ein homosexueller Berater, dem sie alles über ihre Affären anvertrauen kann – und ich meine wirklich alles … Wenn Sie die Feinheiten von Oralsex ergründen wollen, ist dies Ihr Mann! Ich hab mir nicht nur die Beschaffenheiten der verschiedenen Penis- und Hodentypen erklären lassen, sondern mir erogene Zonen an männlichen Körperteilen zeigen lassen, von denen ich nicht mal wusste, dass sie existieren.

Schmeißen Sie all Ihre Erotikratgeber à la »Hot Sex« weg, vergessen Sie *The Joy of Sex* (da ist übrigens ein Druckfehler auf Seite 162!) und andere Info-Broschüren!

Niemand unter Gottes Sonne kann Ihnen besser erklären, wie man es macht, als Ihr schwuler Freund. Schwule haben doch im Leben nie mit was anderem als mit Schwänzen zu tun gehabt. Sowohl politisch als auch sexuell. Sowohl aktiv als auch passiv. Sowohl anal als auch oral. Sowohl direkt als auch indirekt. Sowohl theoretisch als auch praktisch. Sowohl mit ihrem eigenen als auch mit fremden. Vor allem mit wildfremden. Schwule haben Erfahrungen mit zigtausenden wild-fremder Schwänze in allen Farben, Formen und Größen gemacht. Sowohl schwarz, weiß als auch lila. Also fragen Sie bitte nicht mich. Da kann nicht mal eine Prostituierte mithalten. Das Wissen von Schwulen, wenn's um Schwänze geht, ist Millionen wert. Durch meine vielen, vielen schwulen Freunde habe ich im Bett solche Fortschritte gemacht, dass bei mir jetzt sogar die Nachbarn eine »Zigarette danach« rauchen!

Warum Ossis besser küssen können

Das Schönste am Ruhm ist nicht nur, dass ich viele tolle Männer unglücklich machen kann, sondern die Tatsache, dass man mich gerne als Randgruppenexpertin konsultiert. Seien es die Homosexuellen, zu Unrecht verfolgte Pelzträgerinnen, der Verein schlesischer vertriebener Kriegswitwen oder eine Minorität wie behinderte lesbische Korbflechterinnen auf Neu-Guinea: Immer und überall bittet man mich, in der Öffentlichkeit ein paar Worte zugunsten unterdrückter Minderheiten zu platzieren.

Da ich auch aus Brandenburg viel Fanpost erhalte, widme ich mich nun einer unterdrückten, aber schützenswerten Spezies: dem Ost-Mann! Und schon sind wir bei der wunderbar politisch unkorrekten Frage: Sind Ossis besser im Bett als Wessis? Gibt es überhaupt Unterschiede? Ich sage deutlich: Ja!

Ich persönlich habe mit Männern aus den neuen Bundesländern sehr gute Erfahrungen gemacht.

Ossis machen wesentlich mehr Oralsex als Wessis. Man muss nur dafür sorgen, dass man unten rum duftet wie ein Westpaket. Ich empfehle Waschungen mit Lux-Seife, eine Prise Eduscho-Kaffee statt Intimspray, einen Hauch von Dr.-Oetker-Puddingpulver im Haaransatz und die Sarotti-Schokolade als Betthupferl. Das weckt vertraute Kindheitserinnerungen und lässt Ossis zutraulich werden wie ein Eichhörnchen, das aus Ihrer Hand Müsli knabbert. Sicher, wenn bei dieser kalkulierten Aktion Sand ins Getriebe gerät, kann es etwas robuster zugehen, aber gerade die Ossis sind alles andere als zimperlich im Bett. Nach zahlreichen Feldstudien im Umland kann ich mit gutem Gewissen behaupten, dass es sehr wohl Unterschiede gibt zwischen einem Ost- und einem West-Lover. Sogar mit verbundenen Augen habe ich mich zur Verfügung gestellt, um vom Geruchssinn bis zur kleinsten sexuellen Präferenz unvoreingenommen mein Urteil zu fällen. Der Ossi als solcher unterscheidet sich vom Wessi durch seinen plebejischen Charme. Dadurch, dass in der DDR Alkohol als Massenbetäubungsmittel billigst unters Volk gebracht wurde, wurde ein anständiger Ostler zum latenten Trinker erzogen. Eine gemütliche Runde, ein intimes Date findet nicht bei Champagner und Langustenschwänzen im feinen Restaurant mit weißer Tischdecke statt, sondern Ostromantik bedeutet, an einem von den Spuren vieler Exzesse gezeichneten Kneipentisch bei zahllosen Bierchen zusammen zu sitzen, die dann über Rotweingenuss (Rosenthaler Karkadar!) beim Schnaps und Wodka enden. Anstatt eines hochpolierten dreiarmigen Silber-Kandelabers steht eine schlichte Haushaltskerze auf dem Tisch. Selbstredend wird dabei exorbitant viel geraucht. Aufgrund dieses dauerhaften Suchtverhaltens sind bei Ostmännern über dreißig die Geschmacksnerven so gut wie verödet. Daher finden bei Ossis nur solche Speisen Anklang, die man bei Tisch kräftig nachwürzen kann, und ganz besondere Favoriten sind scharf angebratene Gerichte aus dem Bereich der Hausmannskost.

Wenn Sie einen Ostler abschleppen wollen, sein Herz erobern möchten, dann servieren Sie Buletten, Bratkartoffeln, Kohlrouladen, Hackepeterschrippen, Linsen-, Kartoffel- oder Erbsensuppe. Mit reichlich Maggiwürze zugedröhnt, brechen Sie damit jeglichen Widerstand. Sehr wichtig sind auch große Beigaben von Zwiebeln. Folge dieser Lebensgewohnheiten sind die ganz besonderen ostspezifischen Körperausdünstungen.

Ein Ossi riecht kernig, robust und männlich.

Er schämt sich nicht dafür, dass er schwitzt. Ossis haben auch andere Hände. Schwielen sind keine Schande. Eine Ost-Hand hält die Fluppe zwischen Daumen und Zeigefinger oder an der Wurzel zwischen Zeige- und Ringfinger.

Von allen Regionen Gesamtdeutschlands ähnelt der Ossi dem Kohlenpottmann am ehesten.

Ostler und Männer aus dem Pott sind gute Väter. Wenn man einen richtigen Kerl will, kommt man als Frau an Ostlern und am Pott nicht vorbei. Was anderes haben wir ja hier nicht. Der Herrgott hat jede Frau gesegnet, die unter Latinos lebt. Wer die einmal kennen gelernt hat, blickt nie wieder zurück. Gehen Sie bei Ostlern prinzipiell davon aus, dass Sie es mit einem Härtefall zu tun haben. Um Mitternacht taut der Ostler eigentlich erst so richtig auf. Um zwei Uhr mag er auf dem Höhepunkt seines Charmes und Witzes angelangt sein – das ist für ihn dann der Höhepunkt der Gemütlichkeit. An der Seite eines Ossis müssen Sie zur Durchhaltenummer werden: Es kann vier werden, bevor Sie endlich einen reinkriegen. Wenn Sie nicht mitsaufen, haben Sie ganz schlechte Karten. Wenn Sie sehr ordentlich veranlagt sind, ebenfalls, denn der Ostler lässt sein Holzfällerhemd, seine Cordhose und seine Lederjacke fallen, wo er gerade steht. Rechnen Sie mit Sauna-Socken oder solchen mit Schlümpfen drauf. Oder aber er ist extrem pedantisch und legt seine Sachen minutiös gefaltet beiseite. In beiden Fällen verarbeitet er beim Entkleiden sein Trauma aus der Militärzeit – durch Befreiung oder übertriebene Akkuratesse. Was Sie keinesfalls beobachten werden, ist ein souveräner Umgang mit Kleidungsstücken. Gebügelte Hemden und Krawatten finden Sie nur bei assimilierten Ostlern, die in diesem Falle dann aber auch gleich zu den krassesten aller Kapitalisten mutieren, was uns zeigt, dass sich der Ossi als solcher immer extrem verhält. Und sei es extrem überangepasst. Wenn Sie ihn aber erst mal im Bett haben, kommt Ihnen die durch Genussmittel und deren Folgen zerstörte Oralfauna der Ostmänner zugute: Ossis sind Weltmeister im Küssen und verstehen es, Ihre körpereigenen Sekrete allein durch ihre ausdauernde, abwechslungsreiche und fordernde Kusstechnik auf Hochtouren zu bringen. Im Bett packt der Ostmann mit seinen schwieligen Händen und kurzen

Fingernägeln richtig, aber dennoch zärtlich zu. Ich verweise auf die letzte *Playboy*-Studie: Jeder fünfte Ossi will es zweimal pro Nacht. Sieben Jahre frauenlos in Russland, das will immer noch aufgeholt sein. Der Ossi ist nie über das Trauma der Erdgastrasse hinweggekommen. Leider sind Ostmänner nachts im Bett, nach dem langen Kneipenabend und dem gnadenlosen Berufsalltag, oft müde. Sie wollen danach auch ganz schnell einschlafen, und es stellt sich auch recht schnell eine gewisse Routine ein. Sex soll bei Ossis weder Hochleistungssport noch Artistik sein, sondern vertraut-gemütlich und keinesfalls anstrengend. Der Erfolg liegt über kurz oder lang auf der Hand. Oder auf der Zunge. Man kann mir eine Menge nachsagen, aber niemand kann behaupten, dass ich nicht gründlich jenseits des Brandenburger Tors recherchiert habe. Ich habe in Halle, Dresden, Frankfurt/Oder, Friedrichshain, Prenzelberg und Pankow Sex gehabt. Jetzt warte ich auf ein Angebot aus Mitte.

Wie Sie Ihrem Mann sagen, dass er im Bett eine Niete ist

Eine Frau bleibt man, solange man lebt, ein Mann nur, solange man einen hochkriegt – und genau dieser Umstand macht Männer zum schwachen Geschlecht.

Ich mag es nicht, wenn Männer beim Sex laut stöhnen – davon bin ich schon mal aufgewacht.

Ich mag es auch nicht, wenn Männer meinen, mit ihrer Zungenspitze meinen Gehörgang reinigen zu müssen. Auf diese Weise eine Frau scharf machen zu können ist die Vorstellung pubertierender Jungs. Männer haben sehr oft falsche Vorstellungen von dem, was Frauen wirklich lieben.

Sie leben in dem Glauben, ein wilder, ungestümer Liebhaber müsse sich fordernd auf die Frau stürzen, bis sie den absoluten Gipfel der Ekstase erreicht. Wie kommt es, dass unsere sexuellen Begegnungen meistens so ablaufen, wie ER es will? Kritik an ihrem routinemäßig absolvierten Standardsex einzustecken ist Männern nahezu so unmöglich wie Kinder zu kriegen. Wir haben nun mal die Muschi, und das macht uns angstfrei, was Erektionen angeht. Jeder Mann würde ein Königreich dafür geben, wenn der Herrgott ihm Manneskraft bis ans Lebensende schenken würde.

Wie sage ich nun einem sehr geliebten Partner, dass er im Bett eine Niete ist?

Agieren Sie behutsam und liebevoll, tun Sie's häppchenweise, mit List und Tücke. Schlauheit und weibliche Raffinesse werden vom Grundgesetz nicht verfolgt. Somit werden eben diese Eigenschaften für uns Frauen, die wir es ja nicht gerade leicht haben, zur natürlichen Waffe.

Tun Sie zunächst beiläufig in einem entspannten Gespräch

kund, von welcher unerfüllten sexuellen Erfahrung Sie träumen. Erzählen Sie von Filmen, in denen Sie (angeblich) jene Praktiken gesehen haben, auf die Sie scharf sind.

Da die meisten Menschen bei ihrem Partner das machen, was ihnen selbst auch am besten gefällt, gehen Sie dazu über, Ihre Botschaft in Körpersprache mitzuteilen. Kapiert er das nicht, werden Sie deutlich: Gehen Sie einfach auf Dinge nicht ein, mit denen er meint, Sie zur Explosion zu bringen. Ignorieren Sie Stimulationen, die Sie nicht leiden können, knallhart, sodass der Möchtegern-Casanova einfach erlebt, wie seine Bemühungen nicht die erhoffte Reaktion bringen. Bei Hartnäckigkeit müssen Sie sich seiner Berührung entziehen – oder geben Sie seinem Mund, seinen Gliedmaßen, seinen Geschlechtsteilen eine andere Richtung.

Ich kenne langverheiratete Ehepaare, bei denen die Männer nur noch auf dem Golfplatz von Loch zu Loch hecheln und ihre Gattin zu Hause »offen« liegen lassen. Es macht mich wütend, wenn solche Nieten auch noch ihre eigene Version kreieren, um ihre Unfähigkeit legitim erscheinen zu lassen: »Es ist ganz natürlich, dass der Sex nachlässt.«

Sexuelles Desinteresse als normal hinzustellen ist vergleichbar mit der Resignation eines Arbeitslosen, der sich gar nicht erst um einen Job bemüht, weil er überzeugt ist, dass er ja doch keinen mehr kriegt. Wie kann so jemand wissen, was geschehen würde, wenn er sich tatsächlich fantasievoll einsetzen würde? Paaren mag zwar häufig sexuell der Atem ausgehen, aber genau das lässt sich verhindern. Man kann sich der sexuellen Ignoranz doch nicht ausliefern, man muss gerade in solchen Momenten aktiv werden und für Veränderungen sorgen.

Viele haben sich in der Fantasie schon eine Ménage à trois vorgestellt oder träumen von visueller Stimulation. Ich sage Ihnen, was die Voraussetzung für einen gelungenen Dreier ist – die richtige Einstellung! Wenn Sie es vor Ihrem eigenen Partner mit jemand anderem tun, erscheint es Paaren, die darauf stehen, nicht als Betrug. Die dritte Person wird nicht als Bedrohung, sondern als Ergänzung verstanden. Allerdings unterscheidet sich das echte Leben von der Fantasie. Wenn Sie also einen Versuch wagen, sprechen Sie alle Möglichkeiten miteinander durch. Wenn Sie ein Paar sind, welches nicht gut kommuniziert, verhandeln und Probleme lösen kann, sollten Sie die Finger davon lassen.

Überprüfen Sie Ihre Motive. Keinesfalls dürfen Sie sich dazu gezwungen fühlen. Falls Ihr Partner bei all Ihren Fantasien angewidert den Mund verzieht und Ihre Wünsche als ekelhaft empfindet, dann ziehen Sie einen Psychologen oder einen Scheidungsanwalt zu Rate. Oder gehen Sie getrennte Wege im Bett. Wenn Ihr Partner jedoch offen für Dreier, Oralsex, Swinger-Clubs, Rollenspiele, Reizwäsche und Sex-Videos ist, dann soll er bitte seinen Namen mit Adresse und Telefonnummer an die Redaktion schicken. Ich werde alle Bewerber dankbar an meine Freundinnen weiterleiten.

Männer auf Halbmast? Nicht in meinem Bett!

Nun entspann dich doch endlich mal! Mensch, was ist denn mit dir los? Hast du etwa Angst?«

Kennen Sie diese Aufforderung seitens des Partners, sich doch mal so richtig fallen zu lassen?

Wie soll man sich entspannen, wenn man aufpassen muss, dass ein ungestümer Liebhaber einem nicht die Frisur ruiniert? Manchmal hat man ja nach dem Sex noch was vor, zum Beispiel weiterarbeiten, und wer will das schon mit zerfetzter Strumpfhose und ruinierter Wasserwelle?

Leider bestehen Typen in prekären Situationen geradezu penetrant auf der Wahrheit. Wie selbstgefällig von ihnen, denn in 98 Prozent der Fälle würde die Wahrheit lauten: »Nein, ich habe keine Angst. Ich bin auch nicht verspannt. Aber ich kann nun mal nicht mit Menschen arbeiten, deren Glied halbsteif ist.«

Einer muss ja hart bleiben, wenn es beim Mann nicht klappt. Und so bleibt wieder alles an uns weichen Frauen hängen.

Ich finde, ein halbsteifer Schwanz ist eine Zumutung! Wie eine Flagge, die bei meiner Ankunft auf Halbmast gehisst wird. »Gewollt und nicht gekonnt« – das wäre der passende Titel für dieses Bild des Jammers. Traurig wie ein lauwarmer Kaffee, ein misslungenes Soufflé, ein Fahrstuhl, der auf halbem Wege stecken geblieben ist. Wie eine Schule, in der nichts mehr gelehrt wird, ein Kaufhaus, das leer steht, eine Fabrik, in der nichts mehr produziert wird, ein Gebäude ohne Funktion, kurz, ein

Sachwert, seiner Bestimmung beraubt. Wer seinen Schwanz als unbewegliches Gut registrieren muss, steht doch vor der Pleite als Mann. Ein halbsteifer Schwanz, das ist für eine Frau das ultimative »Ätsch« des Lebens, die Metapher für Unentschlossenheit schlechthin. Wie ein Schiff, dessen Einfahrt in den Hafen nach langer Reise misslingt, weil dem Kapitän die Lust vergangen ist.

Okay, halbsteif mag den Übergang markieren zwischen »erschlafft« und »erigiert«. Bloß, wen interessiert das?

Das ist ja so, als würde ich mit nur einem Schuh zum Date gehen. Bitte erwarten Sie von mir weder Gnade noch Verständnis. Sex soll ja nicht in Barmherzigkeit ausarten. Ich kriege meine Bemühungen nicht bezahlt, und wenn es so viel Spaß macht, vor einem halb erigierten Glied die Zeit totzuschlagen, warum geben wir dann nicht eine Annonce auf: »Saniere impotente Männer«?

Ich habe jedenfalls beschlossen, halbsteifen Schwänzen einen Denkzettel zu verpassen: Ich verbanne sie aus meinem Leben. Sie finden in meiner Biografie einfach nicht statt. Ich werde nie Sex mit einem australischen Pygmäen haben. Das weiß ich, komme, was da wolle. Und ebenso weiß ich, dass man eine gekochte Nudel niemals durch ein Schlüsselloch stecken kann. Wozu also der Stress mit so einem weichen Regenwurm? Wenn die Natur nicht will, sollte man sie ruhen lassen. Wo kommen wir denn hin, wenn wir uns wie Pflegerinnen mit halbsteifen Schwänzen aufhalten? Die Besitzer sind als Patienten nur Simulanten der Geilheit.

Wenn man denen dauerhaft eine Chance einräumt, summieren sich die Stunden, die man sich mit halbgaren Nudeln befasst. In dieser Zeit könnte man glatt wieder regelmäßig Aerobic machen.

Da ist mir impotent fast lieber. Das ist wenigstens eine klare Ansage. Da hab ich nichts dagegen. Da kommen falsche Hoffnungen gar nicht erst auf.

Impotenz ist immerhin eine Ovation an die Frau als Mensch.

Worüber Frauen wirklich reden

Was Männer schon immer befürchtet haben, stimmt!

Wir Frauen reden über Schwanzgrößen! Das, wovor die Typen am meisten Angst haben, passiert ständig: Wir besprechen das Format der Schwänze, mit denen wir es gerade zu tun haben, derer, die wir mal gehabt, und solcher, die wir niemals kriegen werden. Natürlich geht es immer um die Frage: Kommt es wirklich auf die Größe an? Ich sage euch: Ja! Es kommt sehr wohl auf die Größe an.

Das ist genau der Grund, warum Männer Tratsch und Klatsch unter Frauen verabscheuen: aus purer Angst, dass man bei ihnen Maß nimmt und die Ergebnisse vergleicht.

Verwunderlich, dass Männer bei all der Skepsis, die sie uns gegenüber haben, den Mut aufbringen, sich einen blasen zu lassen.

Ich meine, seinen Penis in den Mund einer Person zu stecken, die seit Jahrhunderten unterdrückt wurde und Zähne hat, dazu gehört doch was. Ich finde es sehr gewagt von Männern, dass sie sich das trauen. Theoretisch könnten wir doch zubeißen. Uns für die jahrtausendelange Unterdrückung rächen. Es wäre Notwehr.

Wenn ich mich mit Freundinnen zu einem Weiberabend treffe, beschränkt sich unsere Themenwahl auf Klamotten, Frisuren, Strickmuster – und die Größe männlicher Geschlechtsorgane. Schließlich will man ja mal relaxen. O.K., manchmal geht es auch um Scheidungsanwälte und Alimente, aber in der Regel reden wir über Sex. Wir beraten uns gegenseitig in den grundsätzlichen Fragen des Lebens. Sind Männer da anders?

Frauenfreundschaften sind die Ersatzfamilie, die man sich aussuchen kann. Wir telefonieren zweimal täglich. Wir Mädels geben uns gegenseitig viel Unterstützung. Die SMS, die wir uns schicken, lauten meistens so: »Soll ich mir die Haare rot färben?« – »Das Schwein kommt eine Stunde zu spät.« – »Wenn das Arschloch heute nicht anruft, dann bringe ich mich um.«

Wenn Männer sich treffen, unternehmen sie was zusammen. Neunundneunzig Prozent der Männerfreundschaften beruhen auf gemeinsamen Hobbys oder Aktivitäten. Am Stammtisch erörtern sie die Weltlage, Aktienkurse, ihren Tennisarm, Schwarzgeldkonten und Gebrauchtwagenhändler.

Gehen sie mit einer Frau aus, ändert sich das Klima. Man sitzt sich gegenüber, schweigt und genießt es, einfach entspannt zusammensitzen und nicht reden zu müssen. Bis die Frau irgendwann sagt: »Hör endlich auf, das Mädchen mit den großen Titten anzuglotzen. So was wie dich vernascht die zum Frühstück, da bist du ohne Porsche und Eigentumswohnung ein Loser.« Die Antwort darauf lautet meistens: »Ich finde sie süß!«

Spucken Sie Ihrem Partner jetzt nicht ins Gesicht, auch wenn er es verdient hätte.

Männer sind nicht so wie wir. Männer sind unkompliziert und direkt. Ich versuche auch, die Dinge beim Namen zu nennen, aber anders. Aus winzigen Details setze ich mir das Mosaik eines Menschen zusammen. Subtil eben, einfühlsam. Männer übersehen Nuancen und betrachten nur das Gesamtbild.

Wenn ich mich mit den Mädels treffe, dann sind wir auf der Suche nach Liebe – oder wenigstens einem Kaffee. Unsere Liebesgeschichten beginnen mit Leidenschaft, Geständnissen und dem Zauber der Romantik. Wir träumen von harmonischer Häuslichkeit und Nestbau. Wir lieben diesen ganzen Kram. Wenn ich in der Küche stehe und für einen fantastischen Mann Spiegeleier brate, habe ich weiche Knie. Mit einem Lover im Supermarkt einkaufen zu gehen, ich geniere mich fast, es zuzugeben, entspricht meiner Vorstellung vom perfekten Glück. Wenn ich dann drei Tage von ihm nicht angerufen werde, magere ich ab, ich verkrampfe, kann nicht arbeiten, nicht entspannen, bin aufgewühlt, starre ins Nichts, hasse mich, stelle fest, ich bin neurotisch, alt und komme nach einem Abend im Kreise meiner herbeieilenden Freundinnen zu dem Schluss, ich bin es doch nicht – der Typ ist krank. Es ist Mittwoch, und ich hake ihn von meiner Liste ab.

Freitagabend liege ich schon um 20.00 Uhr im Bett. Mit Wollsocken und Fettcreme in meinem Mickey-Mouse-Riesen-T-Shirt. Da klingelt das Handy. Es kann nur Nuschi sein. Ich suche das verdammte Ding und folge dem Jingle bis ins Bad. Da liegt das Teil unter nassen Handtüchern am Boden. Es ist nicht Nuschi. Es ist das Schwein aus dem Supermarkt, das mich in fünfzehn Minuten zu einem After-Work-Cocktail mit Kollegen aus seiner Kanzlei abholen will. Und da soll man nicht aggressiv werden? »Jetzt will ich dir mal was sagen, du Vollidiot«, platzt es aus mir heraus. »Du hältst dich wohl für was ganz Besonderes? Trampelst eine Woche auf meinen Gefühlen herum, meldest dich nicht, und dann tust du so, als wäre nichts gewesen, wagst es, hier unangemeldet anzurufen, und ich soll parat stehen, wie es dir passt? Verpiss dich, du Penner!«

Ich knalle auf und rufe meine beste Freundin Nuschi an. Besetzt. Sie kümmert sich wohl schon um eine andere aus unserm Klub. Ach, leckt mich doch alle am Arsch!

Warum hässliche Frauen häufiger Sex haben

Man sitzt zu Hause und fühlt sich wieder mal als Mauerblümchen, das mit den Brosamen vorlieb nehmen muss, die vom Festmahl derer abfallen, die »das richtige Leben« führen. Wie oft man als Frau im Leben Sex hat, ist leicht zu ermitteln: zu wenig!

Ab einem gewissen Alter erscheint einem die ganze Welt promisk.

Männer halten sich da viel besser über Wasser. Klar – sie sind die Nutznießer der Bedürfnisse sexuell frustrierter Frauen, die ihre Avancen aufsaugen wie ein trockener Schwamm.

Besonders bei vereinsamten Junggesellinnen oder unverheirateten Karrierefrauen, die plötzlich einem hormonellen Supergau gegenüberstehen, hat der eingefleischte Junggeselle leichtes Spiel. Er wittert die unbefriedigten Sehnsüchte allein stehender Damen und ahnt deren letztes, verzweifeltes Aufbäumen vor dem Klimakterium. Hier hakt er ein.

Und das erschreckende Ergebnis meiner langjährigen Feldstudien ist: Besonders auf hässliche Frauen haben es diese Aufreißer abgesehen!

Werden Sie erwachsen, und verabschieden Sie sich von dem Irrglauben, als langbeinige Blondine mit einem Fahrgestell wie Jennifer Lopez habe man mehr Erfolg bei Männern. Wenn Sie sich im Fitness-Center schinden, die Augen lasern lassen und Brüste anmontieren, die Sie im nächsten Urlaub als Übergepäck deklarieren müssen, mag das Ihr Selbstbewusstsein stärken, aber Sie werden niemals die Frau mit dem treu sorgenden Ehemann, dessen Lebenserfüllung nur Ihre gemeinsame Liebe ist. So etwas ist nämlich nur den grauen Mäusen vergönnt. Ich persönlich beneide hässliche Frauen. Wenn man bedenkt, dass Angela Merkel genauso wenig ein übrig gebliebenes Mädel ist, wie Regine Hildebrandt es war, dann kann doch was nicht stimmen. Gut, nach neunzehn Schönheitsoperationen wäre auch Renate Künast Miss Universum – aber sie wäre garantiert nicht glücklicher. Im Gegenteil! Was unscheinbar im Hintergrund vor sich hin wuselt, kaum wahrgenommen als weibliche Konkurrenz, hat oftmals das Glück daheim gepachtet. In der Kleingartenkolonie sitzt nicht Claudia Schiffer mit wehendem Haar auf der Gartenbank, sondern die Speckrollenmutti mit kaputter Dauerwelle, die in holder Zweisamkeit mit Papi ihre Hühneraugen in die Zinkwanne hält. Liebe gedeiht, wo Äußerlichkeiten keine Bedrohung mehr sind. Selbst wenn Mutti im Rollstuhl landet, bringt das in der Laubenkolonie noch lange keine Beziehung auseinander.

Ich finde, dieses absolute Zueinanderstehen hat etwas sehr Berührendes.

Ist es nicht das, wovon wir träumen – dass einer zu uns steht, komme, was da wolle?

Mich haben Typen schon verlassen, bloß weil ich eine falsche SMS geschickt habe. Oder in den Dschungel gegangen bin.

Ich bin mal abserviert worden wegen einer fünfzehn Jahre älteren, plumpen, vulgären, billigen Schreibkraft mit Überbiss und faltigem Dekolleté, die drei Haarfarben auf dem Kopf hatte und in ihrer Freizeit nichts anderes tat, als ihre Orangenhaut durch »Rudis Resterampe« zu kurven, um Teenie-Mode zu horten. Sie war die »Puffmutter« des Theaters, an dem ich damals arbeitete, und niemals im Leben hätte ich dieses Oma-Flittchen mit ihren Tränensäcken und wabbelnden Oberarmen für eine Nebenbuhlerin gehalten. Sicher, der Asi, mit dem ich mich eingelassen hatte, war nicht nur ein verkommener Schmierenkomödiant am Hans-Otto-Theater in Potsdam, sondern auch notorischer Lügner, Alkoholiker und Psychopath, aber wie viele Loser recht originell. Offiziell war er verheiratet mit Kind. Das benutzte er nur, um während unserer von ihm eingefädelten und gewollten Affäre Schuldgefühle in mich einzupflanzen nach dem Motto: »Ich habe so was im Leben noch nie getan … Gott, du hast aus mir einen Betrüger gemacht!« Dann hat er sich zum Wochenende nach Hause in die Datsche in der Uckermark verabschiedet, die Taschen voll mit meinem selbst gebackenen Proviant, und dort den liebenden Papi gegeben, der in bester Ostmanier am Wochenende seinem Kleinen einen Hasenstall zimmert, während eine vollschlanke Sachsenmutti mit Heimdauerwelle Soljanka macht. Behauptete er!

Tatsächlich aber lebte er schon jahrelang nicht mehr zu Hause, sondern fuhr von mir direkt um die Ecke zu der mega-ekligen Vorzimmerkröte, um mit der meinen Eierlikörkuchen zu teilen. Sogar seinen Urlaub hat er mit ihr verbracht, und danach in schillernden Farben Lügenmärchen über Ferienerlebnisse mit Mutter und Kind zum Besten gegeben. Und an den Abenden, die er mit mir verbrachte, schob er seine längst von ihm getrennte Frau als Entschuldigung bei der abgehangenen Tippse vor.

So verstand er es, nach allen Seiten den treu sorgenden Familienvater zu geben und jede von uns mit Schuldgefühlen klein zu halten. Mich selbst lotste er dann in eine Theaterproduktion, die ich finanzieren durfte, und als sein Lügengerüst durch meine Nachforschungen zusammenbrach, hat er mir das Projekt vor die Füße geschmissen und die Flucht ergriffen, wodurch ich ein Vermögen verlor! Die verfettete, alte Schreibkraft, zu der er dann reuig zurückkehrte, um mich ihr als irre gewordenen Fan, der ihm an die Wäsche wollte, zu verkaufen, hatte was zu bieten, was es bei mir nicht gab: kritiklose, hörige Dankbarkeit! Demut! Fressehalten!

Weil nach Jahren der Frustration bei der Hengstparade mal wieder ein Exemplar über die alte Stute rübergegangen ist, hat sie ihn auf ein Podest gestellt. Ihn angebetet! Alles für ihn getan!

Labsal für das kaputte Selbstbewusstsein einer nach Zuwendung Ausgehungerten. Mir brach es das Herz. Heute müsste ich dem Mistkerl ein Dankesschreiben schicken, dafür dass er mir die Freiheit geschenkt hat. Ohne ihn ging meine Karriere erst richtig los. Der totale Zusammenbruch hat mir die Chance gegeben, die Dinge neu zu ordnen und jeglichen Ballast aus meinem Leben zu werfen. Heute bin ich glücklicher, erfolgreicher und begehrter denn je. Das Leben ist gerecht! Zumindest auf lange Sicht!

Trotzdem! Nehmt euch in Acht vor hässlichen Kröten. Die setzen Mittel ein, denen ein mit Schönheit und Talent gesegnetes Wesen gar nicht gewachsen ist. Das hat der Herrgott extra so gemacht. Jede Kreatur entwickelt in der Wildnis Mechanismen, um irgendwie zu überleben und sich fortzupflanzen. Da bleiben die Hässlichen nicht auf der Strecke! Eher wird der letzte Paradiesvogel gefressen, als dass Ratten aussterben.

Warum Hausarbeit schädlich ist

Helden gibt es im Bösen wie im Guten, und ich habe mich entschlossen, eine Heldin des Guten zu werden. Eine moderne Heldin, die ihre Widersacher schon aufgrund ihres Glamours erledigt! Deshalb bin ich gerne bereit, die Geheimtipps, die mich zur glücklichsten Single-Frau des vergangenen Jahres gemacht haben, großzügig an meine Leserschaft weiterzureichen. Es gibt viele Fehler, die eine frisch verliebte Frau machen kann, zum Beispiel, wenn er nach dem Sex fragt: »Liebling, woran denkst du?«, zu sagen »Den kennst du nicht«.

Oder beim Geschlechtsverkehr zu fragen: »Ist er schon drin? Ich spür ja gar nichts.«

All das ist schrecklich, aber verzeihlich.

Die wahren Fehler schlummern auf einer ganz anderen Ebene.

Es ist unangebracht, den Begriff »Single« mit »Alleinsein« gleichzusetzen. Single bedeutet in meinem Fall, in der glücklichen Lage zu sein, die Freiheit zu besitzen, sich das nehmen zu können, was einem gerade passt. Single heißt, sich aus einer interessanten Schar attraktiver Verehrer nur die Vorzüge rauszupicken – die Schattenseiten des Partners bleiben draußen vor der Tür.

Wer den Trauschein hat, der übernimmt auch Kummer und Sorgen. Ich nehme großzügig Präsente entgegen, zeichne verantwortlich für die schönsten Stunden zwischen Mann und Frau und gebe dem Schicksal eine Chance, wenn der Chef auf mich scharf ist. So macht man das heutzutage, wenn man zu was kommen will. Und seitdem ich mein Leben nicht mehr von der

Liebe vergiften lasse, schwelge ich privat und beruflich nur noch in Erfolgsbilanzen.

Ich halte Liebe für eine Droge. Da mich meine körpereigenen Sekrete bestens auf Trab halten, musste ich nie zu anderen Drogen greifen. Wenn mein Leben unerträglich wurde, habe ich ihm lieber eine radikale Wendung gegeben, anstatt mich zu betäuben. Ich lege den Finger auch ganz gerne mal in Wunden. Einfach nur, um das Bewusstsein dafür zu wecken, wo Arbeit an uns selbst nötig wäre. Gemütlichkeit mag ja zum Auftanken hin und wieder notwendig sein, aber wer es gemütlich haben will, darf nicht darüber klagen, dass er im Leben nicht weiterkommt.

Gemütlichkeit ist die Karrierebremse Nummer eins. Wenn die flotte, erfolgreiche Single-Frau des einundzwanzigsten Jahrhunderts nun in Liebe entflammt und der Mann ihrer Träume Gemütlichkeit einklagt, ist die erste Saat gesät für unaufschiebbare Probleme.

Wehret den Anfängen, kann ich nur raten. Mit jedem Zugeständnis, das ihr berufstätigen Frauen als Küchenfee macht, lastet ihr euch eine Bürde auf, unter der ihr garantiert zusammenbrecht. Ich habe auch schon den Fehler gemacht, Kerlen vorzuspielen, dass ich es liebe, um sieben Uhr morgens Hemden zu bügeln, um Mitternacht Kartoffeln zu schälen und immer eine selbst gemachte Rote Grütze im Kühlschrank bereitzuhalten. Geendet hat es damit, dass der Mann meiner Träume schon eine Fresse gezogen hat, wenn das Gulasch zwar selbst gemacht, aber eingefroren war.

Proportional zu meinem häuslichen Einsatz stiegen bei ihm die Erwartungen an mein »Verwöhnprogramm«. Ich hatte mir eine Mogelpackung aufgehalst, die sich als Pascha entpuppte. Sein Badewasser wollte er eingelassen haben, und zwar sofort! Das Frühstücksei hatte in einem Stadium zwischen »weich und einem Hauch beginnendem Erhärtens« serviert zu werden. Der Schlafanzug hatte in einer bestimmten Art und Weise gefaltet zu werden, Aschenbecher mussten geleert werden, bevor man sie als »voll« hätte bezeichnen können. Socken sollten gestopft anstatt ersetzt werden.

Wer sich solche Dressurmaßnahmen antut, liegt auf einem Dauerrost und verbrennt eines Tages wie eine schrumpelige, alte Bratwurst.

Ich sage euch, warum so viele Frauen in diese Falle tappen: Wenn wir im Frühstadium unserer Liebessucht angefixt sind, produzieren wir abartig viele Östrogene. Davon beflügelt, erledigen wir das Pensum einer Wahnsinnigen mit links. Nach etwa achtzehn Monaten versiegen aber unsere Liebeschemikalien. Wir brauchen mehr. Wie jeder Junkie, der was auf sich hält, schreit der Körper nun nach einem neuen Hexengemisch: am besten nach sexueller Hörigkeit! Viel guter Sex bringt den Hormonhaushalt auf Hochtouren, wir produzieren Glücksgefühle wie eine Zeche im Kohlenpott. Nebenbei stopfen wir noch Männersocken. Aber es ist wie mit jeder Droge: Je länger man sie konsumiert, desto mehr braucht man davon, um »high« zu werden. Je länger also die Verliebtheit anhält, desto geringer der Effekt unseres Dauerrausches.

Sie umschiffen ein enormes Gefahrenpotential, wenn Sie gar nicht erst den Fehler begehen, als Meisterhausfrau bestehen zu wollen. Hausarbeit lohnt sich nicht: Da wäscht man ab, räumt auf und macht die Betten. Sechs Monate später kann man schon wieder von vorne anfangen! Essen zu machen ist Stress. Nicht umsonst gibt's dafür Sterne, wenn es gut gelingt. Und typischerweise sind plötzlich wieder die Männer an der vordersten Front, wenn es um eine professionelle Karriere hinterm Kochtopf geht. Sie nehmen uns den Kochlöffel aus der Hand, in dem Moment, wo er uns Geld und Ruhm bescheren könnte. Eine Frau im Kreise der Starköche wird misstrauisch beäugt wie ein Alien ... dabei haben die Kerle das Kochen »wie bei Muttern« von Mama gelernt ... Hallo?????

Putzen, Haaremachen, Essenkochen, Nägelfeilen, Kleidernähen, Briefetippen, Pickelausdrücken, Stopfen, Fensterputzen, Bügeln, einen Nagel in die Wand schlagen – das alles überlasse ich Profis. Wenn mein Kind abends noch am Leben ist, dann habe ich meine Pflicht als Mutter erfüllt.

Ich meine, wenn wir alles selber machen, was wird dann aus unserer Marktwirtschaft? Dadurch, dass ich diese Tätigkeiten des Alltags an Spezialisten delegiere, schaffe ich Arbeitsplätze. Das ist mir lieber als ein Leben am Herd mit hochrotem Kopf und einer Frisur, die überm Dampfkochtopf zu Strähnen zerfällt.

Ich hatte als Kind ein Lieblingsspiel entwickelt, bei dem ich vor dem Spiegel stand und so tat, als wäre ich eine Werbe-Ikone für Putzmittel. Ich würde mit einem alten, dreckigen Schwamm im Bad stehen, geschminkt die Kacheln einseifen, über das Handwaschbecken gleiten und zu meiner Reflektion in die Armaturen deklamieren:

«Schau'n Sie, wie schnell und einfach? Dank Scotch-Britt – der zeitsparende, praktische Schwamm!« Dieses Kinderspiel hat meine Erziehung mir angetan – und meine Antwort darauf ist, dass ich Tätigkeiten wie Hausarbeit delegiere.

Überlegen Sie doch mal!

Wenn uns erst der Rasen deckt, spricht keiner mehr davon, wie schön sauber es bei uns immer war.

Die Friedhöfe sind voll von Frauen, deren Häuser blitzeblank erstrahlten. Dann nimmt sich der Mann eine Neue, und ich wette, dass die zweite Frau eine Putzfrau kriegt.

Es rentiert sich nicht, das Aschenputtel zu geben. Im schlimmsten Fall schlägt die Uhr zwölf, und die Kutsche von Cinderella verwandelt sich zurück in einen erbärmlichen Kürbis. Wir erwachen als Aschenputtel in grauen Lumpen, von dem keiner mehr was wissen will. Vergeblich warten wir darauf, dass der Prinz zu uns zurückkehrt, aber unsere Schuhe waren nicht aus Glas, sondern wir haben in Flip-Flops aus der Massenproduktion geputzt. Im Märchen sind die Kleidungsstücke immer

Unikate, doch heute tragen wir trendige Massenware »made in Taiwan«. Kein Prinz der Welt wird uns darin jemals wiederfinden. Aus diesem Grund habe ich meine Schürze an den Nagel gehängt.

Es gibt für eine Frau nur einen einzigen Grund, ab und an doch mal den Staubwedel zu schwingen: um sich ein Hintertürchen offen zu halten! Seien Sie immer nur gerade so viel Hausfrau, dass Sie es sich leisten können, zu einem Langweiler, der beim Date Ihre Zeit stiehlt, sagen zu können: »Ich muss nach Hause – ich glaub, ich hab mein Bügeleisen angelassen.«

Warum man nach dem Streit den besten Sex hat

Zum perfekten Weihnachtsfest gehört neben dem Singen volkstümlichen Liedguts, Gänsebraten und Geschenkeschlacht selbstredend auch ein heftiger Familienkrach.

Zeitdruck und Bagatellen des Alltags genügen, um nach dem vierten Advent Meinungsverschiedenheiten eskalieren zu lassen.

Noch dazu, wo wir uns im Zeitalter der Patchworkfamilien befinden. Durch die Anwesenheit geschiedener Ex-Partner, fünfundzwanzigjähriger Stiefmütter, die vierzigjährigen »Kindern« zuprosten, missratener Scheidungskinder, angeheirateter Stiefopas und schwuler Schwippschwiegersöhne erreicht das traute Zusammensein unterm Tannenbaum eine völlig neue Brisanz. Nichts leichter, als jetzt den heißersehnten Eklat heraufzubeschwören.

Nach dem Servieren meines gelungenen Gummiadlers letzte Weihnachten lagen meine Nerven so blank, dass ich, während ich Bratäpfel in Marzipansauce in den Herd schob, meinen Freund anzischte: »Was stehst du denn so hinter mir?«

Natürlich wagt man es nicht, unterm Tannenbaum einen offenen Streit vom Zaun zu brechen … Noch nicht.

Bei der Vorstellung, was es heißt, drei Tage die angeheiratete Bagage zu beköstigen und freundlich über alles hinwegzugrinsen, was einen das ganze Jahr schon an der buckligen Verwandtschaft genervt hat, ist das aber nur eine Frage der Zeit. Dieses Jahr lief mein Fass über, als ich mich mit Undankbarkeit konfrontiert sah, was meine wunderbaren Geschenke betraf. Ich selbst erwarte nun mal viele sündhaft teure, unpraktische Luxusartikel auf meinem Gabentisch. Über ein Standardsortiment von Ikea-Gläsern, selbst gebastelten Honigkerzen, Billig-CDs und reduzierter Douglas-Ware kam ich dieses Jahr aber nicht hinaus. Und dann wurde mein teurer roter Hut mit weißgepunktetem Seidenband, den ich der anwesenden Ex-Frau (!) meines Freundes überreichte, auch noch mit den Worten quittiert: »Ich bin doch kein Fliegenpilz.« Kaum war die Sippschaft draußen, flogen die Fetzen. In der Heiligen Nacht erwarte ich selbst von einem ausgemachten Macho, dass er mir beim Aufräumen der Küche zur Hand geht. Der Stress, den Vandalismus in meiner Küche allein beseitigen zu müssen, führte schließlich zur Explosion.

Die Nachbarn drehten die Lautstärke von Carmen Nebel im TV hoch, wohl aus Angst, als Zeugen eines Mordes belangt zu werden.

Mein Freund ahnte natürlich nicht, worauf ich, von langer Hand geplant, hinauswollte: Sex nach dem Streit! Das war das schönste Weihnachtsgeschenk, das ich dieses Jahr bekommen habe.

Die Verknüpfung von Streit und Sex hat mich schon immer fasziniert. Kenner wissen: Aufgestautes Aggressionspotential pumpt Adrenalin ins Blut. Und dieser Hormon-Überschuss wird dankenswerterweise vom Gehirn direkt ins männliche Geschlechtsteil umgeleitet. Ich glaube, diese geniale Umverteilung hat ihren Ursprung in der Steinzeit. Da wäre die Arterhaltung gefährdet gewesen, wenn irgendein besser gebauter Tarzan des Weges gekommen wäre, der kurvigen Höhlenmutti ein prachtvolles Gepardenfell geschenkt hätte und sie aus Dank dafür ihre Brut verlassen hätte, um fortan als Prinzessin auf einem weißen Elefanten zu reiten und mit dem Palmenwedel Luft zugefächelt zu bekommen. Der Höhlenmann hätte ja, wenn er abends ermüdet von der Jagd heimkehrt, erleben müssen, dass der Verlust seines Molkereibetriebes, sprich, die abhanden gekommene, säugende Mutterbrust, binnen kürzester Zeit das Sterben seiner

Brut zur Folge gehabt hätte. Um das Höhlenweibchen also für immer zu binden, musste der mit Adrenalin voll gepumpte Papi ganz schnell seiner Alten zeigen, wo der Hammer hängt und es ihr so gründlich besorgen, dass sie den Verstand verliert und niemals mehr in der Lage sein wird, sich selbstständig auf die Socken zu machen.

Heftiger Streit, kurze Versöhnung, langer Beischlaf ist ein natürliches Prinzip, welches aus Urzeiten übrig geblieben ist. Nicht umsonst heißt es, Versöhnungssex sei der beste. Er ist das letzte Relikt archaischen Primatentums. Der Organismus war noch vor kurzer Zeit auf Angriff eingestellt und platzt beinahe vor hormoneller Überproduktion. Wird der Konflikt abrupt beigelegt, fallen die Barrieren und lassen der Leidenschaft freien Lauf. Versöhnungssex ist immer auch ein Beweis, dass die Beziehung als solche keinesfalls zur Diskussion steht.

Mir nahm Versöhnungssex schon immer die Angst vorm Verlassenwerden. Tut mir Leid, aber so empfinde ich nun mal. Primitiver Versöhnungssex ist Leidenschaft pur. Bedenken Sie dies beim Kauf eines neuen Küchentisches!

Wie sportlich muss man sein, um Sex zu kriegen?

Ich habe fünfzehn Jahre Sit-ups gemacht, aber mein Bauch ist nicht einen Zentimeter dünner. Das Einzige, was dünn geworden ist, ist der Teppich, auf dem mein Hintern vor- und zurückrutscht.

Immer wieder werde ich gefragt: Frau Nick, wie halten Sie Ihre fantastische Figur?

Ich war ja gar nicht immer so schlank. In Wahrheit bin ich eine vollschlanke, brünette Hausfrau. Ich habe dieselben dreißig Pfund so oft zu- und abgenommen, ich glaube, meine Cellulitis wertet das schon als Déjà-vu-Erlebnis. Viele aus meiner Branche gehen regelmäßig zum Sport. Ich halte nichts von Fitness. Bei mir muss ein Mann nur so fit sein, dass er mit der Hand bis an sein Portemonnaie kommt. Das beste Diät-Rezept ist immer noch eine Romanze.

Keine Rolle in der Liebe ist anstrengender als die des sportlichen Naturkindes. Ich selbst bin höchstens passiv sportlich: Wellness, Massagen, ein Stündchen im Whirlpool und Nachmittage in der Sauna.

Mit dieser Haltung gehen mir natürlich unzählige Männer durch die Lappen, die ihrem Mallorca-Flirt »gemeinsame Aktivitäten« vorausgehen lassen. Haben Sie schon Surfstunden, Paragliding, Wasserski und Tauchkurse genommen? Da könnten Sie zumindest auf all die Männer treffen, die von mir unangetastet blieben.

Ich bin immer froh, wenn 's Herbst wird. Dieser Bikini- und Cellulitis-Terror lässt einen den Sommer über einfach nicht zur Ruhe kommen. Da lob ich mir den Winter.

Das Schönste, was man in der kalten Jahreszeit für seine gestressten Kollegen tun kann, ist, sie zu einer lauschigen Kuschelrunde vorm Kamin zu bitten. Wenn man im rotglühenden Schein krachender Scheite leidenschaftlichen Sex in Aussicht stellt, ist das ein so sinnliches Erlebnis, dass es doch gar nicht mehr so genau darauf ankommt, wie viel man auf die Waage bringt. Hauptsache, die Nummer findet statt. Ein sportlicher Mitstreiter, der gerne seine Hüllen fallen lässt und das alles nicht so eng sieht, sollte in Ihrem Adventskränzchen auf jeden Fall dabei sein.

Wenn sich eines Tages zu meiner Berühmtheit auch noch Reichtum gesellt, dann schaffe ich mir ein Eisbärfell an, um die perfekte Kulisse für meinen romantischen Winterzauber zu schaffen. Und wenn ich auf dem Fell alleine liegen bleibe, dann umgibt die mollige Wärme mein Singletum wie ein schützender Mantel. Eine Winteraffäre ist einfach kuscheliger als eine heiße Sommerliebe.

Und was diesen sportlichen Terror betrifft – meine beste Freundin Nuschi ist wegen ihres Tiroler Techtelmechtels sogar schon in den Seilen gehangen und an steilen Felswänden hochgekraxelt. Sie glauben gar nicht, wie anstrengend Sex im Freien sein kann. Überhaupt will ich keine Nummern mehr, wie Hollywood sie vorschreibt: Sex auf dem Spülstein, im Fahrstuhl, hinter Bäumen, auf Hängebrücken oder Felsvorsprüngen. Muss man sich in reifen Jahren denn zur Hirschkuh machen?

Wenn Sie mich fragen, steckt immer ein Kerl dahinter, wenn sich eine Single-Frau plötzlich zum Bungee-Jumping bereit erklärt. Dass wir jetzt auch noch sportlich sein sollen, um einen Kerl abzukriegen, ist die größte Strafe der Neuzeit. Die erfolgreiche, berufstätige Frau darf in ihrer Freizeit nicht mehr Pralinen mampfend auf der Chaiselongue liegen und mit Kreuzstich »Trautes Heim, Glück allein« als Küchenbordüre aufsticken, nein, nach fünfzehn Jahren Aerobic soll man sich jetzt auch noch den Extremsport aufhalsen.

Dabei weiß jede normale Frau, dass man reif für die Olympiade ist, wenn man mit zwei kleinen Kindern im Supermarkt einkaufen geht. Hausfrauen treiben sowieso den ganzen Tag lang Sport!

In der Mutterschaft entwickeln wir alle statt eines Tennis-Arms den Gorilla-Arm.

Das ist der Arm, mit dem wir gleichzeitig das Portemonnaie festhalten, die Einkaufstüte und das Kind, während wir uns selbst dabei den Anorakreißverschluss zumachen und auf den Rücksitz langen, um dem anderen Kind die Nase zu putzen.

Manche Frauen kraxeln Steilwände hoch und hängen in den Seilen, um die gleiche Kalorienzahl umzusetzen wie ich bei einem Shoppingtag mit Kind. In den Fünfzigern musste eine Traumfrau wie Doris Day sein, heute Marathonläuferin. Das ist auch etwas, was ich nie verstehen werde. Wie können sich zehntausend Menschen freiwillig bereit erklären, vierzig Kilometer zu laufen? Wahrscheinlich rennt Guido Westerwelle hinter ihnen her und schwenkt eine gelbe Achtzehn.

In modernen Aerobic-Klassen trifft man heutzutage auf schwangere Großmütter im lila Leopardentrikot, die nicht eine Schweißperle auf der Stirn haben. Die turnen seit den Achtzigern, weil Jane Fonda es so wollte, haben tonnenweise Aufbau-Vitamine geschluckt und im Schlafzimmer ein Laufband stehen.

Aber der absolute Traum ist ja Motorsport und alles, was mit Geschwindigkeit zu tun hat. In unserer Generation haben die Jungs eben zu viel James Bond gesehen.

Wenn mir einer beim Party-Small-Talk was vom Paragliding und Segelfliegen erzählt, kratz ich ganz schnell die Kurve. Das war nicht immer so. Bei meiner ersten Torschlusspanik mit Anfang dreißig habe ich mich wegen einer aussichtslosen Liebe sogar mit einem Fallschirm aus dem Flugzeug gestürzt. Es hat sich nicht gelohnt. Der Typ fiel zu Hause ausgelaugt in sich zusammen und hat sein Testosteron schon im freien Fall verschossen.

Der Sport einer normalen deutschen Hausfrau, die zweimal die Woche ihre Reitstunde auf Papi absolviert, reicht völlig aus, um fit zu bleiben. In der Weihnachtszeit sollte man allerdings seinen sexuellen Einsatz verdoppeln, um die Marzipankugeln wieder abzuarbeiten, aber dafür hat man ja auch die Skiferien eingerichtet.

Das Gemeine am Sport ist, dass man sechs Monate braucht, um in Form zu kommen, und zwei Wochen genügen, um sich die Figur zu versauen. Auch ich bin früher auf jede Fitness-Center-Reklame reingefallen. SONDERANGEBOT! DAS LETZTE JAHR ZUM NULLTARIF! TRETEN SIE EIN: FAMILIENMITGLIEDER ÜBER 90 SIND GRATIS!

Gut, ich kann verstehen, dass manche Männer all ihre Sorgen über Bord werfen und sich anstatt persönlichen Problemen nur noch dem Muskelumfang widmen. Wer im Leben sonst nichts geregelt kriegt, will wenigstens seinen Arsch unter Kontrolle bringen.

Das kann ich absolut nachvollziehen: In einer Welt, in der gar nichts mehr klappt, wiederholt man einfach stupide immer wieder dieselbe Bewegung, und wo vorher Fett war, wächst ein Muskel. Das ist ein berechenbarer, sichtbarer Erfolg. Ich bevorzuge Yoga, wo ich mich auf den Boden lege, atme und einschlafe.

Und dann soll bitte schön ein privater Trainer zu mir kommen. Das ist verdammt teuer und ein großer Luxus. Der »Personaltrainer« erhält zweihundert Euro, setzt sich hin und schaut für sein Geld zu, wie man sich schindet. Wahrscheinlich bietet dieser Job abgehangenen Callboys, die unter Verschleißerscheinungen der Lendenwirbel leiden, eine lukrative Zukunft.

Das Sympathischste am Sport sind Jogging-Anzüge. Wenn man sie während der alltäglichen Erledigungen trägt, vermittelt man immer den Eindruck, dass man gerade vom Training kommt oder noch hingeht. Dadurch fühlen sich die anderen faulen Säcke automatisch unterlegen. Wenn man die Leute wirklich fertig machen will, sollte man noch ein Stirnband und Sneakers tragen. Dieser Look ist ein Dauerflirt mit dem Gedanken: »Es könnte durchaus sein, dass mich noch heute die unkontrollierbare Begierde befällt, etwas für meinen Körper zu tun. Wenn dies tatsächlich passieren sollte, dann bin ich vorbereitet. Ich müsste mich nicht mal umziehen. An mir soll's nicht liegen.«

Auf diesem weiblichen Schlampen-Gedankengut hat Donna Karan ihr Imperium aufgebaut. Sie kommt uns entgegen, indem sie noch Schlappen verordnet. Ja, ich gehe so weit zu behaupten, dass Donna Karan uns durch Flip-Flops für dreihundert Euro befreit hat. Wer hätte es sich je träumen lassen, dass es einen Look gibt, der so chic designed ist, dass man es sich leisten kann, in Flip-Flops und Jogging-Anzug zu einem Bewerbungsgespräch zu erscheinen? Donna K., I love you!

Soll ich mir den Busen aufblasen lassen?

Neulich raunte mir Dolly Buster auf einer Party zu: »Ich finde, du solltest mal dein Dekolleté mit Kleenextüchern ausstopfen.« Ich dankte für den Tipp und sagte: »Aber die hab ich doch schon drin, Schätzelchen.« Dabei hab ich die Dinger vorher nicht mal aus der Packung rausgenommen.

Seitdem stellt sich mir die Frage, ob man mit Titten auf Halbmast noch konkurrenzfähig ist?

Neulich habe ich den *Cosmopolitan*-Bleistifttest gemacht.

Man nehme einen Bleistift, lege ihn unter dem Brustansatz locker an und lasse den Busen darüber fallen. Bei XXL-Formaten nehme man eine Kuchenrolle. Wenn der Bleistift nun zu Boden fällt, dann haben Sie den Test bestanden. Männer können sich dieser Prüfung auch unterziehen, natürlich eine Etage tiefer. Das Prinzip ist dasselbe: Der Bleistift muss herunterfallen, nur dann gelten Sie als körperlich akzeptabel. Klemmt der Stift jedoch fest unter ihrem primären Geschlechtsorgan, dann ist Ihr Verfallsdatum längst abgelaufen und Sie haben Ihre besten Tage bereits hinter sich.

Ich stand also vor meinem Badezimmerspiegel und hatte bereits eine ganze Reihe diverser Schreibutensilien durchprobiert, ohne dass irgendetwas zu Boden fallen wollte – egal ob ich auf der Stelle hüpfte oder anderweitig zu schummeln versuchte, da wurde mein Experiment durch den Anruf meiner Mutter unterbrochen. Ich habe mich mit ihr völlig verquatscht und nach einer der üblichen Streitereien empört den Hörer aufgeknallt. Irgendwie muss ich die Sache mit dem Brust-TÜV total vergessen haben. Jedenfalls hatte ich nach einer Stunde auf der anderen Seite plötzlich praktisch einen Stenoblock untergeklemmt. Dann noch mein Feuerzeug, Schlüsselbund und Handy, schon war ich unterwegs ohne Handtasche. Na, Gott sei Dank bin ich kein Kerl! Wenn ich als Typ mit soviel Extramasse an meinen primären Geschlechtsorganen rumrennen müsste, dann hätte ich ja einen Schwanz bis zu den Knien.

Erschwerend kommt hinzu, dass meine Brüste nicht nur vielen Menschen Lust, Freude und beste Unterhaltung garantiert haben, oh nein, sie wurden mit Tränen benetzt, mit klebrigen Pitschepatschehändchen begrapscht und mit Milch bekleckert. Sie haben sich bewährt als Kraftquell für ein Menschenleben. Wenn man nämlich entbunden hat und der Körper im Zuge dessen zusammenfällt wie ein misslungenes Käsesoufflé, dann sind die Titten einfach nie mehr das, was sie mal waren. Und wenn so ein Purzelchen erst mal in den Kindergarten kommt, dann hängen Muttis Brüste schon so tief, dass sie die Tränensäcke und Mundwinkel gleich mit hinabziehen. Wir Frauen taumeln von Pubertät und Mutterschaft direkt in die Menopause. Das alles zerrt an unseren Brüsten.

Normalerweise geht Papa an diesem Punkt fremd. Aber wenn die kleinen Racker erst mal in die Schule kommen und Mami wieder einen Halbtagsjob hat, na dann baumeln Mutters Möpse zwischen den Knien wie eine halb leere Aldi-Tüte.

Ich bin der Meinung: Wenn meine Brüste, nachdem sie ihre Pflicht erfüllt haben, sich an ihrem wohlverdienten Lebensabend bequem zur Ruhe legen wollen und nur noch ausgelutscht herunterhängen, dann ist das ihr gutes Recht, verdammt noch mal!

Aber was tun, wenn der ausgelaugte Busen seit zehn Jahren auf der Couch im Wachkoma vor sich hin döst und sich die Libido plötzlich aufbäumt? Was, wenn Papis alter Fickschlitten sich in der Mittagspause in einen zehn Jahre jüngeren Versicherungsmakler im smarten Boss-Anzug verliebt, der sie heimlich nach Ibiza ins Pascha entführt, wo sie noch mal so richtig heißläuft? Was, wenn Mama verwirrt zur Wahrsagerin rennt und Papa nach der Beratung sitzen lässt, weil sie endlich weiß, dass die dreiunddreißig Ehejahre nur ein dummer Irrtum waren? Was, wenn zwischen innerer Schönheit und äußerem Verfall ein so starker Kontrast entsteht, dass er als Erregung öffentlichen Ärgernisses zu betrachten ist? Was, wenn Sie von Natur aus so knabenhaft gebaut sind, dass Sie erst Ihre Bluse anziehen, um sie dann bequem im Stehen zu bügeln?

Ich persönlich habe mich entschlossen, mir die Brüste restaurieren zu lassen wie eine lieb gewonnene Antiquität. So wie ich meinen alten Ohrensessel zum Aufarbeiten bringe, so werde ich auch meinen Busen nachpolstern lassen. Ich habe meine Karriere nicht auf gemachten Möpsen aufgebaut, aber ich werde mich meinen Fans zuliebe konservieren lassen, damit sie mich so in Erinnerung behalten, wie sie mich kennen und lieben lernten. Natürlich wird davon so mancher Kerl der Nutznießer sein, deshalb hab ich auch gewartet, bis ich jemanden gefunden habe, der mich so liebt, wie Gott mich schuf. Lassen Sie sich keinesfalls die Brust vergrößern in der Erwartung, dadurch Liebe zu finden.

Frauen werden nicht geliebt wegen ihrer Brust. Genauso wenig werden sie verlassen, weil die Titte hängt. Frauen werden geliebt, wenn sie lustbetont, ausgeglichen und zufrieden wirken und das Leben des Mannes dadurch bereichern, dass sie eine stabile Anlaufstelle für dessen sexuelle Bedürfnisse sind. Als unglückliche, frustrierte Kratzbürste vergraulen Sie jeden Kerl, egal, wie aufgeblasen die Ballons auch sind. Wenn Sie sich wegen Ihres flachen Bügelbrettes aber als nicht liebenswert empfinden und durch zwei eingearbeitete Grapefruits auf einmal in Harmonie mit sich sind, dann werden Sie automatisch Männer anziehen.

Fazit: Operieren Sie Ihren Busen niemals für einen Mann, sondern immer nur für sich selbst. Oder seien Sie Profi, und betrachten Sie den Vorgang als Investition in die eigene Firma.

Dann ist Ihr Körper wie Ihr Kapital. Wer sich jedoch sagt:

»Ich denke doch nicht dran, mir den Busen vergrößern zu lassen – sollen sich die Kerle doch ihre Hände verkleinern«, der bleibt auf keinen Fall allein!

Brustvergrößerungen lassen sich jetzt in England von der Steuer absetzen. Vielleicht hat Prince Charles dieses Gesetz für Camilla durchgeboxt. Manche Männer sind sogar enttäuscht, dass das nicht für die ganze Frau gilt. Die Frage ist, wo trage ich dann meine Titten zuerst hin? Zum Arzt oder zum Steuerberater? Und wenn das hier in Deutschland eingeführt wird, wird Naddels nächste Brust-OP dann vom Sozialamt gezahlt? Und müssen wir dann für den Finanzbeamten von unserer Brust Fotos und so eine Skizze anfertigen wie vom Arbeitszimmer? Auch ohne diesen Gesetzesbeschluss für Deutschland werde ich mit meinen operierten Brüsten Steuern sparen. Ich werde einfach zu meinem Finanzbeamten gehen und die Dinger bei ihm auf den Tisch legen.

Wenn man mich dann vor Gericht fragt, woran es liegt, dass ich bei meiner Körpergröße so kleine Füße und eine so schmale Taille habe, dann werde ich sagen:

»Nun, gewisse Dinge gedeihen nun mal nicht im Schatten.«

Bis dahin mache ich weiter meine eigene Therapie für Brustvergrößerungen. Ich reibe mir täglich fünf Minuten mit Klopapier zwischen den Brüsten rum. Eines Tages müssen die wachsen – bei meinem Arsch hat's ja auch geklappt.

Mit Blaulicht zur Kosmetik

Der durchschnittliche Mann braucht nur fünf Utensilien für die Morgentoilette: eine Zahnbürste, Rasierschaum, Rasierer, ein Stück Seife und sein geklautes Handtuch aus dem Holiday Inn.

Die typische Frau benötigt durchschnittlich 246 Pflegeartikel, um das Haus adrett zu verlassen. Traurigerweise ist »der gemeine Mann« nicht mal in der Lage, die Kosmetikutensilien einer Frau in ihrer Funktion zu identifizieren. Er steht so ratlos vor meinem Schminkkoffer wie ich vor seinem Elektro-Heimwerkerset für Fortgeschrittene von Black und Decker. Ich sage nur: Wimpernzange, Applikatoren, Make-up, Schwämmchen, Tupfer, Duo-Wimpernkleber, Pinzetten, Quasten, Pads, Kleenextücher, Wattestäbchen, Camouflage, Fixiersprays, Konturenstifte, Highlighter, Schattierpalette, Kajal, Rouge, Farbpaletten Augen, Farbpaletten-Rouge, Farbpaletten Lippen, Rougepinsel, Augenbrauenstifte, Wimpernspirale, Brauenbürste, Brauenfixierlack, Lipgloss, Puder, Abdeckstift (Augenringe) und Repair-Kit. So. Das reicht erst mal fürs Nötigste.

Nun noch der Koffer für die Haare… wenn ich nach zwei Stunden vor dem Vergrößerungsspiegel mein Gesicht hergestellt habe, muss ich mir nur noch die Beine enthaaren, meine Maniküre auffrischen (French manicure? Rosé für den Unschuldslook? Rot zu brauner Haut? Blau bei PMS? Metallic, wenn man Clubbing geht?), die Slipeinlage wechseln, und schon bin ich fertig.

Ich glaube, einer der Hauptunterschiede zwischen Mann und Frau ist, dass ein Mann beim Aufwachen genauso aussieht wie beim Einschlafen, aber eine Frau im Laufe der Nacht implodiert. Wir fangen jeden Tag bei null an. Wahrscheinlich wickeln Männer in dieser gewonnenen Lebenszeit ihre Affären ab.

In Interviews wird mir immer die Frage gestellt, wie ich es erreiche, bei meiner aktiven beruflichen Tätigkeit auf dem Thron als Comedy-Queen, Showstar, Schauspielerin, Hausfrau, Mutter und Autorin jung und frisch auszusehen. Immerhin kann ich mich noch neben Starlets in den Zwanzigern ablichten lassen und sogar diesem Vergleich standhalten, ohne dass an mir herumgeschnippelt wurde. Nicht dass ich etwas gegen Schönheitsoperationen habe, aber was manche Leute in ihrer Verzweiflung und persönlichen Unzufriedenheit betreiben, grenzt ja an Selbstverstümmelung. Da haben keine zwei Körperteile dasselbe Alter. Es gibt Frauen, die haben das gesamte Pensum an Eingriffen durch, bevor sie vierzig sind. Wenn die sechzig sind, wird der einzige natürliche Teil des Körpers nur noch der Ellenbogen sein. Einige Kolleginnen schleppen so viel Silikon mit sich herum, dass sie wandelnde Ersatzteillager sind.

Am Ende müssen die alle als Sondermüll entsorgt werden. Und dann behaupten die auch noch dreist, es sei alles Natur. Da müsste man ja Mutter Natur verklagen!

Egal wie viele Eingriffe eine Frau hinter sich hat, das entscheidende Etwas, nämlich die Persönlichkeit, bleibt bei der ganzen Schnippelei auch auf der Strecke. Erstaunlicherweise stelle ich fest, dass all jene Frauen, denen ein besonderes Charisma anhaftet, eher moderat mit diesen Radikalmethoden umgehen.

Man kann sagen, der Schönheitschirurg tut gute Dienste, wenn er unser Aussehen erhält, anstatt unsere Gesichter komplett umzubauen. Bei Frauen mit schwachem Selbstbewusstsein droht die Gefahr, zum OP-Junkie zu werden und sich Erfolgserlebnisse übers Skalpell zu beschaffen. Gepflegt und attraktiv zu sein beginnt jedoch woanders. Es ist von der Basis her, eine innere Haltung, die wir uns selbst gegenüber haben. Ziel kann nicht sein, demselben Schnittmuster entsprechen zu wollen, wie es unzählige andere Frauen tun, sondern individuell unsere Persönlichkeit zum Strahlen zu bringen.

Man kann mir eine Menge nachsagen, aber niemand kann behaupten, dass ich das nicht praktiziere. Es wäre mir nicht gelungen, etwas Besonderes aus mir zu machen, wenn ich vor der Konfrontation mit dem eigenen Spiegelbild zum Chirurgen geflüchtet wäre.

Um herauszuarbeiten, dass auch Sie, verehrte Leserin, die Chance haben, attraktiv und schön zu sein, wollen wir uns einmal ansehen, wo ich in der so genannten Glamour- und Beauty-Abteilung angefangen habe.

Meine Devise lautet, dass nicht das Entscheidende ist, wie man geboren wurde, sondern was man aus seinem Material macht. Weder wurde ich besonders schön noch besonders sexy geboren. Ich sehe nicht besser oder schlechter aus als die durchschnittliche, brünette, vollschlanke Hausfrau. Glaubt mir, solange ich Cellulitis habe, bin ich eine von euch!

Anstatt mich aber dem Zahn der Zeit auszusetzen, der an mir nagt, habe ich das Beste aus meinen Anlagen herausgeholt. Inzwischen bekomme ich sehr viel Aufmerksamkeit einzig und allein durch die Art meines Auftretens und meinen persönlichen Look.

Besonders als Teenager hatte ich kaum Chancen. Noch heute ist es für mich ein Fulltime-Job, gut auszusehen. Ich habe sehr schlechte Fingernägel, dünne Haare, Erwachsenenakne und nicht gerade das schmeichelhafteste Profil. Jede Mittelklassemutti in den USA hätte mir zum sechzehnten Geburtstag eine Nasenoperation sowie ein Kinnimplantat verordnet. Nun ja, gerade Zähne habe ich meinem ersten Engagement an der Deutschen Oper Berlin zu verdanken, aber bei der nächsten Gelegenheit werde ich noch mal nachlegen und meinen Unterkiefer

1,5 mm nach vorne bringen lassen. Ich bewundere Frauen, die ein strahlendes Lächeln haben und perfekte, große Zähne. Auch das hat mir der Herrgott nicht in die Wiege gelegt. Klarstellen möchte ich ebenso, dass ich sehr leicht dick werde. Ja, ich habe mir meine tadellose Figur zurechtgehungert, und ich verzichte dauerhaft auf Alkohol, Drogen und Nikotin.

Diese Entscheidung für ein gesundes Leben ist Bestandteil meines Glaubens an unsere Unabhängigkeit als Frau. Jeder, der behauptet, sich als Frau dem Erhalt der äußeren Schönheit zu widmen, bedeute, seine Zeit leichtfertig zu verschwenden, macht einen fatalen Fehler, der sich bitter rächen wird. Aufmerksamkeit zu erregen ist Teil unserer Weiblichkeit, und eine Frau, die durch ihr Auftreten Zeugnis davon ablegt, dass Sie in der Lage ist, die richtigen Entscheidungen für sich selbst zu treffen, wird einfach ernster genommen als eine Frau, die sich vernachlässigt. Ich glaube, meine weibliche Kraft und Unabhängigkeit zu erwerben begann damit, dass ich das Beste aus mir herausgeholt habe.

Meinen inneren Glamour nach außen zu kehren, meine Träume und Ideale zu reflektieren, hat meinen Erfolg manifestiert – nicht umgekehrt. Dahinter steckt die simple Maxime, dass man einen ersten Eindruck niemals zwei Mal hinterlassen kann. Einen Raum zu betreten und als sympathische Erscheinung aufzufallen ist ein Machtpotential, welches wir Frauen nicht verschwenden sollten. Ich kann es mir nicht leisten, von mir selber eine schlampige Visitenkarte zu hinterlassen. Wenn man gut aussieht, hören einem die Menschen einfach besser zu. Einfacher kann ich es nicht ausdrücken. Meine Vorschläge finden eher Aufmerksamkeit, wenn ich einen netten Anblick biete. Das positive Feedback, was einem entgegengebracht wird, hat ein größeres Selbstwertgefühl zur Folge. Man kann seine Standpunkte einfach überzeugender vertreten, wenn man schon auf Zustimmung stößt, bevor es um die Sache geht. Wachsendes Selbstbewusstsein festigt automatisch unsere Persönlichkeit, und so entwickelt sich ein fruchtbarer Kreislauf, der seinen Anfang vielleicht bei einem neuen Haarschnitt und ein paar Accessoires nahm. Ich kann das so klar analysieren, weil ich danach lebe. Ich habe mir einfach abgewöhnt, von der Welt zu erwarten, dass sie auf mich zukommt und mir die Dinge zu Füßen legt. Stattdessen mache ich »der Welt« ständig Angebote, die von der Außenwelt hin und wieder aufgegriffen werden.

Meine Religion ist der Glaube an Ursache und Wirkung. Nennen Sie es Buddhismus, ich nenne es Kosmetik. Schönheit beginnt mit einer inneren Haltung, einer Attitüde, die man zu sich selber hat. Es gibt keinen Grund, darauf zu verzichten, die persönliche Note, die man hat, zu unterstreichen. Im Gegenteil – wenn Sie diese Chance nicht nutzen, verschenken Sie die einmalige Gelegenheit, den weiblichen Charme, der seit Urbeginn der Zeit den kleinen Unterschied zwischen Männern und Frauen ausgemacht hat, zum Leben zu erwecken.

Unser äußerliches Strahlen transportiert unsere innere Stimme. Mir bereitet es ein Riesenvergnügen, zu beobachten, wie irritiert die Leute sind, wenn sie sich nicht erklären können, warum jemand anderes den Zuschlag für ein Projekt erhalten hat anstatt sie selbst. Am Ende entscheiden immer die Details. Wenn in der Personalabteilung zwei Bewerberinnen mit derselben Qualifikation auftauchen, kann letztendlich nur intuitiv nach Sympathie entschieden werden. Ich kann mir nicht helfen, aber nur wenn ich mich gewaschen, gecremt, gepudert, rasiert, onduliert, parfümiert, pedikürt, manikürt und frisiert habe, fühle ich mich natürlich schön. Nehmen Sie sich ein Beispiel dran!

Was mich hingegen nervt, ist, wenn so genannte Medien-Experten, wie Magazine, Werbung, Stylisten, Frauen dazu verdonnern, als wandelnde Reklameträger und Label-Victims rumzurennen.

Ich finde, das beleidigt unsere Intelligenz. Wir sind doch

nicht entmündigte Sklavinnen der Konsumtempel, die noch dafür bezahlen müssen, dass man persönliche Entscheidungsfragen in Mode und Schönheit anderen überlässt. Das hieße doch, Verantwortung abzugeben. Ich möchte als Frau doch aus der Vielzahl sämtlicher Angebote auswählen und mich der gesamten Bandbreite bedienen, welche mir die Modewelt anbietet. Schließlich rücke ich die Scheine rüber.

Es gibt Frauen, die rennen behängt mit Chanel-Logos von Kopf bis Fuß rum. Schuhe, Tasche, Schmuck, Kostüm, Jogging-Anzug und Fahrradhose: alles Chanel. Als Look ein Hit. Aber lebenslänglich? Das kommt doch einer Verhaftung gleich! Wieso sollte jemand mit einem reichen Innenleben sein Selbstbewusstsein daraus nähren, dass er seinen Leib mit einem großen, metallischen, verschlungenen C behängt und als wandelnder Kleiderständer den Wert eines Chalets in St. Moritz mit sich herumschleppt?

Bitte, Herr Lagerfeld, nehmen Sie das nicht persönlich, ich liebe Ihre Mode, aber ich prangere das Prinzip als solches an, welches ebenso für Hermès- oder Dior-Victims gilt.

Sogar für einen Abend lasse ich so einen Komplett-Look gelten, aber was in aller Welt kann eine zahlende Kundin zu der Unfreiheit verdonnern, tagtäglich blindlings ein und demselben Modediktat zu folgen? So was gibt's doch sonst nur im Frauenknast. Vielleicht will ich mich von zu viel Tweed am nächsten Tag als graue Yamamoto-Maus erholen, um meinem Auge Ruhe und ein Thai-Chi-Feeling zu verschaffen?

Das muss mir als mündiger Kundin doch erlaubt sein. Ich esse doch auch nicht jeden Tag Sushi. Herrgott noch mal, wenn man mit der falschen Tasche einen Hermès-Shop betritt, werden einem ja quasi die Bürgerrechte entzogen.

Vor dieser Modediktatur müssen wir Frauen uns hüten. Wir haben die Macht, denn wir besitzen die Kreditkarte! Ich bin eine Modehure: Ich wechsle die Labels von Tag zu Tag – so wie ein Latin Lover seine Gespielinnen.

Wenn ich fünf Pfund abnehmen will, tue ich das nicht, weil ich in der *Vogue* ein sechzehnjähriges Model gesehen habe, das sieben Prozent Körperfett hat, vier Stunden von einem Starvisagisten geschminkt und am Computer zurechtretouchiert wurde. Sich diesem Image nähern zu wollen bedeutet doch eine Tortur. Das, was die Models uns abverlangen, kommt ja einer Verschwörung gleich. Ich will vielleicht fünf Pfund abnehmen, damit mein neues Seidenkleid lockerer fällt, aber ich ziehe vor, immer so viel Fett zu behalten, dass mir ein Mann in den Arsch kneifen kann.

Entscheidend ist, dass man seiner persönlichen Version des eigenen Ideals entspricht und sich nicht die Vorstellungen anderer überstülpen lässt. Arbeiten Sie das Image von sich selbst heraus – hetzen Sie nicht dem Mythos idealisierter Schönheit hinterher, den sich andere Leute kreiert haben, vornehmlich Designer, welche mit der Anatomie von Frauen nur von der Schneiderpuppe vertraut sind, aber nicht im Traum daran denken, pralle weibliche Brüste nächtens liebkosen zu wollen.

Es ist unmöglich, sich als Frau innerlich gut zu fühlen, wenn man nicht das Äußere mag, was man im Spiegel sieht. Niemals können Sie innere Zufriedenheit erlangen, wenn Sie Ihr Äußeres ablehnen. Der beste Rat, den ich geben kann, wenn Sie mal wieder das Gefühl haben, im falschen Körper zu stecken, oder Urlaubsfotos von sich sehen, die enthüllen, dass Ihr Selbstimage nichts mit Ihrem inneren Ich-Ideal zu tun hat: Mit Blaulicht zur Kosmetik!

In nur drei Wochen können Sie ein neuer Mensch sein, wenn Sie es wirklich wollen.

Ein bisschen abnehmen, eine neue Haarfarbe, ein anderer Schnitt, den Augenbrauen und Lippen einen neuen Schwung verleihen, und Ihre Freizeit verbringen Sie in der Sauna, im Solarium, im Fitness-Center oder auf langen Spaziergängen durch die Natur.

Fahren Sie Fahrrad, oder gehen Sie schwimmen. Nutzen Sie

den Urlaub, um sich ausschließlich um sich selbst zu kümmern. Experimentieren Sie, wer Sie sein könnten, wenn Sie nur rausholen würden, was in Ihnen steckt. Leisten Sie sich eine Fußreflexzonenmassage und einen Tag ohne Termine. Das nenne ich Luxus!

Zelebrieren Sie sich selber als Frau. Wer seine Weiblichkeit verleugnet, verleugnet sich selbst.

Verzichten Sie doch einfach mal auf die Pauschalreise, und bleiben Sie drei Wochen im Dienste Ihrer Komplettsanierung daheim. Es gibt keinen Grund, warum Sie sich von der Zahl Ihres Alters diktieren lassen müssen, wie Sie rumzulaufen haben. Reife Frauen haben dasselbe Recht, gut auszusehen, wie Achtzehnjährige. Wer zum Teufel hat uns diesen Gedanken verordnet, dass man mit sechzig oder siebzig nicht auch charmant und gut aussehen kann? Nur weil Sie sechzig sind, heißt das doch nicht, dass man keinen Freund haben darf, sich nicht mehr um Make-up und Mascara schert und sich selbst aufgibt. Wenn ich mal achtzig bin, suche ich mir einen Siebzigjährigen.

Als Frau die Möglichkeit zu haben, durch Make-up und Farbe unseren Look zu verändern, ist für mich ein Privileg. Wenn Sie persönlich für sich entschieden haben, lieber als Gesichtsgrotte durchs Leben zu gehen, dann habe ich Respekt vor Ihnen. Aber die Mehrheit der Frauen hat andere Ziele im Kopf. Wir wollen uns der Hilfsmittel bedienen, die für uns zur Verfügung stehen. Im Laufe der Zeit werden Sie entdecken, wie Sie sich in Ihrer Weiblichkeit organisieren und Ihre tägliche Schönheitsroutine vereinfachen können.

Frauen werden immer als »gebende« Wesen dargestellt. Aber wer sorgt sich um uns Frauen, wenn wir schäbig aussehen? Selbst wenn man nur Hose und Bluse trägt, kann man doch eine gute Hose und eine schicke Bluse wählen. Was ist daran anstrengend? Mich schön zu machen gehört für mich zur täglichen Routine wie das Zähneputzen. Für die Zeit, die ich vorm Spiegel stehe, muss ich mich bei niemandem entschuldigen. Ich finde, es ist eine äußerst bescheidene Entlohnung, wenn man Montag bis Freitag arbeitet, den Haushalt am Hals hat und sich dann samstags in ein Beauty Parlour begibt, um sich verwöhnen zu lassen. Schließlich muss man Kraft tanken, um für die nächste Woche wieder fit zu sein. Jedem Ackergaul ist ein Ausritt, eine Extra-Portion Mohrrüben und eine Runde Striegeleinheiten am Wochenende vergönnt. Manche Frauen haben sich regelrecht daran gewöhnt, dass sie gehalten werden wie genügsame Arbeitstiere in ihrer Box. »Erwachet«, sage ich nur. Mir ist es schleierhaft, dass manche Frauen ratlos dastehen, wenn sie mit Mitte fünfzig plötzlich ausgelaugt zusammenbrechen und der Körper psychosomatisch revoltiert.

Bevor die Batterien leer sind, sollte man einfach sich selbst Zeit gewähren, um Kraft zu tanken. Diese Investition bringt uns weiter, als jahrzehntelang selbstlos Raubbau zu betreiben. Keine Frau sollte Schuldgefühle haben, wenn Sie den Samstagnachmittag alleine in der Sauna verbringt und Mann und Kinder sich selbst überlässt. Schönheit ist zehn Prozent Inspiration und neunzig Prozent Perspiration. Wie alles im Leben.

Solange mein Haar sitzt, habe ich mir nichts vorzuwerfen.

Ich habe in meinem Leben schon so viel Haarspray benutzt, ich glaube, ich habe in der Atmosphäre inzwischen mein eigenes Ozonloch.

Warum Mutter Natur eine Zicke ist, und wie man ihr ein Schnippchen schlägt

Ich hab nichts gegen Männer.

Dem unbescholtenen Leser mag sich der Gedanke aufdrängen, dass die Erosion meiner Träume einer gewissen Verbitterung Vorschub leistet. Weit gefehlt! Solange ich Deutschland entgegenrufen kann: »Hallo, hier sind meine Titten!«, werden weder Antidepressiva noch Angst vor Einsamkeit mein Leben begleiten. Soziopolitisch halte ich meine einzigartigen Überlebensmechanismen für ein Phänomen, da seit Erfindung der Emanzipation es immer wieder die Feministinnen sind, die mir den Eindruck vermitteln, wahnsinnig frustriert zu sein. Wenn die Natur den Feminismus vorgesehen hätte, gäbe es weder eine Menopause noch eine innere biologische Uhr.

Dann würden wir Eier produzieren, bis wir sterben, Entbindung wäre keine Tortur, und unser Körper würde nicht verfallen. Männer würden mit fünfzig kein Sperma mehr produzieren, und es wäre gesellschaftlich akzeptabel, wenn wir Frauen die bierbäuchigen Kerle aufgrund ihrer Impotenz mit einem kleinen Taschengeld abfinden, in die Wüste schicken und mit einem zwanzig Jahre jüngeren Mann eine Zweitfamilie starten, die uns dankbar pflegt und bekocht, bis wir in die Grube hüpfen. Aber die Natur pfeift auf uns Frauen. Die Natur interessiert sich nur für die Arterhaltung, und in diesem Programm sind wir Mittel zum Zweck.

Man kann es nicht oft genug sagen: Unsere Hormonproduktion entstammt der Steinzeit.

In der Steinzeit gab es keinen Feminismus. Frauen konnten

gar nicht parolenskandierend zu Demos gehen und Petitionen vorbringen, weil sie in der Höhle sitzen mussten, um das Feuer zu bewachen. Seitdem durch die Entdeckung der Menschenrechte an den Grundfesten dieses Hormonprogrammes gerüttelt wird, erschüttern ständige sexuelle und soziale Konflikte unser ramponiertes inneres Gleichgewicht. Natur und Kultur sind nicht nur Antipoden, sondern Gegner. Mutter Natur ist eine impertinente Zicke. In ihr haben wir eine Gegnerin, an deren Widerstand wir uns abarbeiten können.

Ich habe neulich durch einen Wink des Schicksals einen entzückenden Mann kennen gelernt, der genau meinem Beuteschema entspricht: voller Charme und Humor, groß, breitschultrig, gut aussehend und vermögend. Mehr geht doch gar nicht.

Meine Scheidenflora ging schon in Hab-Acht-Stellung, sozusagen wie ein Güterbahnhof, in den endlich mal wieder ein ICE einfährt, da muss ich herausfinden, dass dieser Mann dreiunddreißig Jahre jung ist. Was war der Gedanke, bei dem ich mich ertappte? »Bin ich nicht zu alt für ihn? Sicher will er eine Fünfundzwanzigjährige!« Und dafür, dass so was wie ich rumläuft, sind die Feministinnen auf die Straße gegangen. Dass ich mich als Frau von vierzig in der Begierde des »Sexualobjektes Mann« für zu alt einstufe, kommt im Feminismus dem Ground Zero gleich.

Ein fünfzigjähriger Kerl hält es für normal, wenn er eine Zwanzigjährige hat, und nicht nur er, nein, die ganze Gesellschaft steht hinter ihm. Es tut mir Leid, Schwestern, aber die Zicke bin nicht ich, sondern Mutter Natur. Ich hatte viele Jahre eine Affäre mit einem Mann, genau genommen dem Vater meines Kindes, der nach mir eine Zweiundzwanzigjährige nahm. Das ist bald zehn Jahre her. Wenn mich dieser Ex also heute wiedersehen würde, dann würde er mir vermutlich über die Straße helfen. Klar würde ich ihm ein Schnippchen schlagen und sein Weltbild in den Grundfesten allein schon durch meinen Mini-

Jeans-Rock in der Kombination mit schwarzen Netzstrümpfen erschüttern, aber dieser Mann ist mit einer Frau verheiratet, die immerhin MEINE TOCHTER sein könnte! Aaaaaaaaaarrrrrg!

Altern ist die größte und gemeinste Ungerechtigkeit zwischen den Geschlechtern.

Diese Rabenmutter, die sich »Natur« nennt, hat mit vielem nicht gerechnet, was seelisch in uns Menschen vorgeht. Im Grunde macht die Menschenwürde Mutter Natur einen Strich durch die Rechnung. Als Conclusio folgt, dass die Menschenwürde in der Natur überhaupt keinen Platz hat. Mutter Natur kennt keine Moral!

Das sollten all jene, die heute noch ihr Latzhosentrauma verarbeiten, mal bedenken. Mutter Natur hat schlichtweg Mist gebaut.

Männer sind mit siebzehn permanent geil. Erst mit Mitte/Ende zwanzig sehen sie einer gewissen Normalisierung ihres Hormonpegels entgegen. Mit fünfundsechzig kriegen sie nur noch einen hoch, wenn sie vorher ein Stoßgebet sprechen, sich vier Wochen lang Aphrodisiaka einpfeifen und sich mit dem *Playboy* den Arsch abwischen.

Bei Frauen ist das umgekehrt. Unsere Geilheit verläuft antizyklisch zu der des Mannes. Dahinter steckt Mutter Naturs berechnende Absicht, junge, kraftvolle, gesunde Frauen an Brut und Höhle zu fesseln und ab dem Zeitpunkt, da ihr Gelege flügge ist und das Nest verlässt, sich feucht und willig wie eine streunende Katze von Hinz und Kunz begatten zu lassen, ohne dass aus diesen Kreuzungen mit Wildwuchs jemals Nachkommenschaft hervorgehen kann. Es ist ja schön, dass man sich ab einem gewissen Alter Verhütungsmittel sparen kann, aber Männer um die dreißig brauchen eine Frau, die noch Mutter werden kann, und wollen keine, die ihre Fabrikationsstätten schon geschlossen hat.

Der Mann hingegen kann sich fünfzig Jahre lang jedem Rock und jedem Vergnügen hingeben, ohne Verantwortung zu übernehmen. Wenn er brav immer ein Kondom benutzt, kann er fünfzig Jahre den wildesten Sex haben, ohne für die Folgen aufkommen zu müssen. Am Ende eines gelebten Lebens, wenn er gebrechlich und unansehnlich wird, kann er sich entschließen, mit einem letzten goldenen Schuss Nachkommenschaft zu produzieren und ohne weiteres mit siebzig erstmals Vater werden. So gesehen agiert Mutter Natur wie eine böse Stiefmutter, die uns immerzu einen Strich durch die Rechung macht. Sie ist prinzipiell auf Seiten der Männer und setzt uns strategisch ein, um das Überleben der Spezies Mensch zu sichern. Wir Frauen sind eindeutig das schwarze Schaf. Schaut euch doch die Tierwelt an: farbenfrohe, verschwenderisch bunte Paradiesvögel unter den Männchen und bescheiden graue, schmucklose unscheinbare wandelnde Brutstätten auf Beinen als Weibchen … eine Un-ver-schämt-heit!!!

Hinzu kommt, dass wir mit den eigenen Männern ja gar keinen Spaß mehr haben können, wenn bei uns das Bedürfnis wächst, weil sich deren Potenzkurve ab fünfundvierzig dramatisch senkt.

So zwingt einen Mutter Natur regelrecht, sich an jüngere Liebhaber zu wenden.

Ohne Hilfsmittel läuft in deutschen Ehebetten doch gar nichts mehr nach dem Klimakterium. Auf dieser Erkenntnis hat Beate Uhse ein Imperium aus Liebeskrücken aufgebaut.

Die Natur hat hier eindeutig versagt. Ein Mann, der sich nicht schämte, ein Leben lang aus dem Bademantel nicht rauszukommen, Hugh Hefner, sorgte mit dem *Playboy* für die Grundstimulation, aber wenn 's um die Wurst geht, musste wieder eine Frau zur Tat schreiten.

Männer behaupten zwar, sie kaufen den *Playboy* nur wegen der guten Artikel und der lustigen Witze. Ich behaupte, Männer kaufen den *Playboy* wegen der Titten. Überhaupt frage ich mich, warum dieses Bilderbuch für Erwachsene in Deutsch erscheint, weil es eh nur zum Angucken ist. Man kann ja die Bilderstrecken von den Anzeigen gar nicht mehr unterscheiden. Obwohl der *Playboy* Männern seit fünfzig Jahren ein gutes Lebensgefühl vermittelt, kaufen sie immer noch eine FAZ zum Einwickeln mit, um inkognito mit diesem Magazin von dannen zu schleichen. Das ist doch wieder illoyal von den Typen. Ich als Frau würde dazu stehen, dass Pamela Anderson, Kati Witt und Cosma Shiva Hagen schon auf meinem Küchentisch gelegen haben. Aber was erwartet man? Hugh Hefner macht sich ja nicht mal mehr die Mühe, seine Gespielinnen auseinander zu halten, sondern nennt die Mädels einfach alle »Bunny«. Undenkbar für eine Frau!

Diese ganzen Ungerechtigkeiten zu bewältigen gelingt eigentlich nur durch einen Schutzwall aus Notlügen. Am Ende jeden Jahres rechne ich die Zeit zusammen, die ich am Telefon in Warteschleifen verbracht habe. Diese Stunden rechne ich in Tage um und ziehe sie von meinem Alter ab. Ich finde, das ist gerechtfertigt, denn als Lebenszeit kann man ja dieses Vakuum aus Zeit, Raum und innerer Leere nicht betrachten. Auch für die Zeit, die ich verflossenen Liebhabern nachtrauere, habe ich eine Faustregel: »Die Zeit der Trauer sollte niemals die Länge des Verhältnisses überschreiten.« Es gelingt mir nicht immer, diese Regel einzuhalten, aber egal, auch diese Zeit der körperlichen und seelischen Lähmung wird von meinem Alter als »nicht gefühlte Zeit« subtrahiert. Ich denke mal, dass ich insgesamt in Telefon-Warteschleifen oder von Liebeskummer paralysiert auf zehn Jahre Leerlauf komme. Da in unserer korrupten Welt die meisten Firmen immer häufiger gemeinsame Sache mit der Telefongesellschaft machen und ihre Systeme prinzipiell auf einen Drei-Minuten-Warteschleifentakt einstellen, summieren sich die absoluten Zahlen meiner »Leerzeiten« rapide. Ich werde dem Leben ein Schnippchen schlagen und das für mich nutzen.

Wieso sollte ich diese im Vakuum verbrachten Null-Jahre nicht von meinem Lebensalter abziehen?

Ich glaube, Albert Einstein würde mich verstehen. Auf diese Weise habe ich es durch nichts weiter als durch intelligente Rechenaufgaben geschafft, mich relativ knapp an meinen Dreiunddreißigjährigen ranzuschleichen. Ja, ich bin glücklich. Und ich fühle mich so jung wie er.

Ich finde nämlich, wer in einer Fantasiewelt lebt, der muss auch keine Steuern zahlen. Gut, nicht?

Warum ein guter Bikini schwerer zu finden ist als ein Ehemann

Er ist wieder da! Der absolute Horror, einen Bikini kaufen zu müssen. Kreischende Frauenseufzer sind aus sämtlichen H&H-Kabinen zu hören, Dramen finden statt vor unerbittlichen Zerrspiegeln dieses Zwei-Quadratmeter-Schreckenskabinetts, das sich Umkleidekabine nennt.

Ich schiebe das Drama jedes Jahr vor mir her wie die Steuererklärung. Aber neulich war es mal wieder so weit. Es war entsetzlich und wird jedes Jahr schlimmer! Beim ersten Blick in den Spiegel komme ich mir vor wie eine fette Monica Lewinsky in einem zu kleinen Victorias-Secret-Teilchen mit einem Gesichtsausdruck, als hätte ich grade eine bittere Medizin geschluckt.

Mir kamen die Tränen! Das war eine kapitalistische Form masochistischer, lesbischer Erniedrigung, was die Azubi-Schlampe da mit mir gemacht hat, während sie mir den einen oder anderen Minifetzen in meine Zwei-Quadratmeter-Kammer des Grauens reichte. Es war doch völlig egal, um welches Teil es sich handelte, ich sah in allen gleich beschissen aus.

Ja, ich habe geweint. Ich bin nicht achtzehn oder fünfundzwanzig oder fünfunddreißig. Ich war, bin und bleibe neununddreißig, und seit meinem vierzigsten Geburtstag geht's nur noch bergab – ich meine, mit den Fettdepots. Ich sehe nicht anders aus als früher, nur alles hängt jetzt tiefer.

Ich stehe zu meinem Alter, aber ich stehe nicht zu meiner Cellulitis.

Man sollte den Geschäften raten, für Frauen über fünfunddreißig Senioren-Kabinen einzurichten: mit Fünfundzwanzig-Watt-Birnen oder Kerzenlicht. Außerdem sollte eine Fachkraft vom sozialpsychiatrischen Krisendienst dabeisitzen. Auch zwei bis drei Gläser Wein auf Kosten der Abteilung wären hilfreich.

Klinge ich vielleicht bitter? O.K., ich bin bitter. Hören Sie auf mit Ihrem Argument: »Aber du siehst doch noch sooo gut aus!«

Gewicht ist eine Sache, Haut die andere. Nicht die Figur ist unser Feind Nummer eins, sondern das BINDEGEWEBE. Eine junge, blöde Kuh, die bei meiner Statur zehn Pfund mehr wiegt als ich, sieht trotzdem knackiger und praller aus, weil ihr festes Bindegewebe das Fett wie in einer Presswurst zusammenhält.

Ich glaube, das erste Mal, wenn man sich die Haare in Unterwäsche vorm Spiegel kämmt und erlebt, wie die Oberarme unkontrolliert gegen die Bewegungsrichtung schlabbern, ist der Prozess nicht mehr aufzuhalten.

»Mensch, was ist denn mit dem Spiegel los?«, habe ich geschrien und ihm meine Drahtbürste hineingeschmettert. Kriminell wird die Lage dann, wenn man nach einem wohlverpackten Winter erstmals im Gegenspiegel seine nackte Breitseite von hinten sieht. Vorzugsweise in einem gehäkelten Bikini-Tanga, der einschneidet ... Die Fratze, die mich aus dem Spiegel ansah, sagte laut: »Spieglein, Spieglein an der Wand, woher kommt das Raffrollo, das ich unter deinem Arsche fand?« Als echte Masochistin empfehle ich, während der Anprobe die Kniestrümpfe anzulassen und die High-Heels abzustreifen. Wer hart im Nehmen ist, sollte auch auf die Bikinirasur verzichten, um dazuzulernen, dass man Haarwuchs auch an Körperstellen haben kann, die in keinem Biologiebuch der Welt verzeichnet sind.

Verzweifelt versuchte ich, die drei handtellergroßen Minidreiecke, die im Angebot 99 Euro kosten sollten, irgendwie zurechtzuziehen, um den Schaden, den meine Seele nahm, zu mindern. Auf dem Etikett stand: XXL und »moderate cut«. Was ist dann bitte »high cut«?

In dem Moment riss die Azubi-Schlampe den Vorhang

beiseite und sagte: »Versuchen Sie's doch mal mit 'nem Bikini«, und reichte mir zwei fluoreszierende Stretchbänder.

Ich hätte sie für Aerobic-Stirnbänder gehalten, aber eins hatte einen Zwickel dazwischen und schien der Schlüpfer zu sein. Schweißgebadet habe ich mich in den Micro-Lycra gezwängt, und wie ich ein undefinierbares Trägerteil in Schulterhöhe platzieren wollte, holte mein Spiegelbild zum nächsten Tiefschlag aus: Ich hatte keine Brüste mehr – sie waren weg! Einen Busen fand ich dann zum Glück flachgequetscht unter meiner rechten Achsel. Der andere klemmte platt wie eine Flunder zwischen Rücken und meiner siebten Rippe. Was im Dekolletébereich fehlte, quoll dafür an Hüften, Bauch, Arsch und Oberschenkeln wie ein Früchtekorb praller Orangen hervor.

Ich fühlte mich wie ein Exponat eingelegt in Chloroform, zur Schau gestellt unter einem Glassturz im Kriminalmuseum. Hätte auch als modernes Kunstwerk von Beuys in einer Ecke des Modernen Museums vorgeführt werden können: »Frau mittleren Alters nach der Menopause, Mitteldeutschland – ungefickt«.

Da steckte die pubertierende magersüchtige Azubi-Ziege ihren Kopf durch den Vorhang und flötete: »Na bitte, sitzt doch wie angegossen.« Ich hab mir dann einen Push-up-Leopardeneinteiler bringen lassen mit Stangen im BH-Bereich, Rüschen über den Hüften und einer Art Röckchen über dem Po. Ich sah aus wie Tarzans Jane, schwanger mit Drillingen, während ihrer Morgenübelkeit. Nach vier weiteren Stunden in der Zelle des Grauens fand ich schließlich doch noch was. Einen bräunlichen Zweiteiler, bestehend aus einem Bikinioberteil mit einer Kapuze dran und tiefgeschnittenen Shorts mit einer Art griechisch drapierter Wickelröckchentunika drüber. Als ich zu Hause war, las ich das Schild. Da stand: »Material may become transparent in water.« Der einzige Grund, das Teil zu tragen!

Wie Sie jeden Mann loswerden

Man sollte als emanzipierte Single-Frau, attraktiv und im Leben stehend, nicht nur wissen, wie man sich jederzeit einen Kerl angelt, man sollte auch die Kunst beherrschen, diesen beizeiten wieder loszuwerden. Erst wenn Sie in der Lage sind, sich autonom aus einer verkorksten Beziehung zu befreien, ohne zum Opfer zu werden, sind Sie wirklich erwachsen.

Hätte Jessica Stockmann sich doch bloß mir anvetraut, ich hätte ihr sagen können, wie sie Frau Haffa wird. Aber wir gestressten, berufstätigen Frauen, die neben der Karriere auch noch Kinder und Haushalt schmeißen, entscheiden selbst, wann wir eines Mannes überdrüssig sind. Einen Liebhaber entsorgt man heutzutage ganz nonchalant.

Wir kennen die fünf dummen Fragen, deren Beantwortung keine Beziehung überlebt und die wir gezielt stellen, wenn wir einen Mann endgültig loswerden wollen:

1. »Was denkst du grade?«

Die korrekte Antwort lautet: »Ich denke grade, was für eine warme, wundervolle, intelligente, erotische Frau du bist und welches Glück ich habe, dich getroffen zu haben.«

Fällt jedoch eine der folgenden Antworten, ist es ein Leichtes, den finalen Riesenkrach vom Zaun zu brechen:

a) Fußball.
b) Wie fett du geworden bist.
c) Ich denke grade, dass die Tussi im TV besser aussieht als du.

d) Was ich mit deiner Lebensversicherung machen werde, wenn du vor mir stirbst.

(Sollte der Schlappschwanz, den Sie bei sich zu Hause auf der Couch haben, jemals diese Frage stellen, dann antworten Sie:

»Wenn ich wollen würde, dass du das weißt, dann würde ich reden statt den Mund zu halten.«)

2. Liebst du mich?

Die richtige Antwort lautet: »Ja, mein Liebling, sehr sogar.«

Folgende Antworten reichen völlig aus, um Ihrer Liebe einen ersten Bruch zu verpassen:

a) Was meinst du wohl, warum ich hier sitze?
b) Das kommt darauf an, was du Liebe nennst.
c) Mein Gott, was soll ich darauf sagen?
d) Wer, ich?

3. »Bin ich zu dick?«

Die richtige Antwort lautet: »Nein, natürlich nicht, du bist mollig, aber steht dir gut.«

Bei folgenden Antworten können Sie Türen knallend den Raum verlassen und schmollend zu Frage 4 übergehen.

a) Du bist nicht fett, aber ich würde dich auch nicht als schlank bezeichnen.
b) Verglichen mit wem?
c) Auf so was achte ich gar nicht.
d) Ich hab schon Fettere gesehen.

4. »Findest du sie hübscher als mich?«

(Anm.: Das »sie« bezieht sich auf seine Ex, seine Sekretärin, Ihre beste Freundin oder Julia Roberts, in deren neuestem Film Sie gerade sitzen.)

Die korrekte Antwort lautet: »Nein, du bist die Schönste.«

Die folgende Auswahl reicht völlig aus, um den Heimweg getrennt anzutreten bzw. auf der Wohnzimmercouch zu schlafen:

a) Nicht hübscher, aber attraktiv auf eine andere Art.
b) Nein, aber ich mag ihre Persönlichkeit.
c) Nicht hübscher, aber jünger und dünner.
d) Du glaubst doch nicht im Ernst, dass du dich mit so einer Traumfrau vergleichen kannst?

5. »Was würdet du tun, wenn ich sterbe?«

Korrekte Antwort: »Mein Liebling, bei deinem vorzeitigen Ableben würde ich mich sofort unter den nächsten Schnellzug werfen, der vorbeifährt. Mein Leben ohne dich wäre wertlos.«

Erpressen Sie durch enervierendes Nachhaken und penetrantes Bohren folgendes Eingeständnis als Antwort:

»Ich heirate, lasse die Neue in unserem Bett schlafen, ersetze deine Fotos in den Bilderrahmen, schenke ihr deinen Schmuck, verjubele deine Lebensversicherung und freue mich auf ein spannendes Sexleben.«

Bleiben Sie jetzt cool, und stellen Sie die alles entscheidende Fangfrage:

»Und meinen Golfschläger, nimmt sie den dann auch?«

Korrekte Antwort: »Niemals! Das geht nicht, sie ist Linkshänderin.«

Spätestens jetzt haben Sie alle Trümpfe in der Hand. Eilen Sie zum Handy, und säuseln Sie dem Nachfolger ins Ohr. »Geschafft! Wann kommst du, Liebling?«

Wie man das Ende einer Liebe übersteht

Ich persönlich glaube, dass sich das Ende einer Liebe durch getrennte Schlafzimmer unglaublich hinauszögern lässt. Ich halte getrennte Schlafzimmer sogar für das Geheimnis einer glücklichen Verbindung. O.K., vielleicht nicht von Anfang an, aber nach zehn Jahren dürfte man doch ohne die nächtlichen Ausdünstungen des Partners auskommen können.

Ich glaube, dass getrennte Schlafzimmer die gegenseitigen Abnutzungserscheinungen rationalisieren.

Der Typ, der früher nächtens bei Ihnen auf der Matte stand, weil er es vor Sehnsucht nicht mehr ausgehalten hat, liegt eines Tages nur deshalb neben Ihnen im Bett, weil er da wohnt.

Die eklatante Differenz in der persönlichen Sorgfalt bei der alltäglichen Restauration des Äußeren sowie in der romantischen Erwartungshaltung an die Liebe symbolisiert wie eine klaffende Wunde die Unvereinbarkeit männlicher und weiblicher Interessen. Wenn ich mit jemandem nicht mal über meinen Schminkkoffer sprechen kann, wie kann ich da erwarten, dass er versteht, dass ich meine Sonntage im eigenen Wellness-Spa-Bereich mit flackerndem Kamin verbringen möchte und statt einer Ikea-Schrankwand ein begehbares Ankleidezimmer mit Panorama-Spiegelwänden brauche?

Ich glaube, mein ganzer Ehrgeiz im Leben rührt nur daher, dass ich einen Salon mit verglasten Schuhregalen bis unter die Decke haben will. Mir schwebt so was wie eine alte Bibliothek vor. Die könnte man entrümpeln und die Regale mit fein säuberlich nach Farbe, Look und Designer sortierten Schuhen bestücken.

Mein Tag ist im Prinzip schon damit ausgefüllt, dass ich mich in meiner Weiblichkeit feiere.

Ich glaube, ich habe mich aus Selbstschutz so eingerichtet. Wenn ich verlassen werde, kann ich wenigstens bei meinen Schuhen Zuflucht suchen. Ich führe sie spazieren und pflege sie so wie andere Leute ihren Hund. Solange ich keine alten Meister sammeln kann, wie Frau Thyssen-Bornemisza, sammle ich eben Schuhwerk.

Für potentielle Partner ist es doch sehr beruhigend zu wissen, dass es in meinem Leben überhaupt etwas gibt, was mir in tiefster Not Trost spenden könnte.

Gut, ich sammle immer Schuhe, aber was meinen Sie, was erst los ist, wenn mich die Shopping-Sucht befällt, weil ich Liebeskummer habe? Immerhin tue ich damit keinem weh.

Andere Frauen kopieren heimlich Schweizer Kontonummern und heften siebzehn Jahre jede Lebenshaltungsquittung ab, weil sie ihre Trennung von langer Hand planen und nur den richtigen Zeitpunkt an der Börse abwarten. Andere belauern sich über Jahre und warten darauf, wer als Erster einen Fehler macht, um dem Scheidungsanwalt Beweismaterial zu beschaffen. An der Art und Weise, wie Menschen sich trennen, erkennt man ihren wahren Charakter. Hass, Häme, Verschlagenheit, Durchtriebenheit, Hinterhältigkeit und Verlogenheit sind vom Gesetzgeber gestattet, um anderen Leuten das Leben zur Hölle zu machen. Verfolgt wird das alles nicht. Nur drohen ist verboten. Der Staat will offenbar, dass man ohne Vorwarnung Gruben gräbt und heimtückisch Fallen aufstellt, in welche wir mit mildem Lächeln den Partner hineinlocken, und zwar per Videokamera überwacht, fotografiert oder vor gekauften Zeugen, um dann vor Gericht Mitleid und Verwunderung zu heucheln.

Wer vor Zeugen zu einem nicht angetrauten Lebensgefährten »Arschloch« sagt, muss fünfhundert Euro Strafe zahlen. Die spart man sich, sobald man einen Trauschein hat.

Dieses tiefe Wissen um Scheidungsschlachten und Trennung mit gesetzlicher Hilfe wäre mir verwehrt geblieben, hätte ich auf diesem Terrain nicht jeden Fehler gemacht, den ein sauberes, liebendes Mädel reinen Herzens nur tun kann.

Verbale Beleidigung wiegt viel schlimmer als Totschlag aus Notwehr.

Der Rechtslage nach empfiehlt es sich also zu provozieren, bis der Partner die Nerven verliert, sich seinen Attacken wehrlos auszusetzen, auf keinen Fall zu arbeiten, um damit angeben zu können, dass man die Karriere dem Manne geopfert hat, und am allerbesten noch viele Atteste über permanente Migräneanfälle/Nervenzusammenbrüche/Schlafstörungen zu sammeln. Karrierefrauen werden vom Staat bestraft, weil sie unter Beweis gestellt haben, selbst für sich sorgen zu können. Merke: Provokation und Hilflosigkeit sind legitime Mittel unseres Rechtsstaates.

Was ist also mein Schuhtick schon gegen den Rachefeldzug verstoßener Frauen?

Es gibt für uns nichts Schmerzlicheres als die Abwendung des Mannes, den wir lieben.

Liebe und Vernichtung liegen eng beieinander, ja, teilweise heben sich die Grenzen sogar auf. Als ich das letzte Mal verlassen wurde, habe ich mir gewünscht, der Kerl wäre tot. Nicht etwa aus Hass, oh nein. Aber wenn er in der Trennungsphase schnell noch umgekommen wäre, bevor wir uns völlig aus den Augen verloren haben und meine letzte Hoffnung erloschen ist, dann hätte ich bis an mein Lebensende immer an sein Grab gehen können, um ihn zu besuchen. So wäre mir der Glauben erhalten geblieben, dass wir eines Tages wieder zueinander gefunden hätten.

Die Liebe kann ein Albtraum sein. Als gute Ehe gilt ja hierzulande schon, wenn man sagt:

»Er hat nie ein böses Wort über seine Frau gesagt.« Viele Männer lassen das sogar stolzgeschwellt zu ihrer Ehrenrettung über sich selbst verlauten. Wie tief soll die Latte bitte noch gehängt werden?

Vielleicht ist die Frau daran erkrankt, dass der Gatte auch nie Worte der Liebe an sie gerichtet hat. Frauen sind nun mal von Natur aus versucht, ihr Leben in die Hände eines Mannes zu legen. Als ich das tat, wurde ich wie ein Gegenstand in eine Schublade gesteckt, ordentlich zusammengefaltet, immer mal gebügelt, aber ich wurde nie getragen. Ich kam mir vor wie Hausrat.

Vor der Ehe können Liebende nicht einschlafen, weil sie darüber nachdenken, was der andere gesagt und gemeint hat. Sind sie dann verheiratet, schlafen sie ein, bevor der Partner zu Ende geredet hat.

Ich finde, man sollte gehen, wenn die Kommunikation auf folgendes Niveau gesunken ist:

Sie: »Wo warst du?«
Er: »Weg.«
Sie: »Was hast du gemacht?«
Er: »Nichts.«

Ich meine, worauf warten Sie noch? Packen Sie Ihre Sachen, und werfen Sie Ballast ab.

Mein Bekanntenkreis besteht zu fünfzig Prozent aus Leuten, die einen Partner suchen, und zu fünfzig Prozent aus Leuten, die ihren Partner loswerden wollen.

Die katholische Kirche sollte sich erneuern, indem sie ein achtes Sakrament einführt: das der Scheidung. Gut, es gibt Männer, mit denen will man eine Ewigkeit verbringen, aber doch nicht sein ganzes Leben. Die Tatsache, dass sich die Scheidungsraten vertausendfacht haben, sollte man nicht der Frauenbewegung in die Schuhe schieben, sondern dem desolaten Rollenmodell, auf dem unser Sozialstaat aufbaut.

Ich habe neulich von einer Frau gehört, die dem Mann Geschenke und Schmuck zurückgegeben hat. Nun, manche Frauen müssen auch für die Folgen ihrer Dummheiten selber aufkommen, aber in so einem Fall möchte ich wirklich nicht von einer Freundin bejammert werden. Da gibt es wirklich andere Krisenherde, denen ich mich widmen muss.

Ich hätte den Schmuck eher runtergeschluckt und dann im Klo aus meinen eigenen Exkrementen herausgepult, als dass ich Juwelen zurückgeben würde.

Mein Taktgefühl verbietet es mir, dass ich mich an dieser Stelle über Anwälte äußere. Es kann ja sein, dass dieses Buch Kindern in die Hände fällt.

Als wäre die Verzweiflung, mit der wir klarkommen müssen, nicht genug, überrollt uns im Zuge einer Trennung auch noch eine Flut von Rechnungen. Astronomische Anwaltskosten, Umzugskosten, Maklerprovision, Mietkautionen, eine Einbauküche und so fort bis zum neuen Ankleidetrakt.

Von daher sollten Sie nach allen Regeln der Kunst versuchen, den Mann aus der gemeinsamen Wohnung zu vergraulen. Das ist doch ein praktischer Tipp, oder?

Sie sparen sich eine Menge Nerven und abgebrochene Fingernägel, wenn Sie parallel zur Trennung nicht noch den Umzug am Hals haben. Auch das gemeinsame Hab und Gut auseinander zu definieren ist kein Zuckerschlecken. Ich sage nur: Nehmen Sie mit, was nicht niet- und nagelfest ist, man wird nicht jünger. Die nächste Schlampe, die bei ihm einzieht, reißt sowieso alles raus, was Sie eingebaut haben. Nun ja, wenn er ein Mann von Geschmack ist, dann sucht er sich wenigstens eine Neue, die farblich und im Look zu den Gardinen passt, die Sie aufgehängt haben. Von daher tun Sie großzügig und überlassen ihm selbstlos die Vorhänge. Jedes Fenster muss individuell gestaltet werden, und die Dinger passen nie wieder perfekt woanders rein.

Ich hoffe zu Ihrer Seelenrettung, dass es Ihnen am Ende der Zweisamkeit so beschissen ergangen ist, dass Sie sich nichts anderes gewünscht haben, als dass der Typ von Ihrer Bildfläche verschwindet. Wenn Sie nichts sehnlicher als Ihre Freiheit wiedererlangen wollten, dann kann sich sogar nach der Trennung ein vorübergehendes Gefühl der Erleichterung und Befreiung, ja, Euphorie einstellen. Zumindest bis Sie aus Ihrem Wachkoma durch Einsamkeitsschübe herausgerissen werden. Und da habe ich schon wieder einen ultimativen Lebensretter-Tipp für Sie: Besorgen Sie sich ganz schnell einen schwulen Busenfreund, und wenn Sie zur Not am Samstag um 14.00 Uhr Ihrem Frisör nicht mehr von der Pelle rücken. Egal.

Er muss Sie nur ein paar Mal mitnehmen, und schon werden Ihnen die Tucken wie ein Bienenschwarm reichlich Gesellschaft leisten. Gehen Sie auf Konzerte. Besuchen Sie kulturelle Events. Lassen Sie sich beraten. Sprechen Sie frühkindliche Prägungen und Ihre Mutterbeziehung durch. Stylen Sie gemeinsam das Relikt Ihres Abgesanges um: Ihr altes, gemeinsames Schlafzimmer. Verhökern Sie Ihr altes Bett, schenken Sie alle Möbel, die Sie an Ihren Ex erinnern, schwulen Freunden. Die können Hausrat immer gebrauchen und kennen ein paar Jungs, die gerade vom betreuten Wohnen in die erste eigene Wohnung ziehen und Ihnen den Krempel kostenlos und dankbar abtransportieren. Ein Anruf genügt, und Ihre Entrümpelungsaktion macht die Runde.

Sogar von Polen werden die Schwuchteln freudig angereist kommen, um Sie von Ihrer durchgerittenen Matratze zu erlösen, das verspreche ich Ihnen. Misten Sie aus, was das Zeug hält, entsorgen Sie die schlechten Erinnerungen. Im Keller horten Sie nur Ihre Vergangenheit, und ein voller Dachboden versperrt Ihnen den Blick in die Zukunft. Nutzen Sie Ihre Krise zum Neuanfang.

Geben Sie dann aus Dankbarkeit ein Essen bei sich zu Hause für ein paar schwule Freunde.

Stellen Sie schwarze Kerzen auf, und fackeln Sie zu der Musik von

1. I will survive (Gloria Gaynor)
2. Strong enough (Cher)
3. Believe (Cher)

ihren Ex ab.

Verbrennen Sie in einem feierlichen Akt seine alten Spiegel-Ausgaben, wertlose Geschenke von ihm, Fotos, auf denen Sie beide fettig glänzend im Urlaub waren, seine alten Taschentücher, die Sie aus der Sesselkerbe herausgezogen haben, und den Polyester-Cashmere Schal, den er zurückgelassen hat.

Die Faustregel für die Zeiten danach lautet: Jedes Mittel, welches Ihr verwundetes Herz tröstet, ist recht. Sie werden unmittelbar nach der Trennung bemerken, dass es Menschen gibt, die eine eingebaute Antenne haben, um Leute zu orten, die Hilfe brauchen. Nutzen Sie die Radargeräte anderer, und spielen Sie Menschen mit einem ausgeprägten Helfersyndrom bereitwillig Ihr Material zu. Sei es ein Psychologie-Student, der eine Arbeit über eine Versuchsgruppe von verkappten Mörderinnen schreibt, sei es eine frische Witwe, die gerade die Grabpflege entdeckt, sei es eine blinde Nachbarin, die eine Vorleserin braucht.

Sprechen Sie sich aus. Erzählen Sie Ihre Leidensgeschichte hunderttausend Mal. Wenn die beste Freundin es nicht mehr hören kann, dann suchen Sie sich eine neue, oder gehen Sie in die Kirchengemeinde. Da sitzen immer ein paar emotional Verstümmelte herum, die sich die Wunden lecken. Manchmal entspinnt sich sogar ein philosophisches Gespräch, welches die Last Ihres Schmerzes zu lindern weiß. Teilen Sie also Ihre Einsamkeit mit anderen.

Kaufen Sie sich ein Tagebuch, schreiben Sie alles nieder. Gehen Sie mal wieder in die Philharmonie und heulen Sie, dass es kracht. Oder gönnen Sie sich einen Abend lang eine gute alte italienische Oper, in der aus Liebe und Leidenschaft gemordet und getötet wird. Tauchen Sie ein in *La Traviata*, *Carmen*, *Madame Butterfly*, *Tosca* und *Lady Macbeth*. Mal bringt sich die Operndiva stellvertretend für Sie selber um, mal ihren Liebhaber, mal lässt sie morden. Identifizieren Sie sich mit Ihrer liebenden Heldin, und stechen Sie den Kerl jeden Abend lustvoll ab, wenn das Werk auf dem Spielplan steht. Die Tatsache, dass Sie dem Übeltäter am liebsten die Kehle aufschlitzen würden, beweist ja, dass es echte Liebe war.

Besorgen Sie sich die CDs, und erfahren Sie, wie die klassischen Opernwerke das gesamte Dilemma, was Ihnen widerfährt, schon vor Hunderten von Jahren als olle Kamelle abgehakt haben. Die Liebe ändert sich nie.

Oder werfen Sie sich in ein Sackgewand, und entdecken Sie die Gartenarbeit. Züchten Sie Dahlien. Das ist immerhin eine Aufgabe. Mit den Händen in der Erde zu wühlen, organisches Wachsen zu begleiten, den Rasen unter nackten Füßen zu spüren, kann ein erster Schritt zur Heilung sein. Ihre Energien gebündelt in etwas hineinfließen zu lassen, ist jedenfalls besser für Sie, als wochenlang heulend in der heißen Badewanne zu liegen.

Nach der ersten Phase der Rekonvaleszenz sollten Sie ein wenig Ihr Äußeres verändern.

Das trägt dazu bei, dass Sie sich in ferner Zukunft wie neugeboren fühlen werden.

Wenn Sie es sich leisten können, dann gönnen Sie sich eine Städtereise, an einen Ort, der schon immer auf Ihrer Liste stand.

Irgendeine europäische Großstadt, in der Sie sich die Füße wundlaufen können. Wissen Sie warum? Damit Sie sehen, dass es auch woanders attraktive Männer gibt. Zahllose Kerle bevölkern unsere Metropolen, Flughäfen, Hotels und Strände.

Stehen Sie auf Latinos, dann ab nach Madrid. Soll Ihr Traummann groß und blond sein? Dann buchen Sie eben vier Tage Stockholm! Sie ahnen nicht, wie das die Wunden heilt. Hier kennt Sie keiner. Laufen Sie mit verheultem Gesicht rum, wenn Ihnen danach ist, und genießen Sie, dass Sie sich den Luxus erlauben dürfen, mal ein paar Tage die Klappe zu halten. Reisen Sie mit Kamera, und lassen Sie sich von einem Fremden fotografieren, wenn Ihnen der Typ zusagt. Einfach dekorativ posieren und darum bitten, geknipst zu werden … ein Trick, der immer funktioniert. Wenn Ihr Arbeitgeber das nicht erlaubt, dann machen Sie eben krank. Es geht um die Rettung Ihres Herzens, Ihrer Seele und Ihres Lebens. Unter Umständen können Sie sogar Ihrem Chef reinen Wein einschenken und ein paar Tage Urlaub auf Pump nehmen. Auch Chefs werden sehr verständnisvoll, wenn es um Emotionen geht.

Machen Sie Ihr Rundum-Pflegeprogramm, ohne dass Ihnen der nächste Termin im Nacken sitzt. Die Welt ist voll von Männern, die besser sind als der, an den Sie sich verschenkt haben. Ein Idiot, der nicht mitkriegt, dass er die Chance seines Lebens an der Angel hat, kann gleich wieder abtreten. Wenn er als Mann was taugen würde, dann wäre er ja noch an Ihrer Seite – egal, ob es stimmt, aber das müssen Sie sich einreden, um zu überleben, und meistens stimmt's ja auch.

Oder gehen Sie einfach Schuhe kaufen. Das ist doch besser als Blutrache, oder?

Na also!

Wie Sie sich als Oma neu erfinden

Wenn Sie fett, alt und unattraktiv sind, oder wenn Sie sich gelegentlich fett, alt und unattraktiv fühlen, dann lesen Sie weiter. Wenn nicht, dann nehmen Sie Glücklichmacher-Pillen ein oder veräppeln mich. Wenn beides nicht zutrifft, dann sind Sie zwanzig. Der Zyklus des Lebens wird Sie also im Jahre 2034 mit dem konfrontieren, was die Generation der Nachkriegsbabys derzeit zu bewältigen hat: die Menopause.

Dieses soziokulturelle Thema wird von Gesundheitssenatoren komplett übersehen, obwohl sich die Hippies der Siebziger als Wechseljahrsfrau polyglott neu erfunden haben, ohne dass dies je die gebührende Aufmerksamkeit bekam. Klammheimlich hat sich inzwischen mit den post-klimakteriellen Blumenkindern sogar die ganze Gesellschaft umstrukturiert.

Ich halte das, was uns die amerikanische Serie »Golden Girls« vorlebt, für die Alterssitznormalität von morgen. Wir haben nackt unsere BHs verbrannt, Joints geraucht und die Namensgesetze verändert, da soll bloß keiner denken, dass wir mit der Regel auch unsere Renitenz verlieren. Ich bitte Sie, wir sind noch genauso dogmatisch, penetrant, durchgeknallt, wütend und verärgert wie immer. Wir haben alles gefickt, was uns über den Weg lief, seit wir fünfzehn waren, da machen wir uns doch jetzt keinen Dutt, setzen uns in den Schaukelstuhl und verbringen unseren Lebensabend mit Makramee-Arbeiten! Nein, wir bleiben Revoluzzer auch im Alter – natürlich im Schafspelz. Unser Credo ist nicht die Farbe Lila als letzter Versuch, unser Credo lautet: »Die Hippies erfinden sich als Omas neu.«

Ich habe eine Freundin auf Ibiza, die als barfüßiger Alt-Hippie von Zeit zu Zeit ihr Brautkleid trägt. Nicht weil sie sentimental ist, sondern weil sie mit ihrer Wäsche im Rückstand ist.

Alles im Leben, was wir getan haben, geschah nur, um flachgelegt zu werden. Wir haben Salat gefressen. Auf fette Saucen verzichtet. Asiatisch gekocht. Uns an Sushi gewöhnt. Aerobic gemacht. Auf Futons geschlafen. Getöpfert. Die Beine gewachst. Die Haare getönt. Ein Nest gebaut. Warum? Weil, wenn eine Frau einen Kerl gefunden hat, den sie wirklich mag, ihr einziges Trachten ist, ihn zu behalten. Und hier wird's schwierig. Ich glaube, die einzigen Momente, wo Frauen nicht an den Mann ihres Herzens denken, sind, wenn sie über Flohmärkte bummeln. Wahrscheinlich sind Flohmärkte und Deko-Shops so ein verbreitetes Frauenhobby, weil man da den Bauch nicht einziehen muss. Aber wenn eine Frau an ihrem Heim bastelt, dann tut sie das ja auch nur wieder, um ein angenehmes Ambiente für sich und ihre Liebsten zu schaffen, also letztlich doch auch wieder, um der Liebe eine Chance zu geben.

Jedes Gen im Körper einer Frau wurde von der Natur ausschließlich unter dem Gesichtspunkt designed, zu gebären. Die Fettpolster auf den Hüften, das schwache Bindegewebe, die weichen Rettungsringe um den Bauch – alles dient der Wassereinlagerung, damit unser Körper in der Lage ist, Milch zu produzieren und selbst dann nicht zu platzen, wenn wir Achtlinge in uns tragen. Diese mentale DNA-Botschaft, zu existieren, um zu nähren, dieser jahrmilliardenalte Auftrag ist die Wurzel unseres gesamten Unterbewusstseins.

Selbst wenn Sie dieses Lebensmodell als überholt abhaken und sich gegen Kinder entscheiden, schlägt Ihnen Ihr Körper ein Schnippchen – jedes Mal nämlich, wenn Ihre schmerzenden Eierstöcke Sie einmal im Monat an Ihren verpatzten Auftrag »als Frau« erinnern. Ihr Körper macht einen Riesenskandal, weil Sie ihm das Brüten vorenthalten und die dafür vorgesehenen

Organe nicht ihrer Funktion dienen können. Karrierefrau hin, Karrierefrau her, immer wenn Sie in einen Kinderwagen blicken, wird Ihnen warm ums Herz. Ob Sie es wahrhaben wollen oder nicht, der Anblick eines Kindchenschemas informiert unsere DNA, dass wir Schutz und Wärme geben müssen – sogar wenn wir die UNICEF-Werbung sehen. Was glauben Sie, warum Frauen Katzen lieben? Natürlich nur, weil sie alles haben, was unsere Instinkte an Babys erinnert. Stupsnäschen, Kulleräuglein, Babystimmchen, niedliche Pfötchen, kuschelige Weichheit … ah, wie süß!

Um als attraktive Oma jünger zu wirken, sollten Sie bei einem Date auf jeden Fall einen Babysitter mieten. Auch wenn Sie zu Hause nur eine Katze haben. Rufen Sie im Gehen noch mal in den Flur: »Gib ihm das letzte Fläschchen kurz vor zehn.« Nur so als mentalen Youth-Stimulator. Fürs Feeling quasi. Sie schmieren sich doch auch jede Menge Anti-Falten-Cremes ins Gesicht, die utopische Versprechungen machen, ohne was zu nützen. Recht haben Sie damit, denn Sie fühlen sich einfach jünger und dynamischer, nur weil Sie fest daran glauben. Dadurch erstrahlt Ihr Auge jugendlich klar, und Sie kommen »verjüngt« rüber. An diesen Placebo-Effekt knüpft der Babysitter-Trick an. Sollte Ihr Oma-Date gut laufen und Sie Herrenbesuch mit nach Hause bringen, haben Sie natürlich auch das bedacht und Ihre Abstellkammer im Flur mit einem süßen kleinen Schildchen versehen: Baby's Room. Wie gesagt, es geht ums Feeling. Woanders setzen Psychopharmaka ja auch nicht an.

Überhaupt sind es immer nur unsere Gefühle, die auf unseren Hormonhaushalt einwirken, und vice versa. Ein ewiger Kreislauf, den wir »Schicksal« nennen.

Inzwischen habe ich diverse Freundinnen, die schon mit Mitte dreißig in die Wechseljahre gekommen sind. Ich glaube, diese Entwicklung hängt damit zusammen, dass unsere brachliegenden Gelbkörperhormone, die dazu dienen, den Körper auf eine Schwangerschaft vorzubereiten, nicht kriegen, was sie wollen, und sich beleidigt zurückziehen. Sehen wir es doch mal so: Das hormonelle Feuerwerk des monatlichen Zyklus loszuwerden kann auch eine Erlösung sein. Die Depressionen, Panikgefühle, Apathien, Heulkrämpfe, Blähgefühle, Wasseransammlungen, die Fresslust, Migräne, Stimmungsschwankungen und Hoffnungslosigkeit, die uns kurz vor der Periode heimsuchen, verschwinden mit dem Verlust unserer Menstruation.

Es ist absolut ungerecht, dass Männer von dieser Belastung verschont bleiben. Nicht auszudenken, welches Spektakel Männer veranstalten würden, wenn sie ihre Tage hätten. Die Monatsblutung würde uns »schmutzigen« Frauen als reinigende, läuternde innere Erneuerung verkauft. Sie würden sich alle achtundzwanzig Tage krankschreiben lassen und sich bei ihrer ersten Menarche zu einem religiösen Familienfest zusammenfinden.

Die Regierung würde einen Ministerialposten schaffen, der Fonds einrichtet, die sich der Erforschung der Regelblutung widmen. Alle achtundzwanzig Tage wäre ein staatlicher Feiertag.

Sie würden von uns Frauen verlangen, sie in dieser Krise zu unterstützen und ihnen Zärtlichkeit zu schenken. Bauchschmerzen würden genügen, um einen Behindertenausweis zu bekommen und Frührente zu beantragen.

Tage, an denen ich verheult rumlaufe und fest davon überzeugt bin, niemals mit dem Leben klarzukommen, fallen eigentlich immer in die Phase des Prämenstruellen Syndroms.

Esoterisch betrachtet, könnte man tobende Menstruationsbeschwerden als Ausdruck weiblichen Hasses gegen alle Männer dieser Welt interpretieren, die nicht mit uns in Bett gehen und uns kein Kind gemacht haben. Es ist ein Aufschrei unseres zyklischen Systems. Umso mehr wir so tun, als gäbe es unseren Bauch gar nicht, desto schlimmer wird es uns erwischen. Der Bauch drängt sich absolut in den Mittelpunkt unseres Denkens, er verschafft sich unsere Aufmerksamkeit, weil er Angst hat, dass wir ihn vergessen. Der Dauerclinch des ewigen Kampfes »Verstand gegen den Bauch« wird einmal im Monat entschieden: Unser Bauch wird immer der Champion sein.

Ich bin betroffen, wie viele Frauen parallel zum Verlust ihrer Periode mit ihrem gesamten Leben abschließen. Sie lassen ihre Augenbrauen zu Büscheln sprießen, rennen nur noch im ältlichen Tweedrock wie Miss Marple rum und fangen an, Mopse zu züchten. Der Wunsch, begehrenswert zu sein, verblasst. Dabei wird auch nach dem Klimakterium unser Körper alles tun, um gevögelt zu werden. Partnerschaft hat die Chance, eine neue Dimension der Innigkeit und Reife zu erlangen, weil sich die »Parteien« nicht vordergründig als Lustobjekte begegnen.

Ich finde, der Charme reifer Frauen hat eine ganz besondere Attraktivität. Es ist so bezaubernd, die Gelassenheit zu erleben, die Omas im Umgang mit Kindern haben. Selbst wenn es nicht ihre eigenen sind. Sie können sich ja des Kindes einer überarbeiteten Karrierefrau annehmen wie Ihrer eigenen Enkel, wenn Sie keine eigenen Kinder haben. Ersatzfamilien sind nicht selten besser als die Originale. Einen Partner, den man liebt, auch als Oma/Opa zu erleben, verleiht einer Partnerschaft völlig neue Berührungsebenen. Unabhängig von den pädagogischen Expertentipps bleibt der erfolgreichste Weg der Disziplinierung von Kindern den meisten Eltern ein Mysterium. Nur Omama und Dschingis Khan wissen, wie man es schafft, dass die eigene Brut pariert. Wer sich an den eigenen Kindern schon mal abgearbeitet hat, begegnet seinen Enkeln mit genau der Gelassenheit, welche Kindern ein Gefühl der Sicherheit verleiht.

Schon an uns selber können wir beobachten, welche Veränderung der Maßstäbe die Erziehung unserer Kinder begleitet. Wenn beim ersten Baby der Schnuller runterfällt, wird er sterilisiert. Wenn das beim dritten Kind passiert, rufen Sie nur noch zu Ihrem Hund: »Hol!«

Das geht so weiter, bis man eines Tages mit dem Gefühl lebt, die Pflichten als Mutter seien bestens erfüllt, wenn der Mann abends nach Hause kommt und die Kinder noch am Leben sind.

Der einzige Weg, mental stabile Kinder zu haben, ist, eine mental stabile Mutter zu sein.

Frauen mit gesundem Selbstbewusstsein, die ihr eigenes Leben unter Kontrolle haben und sich in der Realität der Außenwelt beweisen statt nur in der eigenen Küche, werden Kinder hervorbringen, die sich in der Welt von morgen zurechtfinden.

Neulich habe ich zu meinem Sohn gesagt, dass es zwei Worte gibt, die er nie benutzen darf. Eins sei »geil«, das andere »Scheiße«. »O.K., Mama«, sagt er da zu mir, »jetzt sag mir, was die Worte sind.« Ich finde, das ist ein gutes Zeichen!

Für ein Kind ist es eine unglaubliche Belastung, neben einer Mutter aufzuwachsen, die sich in die Opferrolle hüllt, die im Glauben lebt, alles, was ihr widerfährt, sei die Schuld von anderen. Ich spreche von Frauen, die für ihre Aktionen keine Verantwortung übernehmen, sondern als Märtyrerinnen ihre eigenen Ängste auf das Kind übertragen. Diese Frauen kümmern sich nicht um ihre Kinder, sondern sie zwingen ihre Kinder dazu, sich um die eigene Mutter zu sorgen.

Großeltern sind so wunderbar lässig-entspannt. Sie wissen, dass alles, was am Boden liegt, im Mund des Babys landet, und alles, was in den Mund des Babys gehört, auf der Erde enden wird. Eigentlich gibt es nichts Schöneres im Alter, als Zeit für die Enkel zu haben und darüber den Draht zur Jugend zu bewahren. Wenn die Kinder aufhören zu fragen, wo sie herkommen, und einem nicht mehr sagen wollen, wohin sie gehen, merkt man, dass sie erwachsen werden.

Attraktive Omis gab es lange Zeit nur im TV. Wer wären wir, wenn wir als alternde Hippies nicht auch noch dieses Bild verbessern würden. Oder haben Sie nicht auch schon mal gedacht: »Bitte, lieber Gott, lass mich nicht werden wie meine Mutter?«

Komisch, aber immer wenn ich eingeladen bin, dann sitzen am Ende der Party die Männer zusammen und reden über Geschäfte, und die Frauen sitzen beieinander und reden über ihre Mütter.

Wir haben die Musik der Rolling Stones mit der Muttermilch aufgesogen. »I can't get no satisfaction« dröhnte in den Siebzigern aus jedem Radio und hat sich als Mantra in unser Unterbewusstsein geschlichen. Wer ein Radio hatte, dem pulsiert der Groove der Beatles und der Stones lebenslänglich in den Adern. Schließlich haben wir dieses Zeug als Schlaflied gehört!

Werden wir also zu Rock-'n'-Roll-Omas, wie sie die Welt noch nicht gesehen hat!

Unsere Ikone Christine Kaufmann haben wir schon. Sie ist die Madonna der Geriatrie!

Zickenkrieg de luxe

Wenn man mich persönlich auf mein Privatleben anspricht, dauert es nicht lange, bis ganz direkt die Frage ausgesprochen wird, die auch dem Leser auf den Lippen brennt:

«Frau Nick, warum sind Sie eigentlich nicht verheiratet?«

Nun, meine Mutter hat schon ein Schild an der Autobahn aufgestellt: »Letzte Junggesellin vor der Autobahn!« Ich für meinen Teil kann nur sagen, dass mich jede beendete Beziehung weit nach vorne katapultiert hat.

Wenn ich mich wieder berappelt habe, sind jede Menge Kolumnen, amüsante Anekdoten, unzählige Stunden emotional-analytischer Treffen in Weiberrunden, spontane Kino- und Theaterabende sowie ein gründlicher Hausputz angesagt.

Sicher lassen sich meine Möglichkeiten, mein Privatleben kreativ zu verwerten, nicht auf jedermanns Lebensumstände übertragen, doch das Ende einer Affäre bringt uns definitiv immer mit neuen Menschen zusammen. Oder es beschert uns sogar eine neue Wohnung.

Was tun, wenn aber mit dem Lover auch der gesamte Freundeskreis in die Binsen gegangen ist? Die Kumpels an seiner Seite werden sich garantiert verdünnisieren, egal, wie sehr sie sich auch als Sportsfreunde und Kameraden bei uns eingeschleimt haben. Tröstet euch, Mädels: Gute Freundinnen zu finden ist einfacher, als alleine einen Ikea-Kleiderschrank aufzubauen.

Überall gibt es ein schickes Fitness-Center, in dem jede Menge pseudo-sportlich-aktive Mädels ihre einsamen Stunden betäuben und nichts anderes tun, als vorm Spiegel zu stehen und sich die Haarsträhnen ins Gesicht zu zupfen. Dort findet sich bestimmt über kurz oder lang eine Schar von Busenfreundinnen. Mit denen kann man jederzeit SMS oder E-Mails interessierter Verehrer lesen, katalogisieren, vergleichen, weitersenden, abheften und analysieren. Wenn Sie nämlich erst mal verheiratet sind, werden Sie nicht mehr Ihr Sexleben und intime Details Ihrer Liebe, wenn überhaupt irgendetwas aus Ihrem Eheleben, mit einer Reihe von Freundinnen durchsprechen können. Schließlich lautet die Maxime nun »Loyalität«.

Keine Zwei-Uhr-nachts-Telefonkonferenzen mehr mit Freundinnen, die gerade mal wieder im Swinger-Club richtig durchgenagelt wurden und Ihnen euphorisiert erzählen, dass die Ehefrau Ihres Chefs mit von der Partie war. Sie werden viel zu beschäftigt sein, diese Fassade aufrechtzuerhalten, die Nachbarn und Kollegen vorgaukeln soll, dass Ihre Ehe intakt ist.

Ist Ihnen mal aufgefallen, dass in dem von uns Frauen geschaffenen Universum die Männer inzwischen wie die feindliche Partei betrachtet werden? Nun, das bringt das Leben so mit sich. Es gab zu viele Machtkämpfe, Enttäuschungen, Betrügereien, Gender-Debatten, Liebesentzüge, Sexentzüge, Tränen, Eifersuchtsszenen, Beziehungsdiskussionen um Freiräume und getrennte Schlafzimmer sowie die bei Frauen sehr populäre »Ich liebe dich mehr als du mich liebst«-Dynamik.

Verständlich, dass die auserwählte Busenfreundin, welche uns durch die Berg- und Talfahrt unserer Emotionen treu begleitet hat, im Nu zum verhassten Feindbild mutieren kann, wenn wir im entscheidenden Moment im Stich gelassen werden. Sei es auch nur, weil sie in der Nacht, welche das Band unserer Freundschaft zerschnitt, selbst gerade den besten Sex ihres Lebens erfährt. Schade. Aber so schnell geht das unter Weibern, wenn eine Freundschaft platzt.

Meistens allerdings steckt ein Mann dahinter. In einem von zehn Fällen sogar unserer. Kennen Sie das Gefühl, wenn man vor innerem Hass und blind vor Wut beinahe durchdreht und nicht einmal mehr artikulieren kann, warum? Ich kenne das nur zu gut!

Diese blöde Kuh, die uns auf den Sack geht, hat nicht einmal ein Kleid aus unserm Schrank gestohlen, uns den Job geklaut, Tiere gequält, Kinder misshandelt oder als strenge Stewardess einmal zu viel im Vorbeigehen geflötet: »Stellen Sie die Rückenlehne gerade, und die Handtasche kommt nach oben«, – egal, das Weib muss weg.

Wenn Sie so empfinden, dann erinnert uns dieses Miststück entweder an die eigenen Mutterkonflikte, oder aber sie spiegelt gewisse Aspekte unseres Selbst wider, die wir an uns selber hassen. Manchmal treffen auch beide Varianten zusammen, meisterhaft vorgeführt in dem Konflikt Anoushka Renzi versus Désirée Nick.

Ich habe mich selbst gewundert, wie schnell mich ziemlich farblose Frauen auf die Palme bringen können. Auf Partys ist die Schauspielerei auf dem roten Teppich oftmals besser als die auf der Leinwand. Wo sonst gibt es eine Branche, in der Leute im Sessel sitzen und sich selber applaudieren? Bescheidenheit bei Schauspielern ist in etwa so verlogen wie Leidenschaft bei einem Callgirl.

Da ich persönlich Expertin bin, wenn es um das naturgetreue Vortäuschen von Mitleid, Interesse und Orgasmen geht, überlebe ich in meinem Metier ganz gut.

An legendären Spitzenabenden in der Paris-Bar sind meine Fähigkeiten sogar auf allen drei Gebieten gleichzeitig gefragt. So was nennt man dann einen erfolgreichen Abend.

Doch was wäre die Filmwelt ohne Flittchen?

Ich wüsste ja gar nicht mehr, auf wen ich meine Lästereien richten könnte. Meine ganz besonderen Freundinnen sind jene Mädels, die von einem fließenden Übergang zwischen ihrer Soft-Porno-Karriere zur Schauspielerei träumen. Dummen Zicken mit unangemessener Anspruchshaltung gegenüber bin ich absolut frei von Mitleid.

So kann es völlig genügen, dass ein blasiertes Untalent in Westernstiefeln, mit Fransen dran, strahlend mit gepiercter Zunge in die Kameras verkündet: »Ich bin nie einsam, ich liebe mein Leben, ich habe viele gute Freunde, und wenn morgen der Richtige kommt, dann hänge ich die Karriere an den Nagel und bin nur noch Hausfrau und Mutter.«

Moment, hassen Sie so was etwa auch? Habe ich Sie dabei ertappt, wie Sie kaum in der Lage sind, Ihren Neid zu zügeln? Warum? Lügt die Alte? Hat sie das extra gesagt, um uns wehzutun? Warum erweckt dieses kleine Biest in uns das Bedürfnis, ihr kollektiv an die Kehle gehen zu wollen? Ebenso wie die arrogante Hippe aus dem Sportstudio, die, als wir nach dem Busen-Bauch-Po-Training mit ihr im Bistro einen Absacker nehmen wollten, antwortet: »Auf keinen Fall, mein Mann bringt mich um, wenn ich heute spät nach Hause komme.«

Oder: »Oh gerne, aber mein Freund ist soooo eifersüchtig, sogar auf die Typen in der Gym, er wird niemals glauben, dass wir Mädels nur einen trinken waren.«

Mein Ehemann … mein Freund … Hallo? Dies ist Dynamit für ein angstgeplagtes Single-Herz.

Archaische Erinnerungen tiefenpsychologischer Konflikte werden unerwartet stimuliert und bringen alle Dämonen unserer Kindheit zurück. »Du bist allein. Du bleibst immer allein. So jemand wie du kriegt nie einen ab. Dich will doch keiner haben. Guck dich mal im Spiegel an. Jeder Mann läuft davon, wenn du ihm zu nahe kommst. Du bist doch nicht normal, mit deinen Macken merkt jeder, dass du ein Freak bist.«

Wenn Sigmund Freud der Vater der Psychoanalyse war, dann frage ich mich, wie wohl die Mutter drauf gewesen ist …

Ja, auch ich dachte, mein Leben sei leer ohne Mann. Kombiniert mit dem elementaren Bedürfnis, ordentlich flachgelegt zu werden, reicht diese Konstellation völlig aus, um unsere dunkelsten

Seiten wach zu küssen. Diese innere Stimme im Ohr, die, selbst wenn wir eine Affäre mit einem Junkie haben würden, der sich »Liebe« und »Hass« auf die Fingerknöchel tätowiert hat und am Bahnhof Zoo Drogen dealt, uns glauben macht, wir seien nicht gut genug.

All das hat die Wurzel in unserem zerbrochenen Selbstbewusstsein. O.K., wir haben gelernt, uns zu verbiegen wie eine Brezel, und verbergen all diese Komplexe hinter weiblicher Niedlichkeit, Hilfsbedürftigkeit, Strapsen und einem milden Lächeln, aber weil unsere Affäre mit einem alkoholisierten Drogendealer und Kokser nicht geklappt hat, sind wir der Überzeugung, wir rangieren als niedrigste Form menschlichen Daseins weit unter Moos und dem Schachtelhalm. Ich kann eben keinen Mann halten. Basta! Die Tonnen von Selbsthilfebüchern, die ich gehortet habe, werden mich am Ende noch begraben, wenn wegen Überlastung eines Tages mein Ikea-Glasregal aus den Fugen bricht.

Auf gesellschaftlichen Anlässen mit gesetztem Essen werde ich ratlos wie ein Möbelstück hin- und hergeschoben, weil ich nicht mal an einer Tafel ordnungsgemäß platziert werden kann. Wohin mit einer gesellschaftlich etablierten Single-Frau, die ohne Kerl daherkommt? Unmöglich auf gesellschaftlichem Terrain! Die Weiber schielen mich eh nur eifersüchtig an, weil sie glauben, ich bin gekommen, um ihnen den Mann auszuspannen, der sie schon seit sechs Wochen nicht mehr gevögelt hat. Und ich will gar nicht mal sagen, dass die Damen da so falsch liegen.

Leider sind die Ladys noch nicht dahintergekommen, dass mit einem intelligenten Mann immer einhergeht, dass er wissen wird, wie man sich Freiräume verschafft, ohne dass es die Gattin merkt. Ich habe Bekanntschaften, die sitzen als beste Freundin neben der Gastgeberin, obwohl sie seit drei Jahren mit deren Ehemann schlafen.

Natürlich schlage ich mich mit enormen Ressentiments herum, sobald jemand in einer glücklichen Ehe lebt. Besonders, wenn die Frauen mich dann noch hämisch anlächeln. Dieses Lächeln will nämlich nichts anderes sagen als: »Hahaha! Äääätsch! Ich hab gut lachen, denn ich hab einen Ehemann und du nicht! Einsame alte Schachtel, da staunste, was? Und weißt du was? Das ist die einfachste Sache, vom Fleck weg geheiratet zu werden, das kann doch jeder, das ist normal! Bloß du dumme Kuh bist dazu nicht in der Lage gewesen und kannst wieder mal alleine nach Hause gehen. Und weißt du was? Ich bin kleiner, dicker und hässlicher als du, hab nie gearbeitet und kann jeden Morgen ausschlafen, wenn mein Alter die Kohle ranschleppt. Die verprasse ich dann in teuren Boutiquen und dreimal im Jahr gibt's 'ne Hermès-Handtasche, obwohl ich krumme Beine und Cellulitis habe. Aber trotzdem habe ich einen hausgemachten, echten Schwanz jede Nacht in meinem Ehebett. UND DU NICHT! Siehst du, wie ich milde lächle, während ich dir vorlüge, dass ich mir für dich auch bald einen Ehemann wünsche? So, und wo setzen wir dich nun hin, du blöder Alien, du, diese Party hier ist was für Paare.«

Es gibt nichts Schlimmeres als eine Single-Frau, die über ihre Lebenssituation verzweifelt ist und es nicht zugibt. So jemand trägt eine Bürde der Scham mit sich herum, obwohl es überhaupt keinen Grund gibt, sich zu schämen. Diese unbegründete Scham ist kein soziologisches Phänomen, sondern von den Medien geschürt: Täglich fällt uns ein Artikel in die Hände, der davon berichtet, dass eine unverheiratete, einsame Filmschauspielerin aus dem Fenster springen musste oder in einem Wohnwagen hausen muss, weil sie keinen Ehemann gefunden hat. Über den Bildschirm flimmern Boulevardberichte, die von verlassenen Schlagersängerinnen, Serienstars à la Uschi Glas oder betrogenen Fußballergattinnen erzählen, die selbstverständlich daran zerbrechen müssen, weil sie so verletzt worden sind, dass ihnen eigentlich nichts weiter übrig bleibt, als sich angesichts der grausamen Tragödie selbst in die Irrenanstalt einweisen zu lassen. Schließlich sind sie nicht mehr vollwertig, da allein auf sich gestellt. Ungefickt.

Sollten diese gescheiterten Ehefrauen tatsächlich überleben, dann bestenfalls als spirituelle Esoterikerin, die sich beim Brotbacken nach den Mondphasen richtet, Kraft aus Mutter Erde schöpft und ein Buch über Engel schreibt.

Diese passiv-aggressiven Bilder von allein lebenden Frauen in den Medien versetzen mich in Panik. Ich sitze ahnungslos in der Sauna, blättere in der *Cosmopolitan* und lese als Schlagzeile: »Allein! Aber nicht einsam!« Das klingt wie: »Schwarz. Aber trotzdem schön«. »Ausländer. Aber dennoch Mensch«.

Ich halte diese medial inszenierten Angriffe auf allein lebende Frauen für gezielte Strategien der großen Verlage: Wir werden so zur Zielgruppe von Käuferinnen für alles, was hübscher, jünger, dünner, geiler, sportlicher, attraktiver, sexier macht, denn wir bilden den Markt von ungefickten, notgeilen Weibern, die dringend wieder an den Mann gebracht werden müssen und sich dafür erst mal die Haare selber tönen sollen – und auf dieser Basis schalten Weltfirmen in den erwähnten Medien letztendlich ihre teuren Werbeanzeigen mit Models, die Millionen abgreifen. Allein lebende Frauen taugen bestenfalls als Humus für ein Milliardengeschäft.

Jede Werbung, jeder Hollywoodschinken und jede Serie vermitteln die versteckte Botschaft, dass sich Frauen in unserer Gesellschaft einem großen, dicken, starken Penis anschließen müssen, oder wenigstens einem kleinen, kurzen impotenten.

Viagra ist ja auch auf seinen Markt angewiesen. Aber gar keine Männer haben wollen? Oh nein, das bringt doch keinem was.

Wenn in *Bravo* über einen begehrten turbobraunen Soap-Star mit Strubbelfrisur steht: »Er ist noch zu haben!«, dann ist die Message: Egal, wie unattraktiv ihr Kerle auch seid, aber kauft das Moschus-Haargel von L'Oréal und eine Tube Selbstbräuner, und die Mädels liegen auch euch zu Füßen.

Gut, historisch gesehen ist es erst eine Minute her, dass unverheiratete Frauen ein Recht auf ein würdiges Dasein haben. Noch im letzten Jahrhundert galt die alte Jungfer als lästiges Bazill, das als »Fräulein« niedere Dienste in kinderreichen Familien der Verwandtschaft zu verrichten und ansonsten nicht viel zu melden hatte. Die Gesellschaft hat noch bis vor kurzem entjungferte, so genannte »gefallene« Mädchen als »der Ehre beraubt« und somit nicht vermittelbar abgestraft und geschwängerten ledigen Frauen keine andere Wahl gelassen, als ins Wasser zu gehen. Diese Moral und diese feindliche Welt wurde von Männern geschaffen. Muss ich mehr sagen? Obwohl dank der Rebellion der Frauen diese Hindernisse überwunden sind, erleben Brautmagazine einen größeren Boom als je zuvor. Promihochzeiten werden weltweit medial vertickt, und die Propagandamaschinerie heizt unseren Wettlauf mit der biologischen Uhr an, damit der Familie Hipp die Kundschaft nicht ausgeht. Die Babynahrungsindustrie hat längst gelernt, dass der entscheidende Faktor des Erfolges ihrer Nahrung ist, dass es auch der Mama schmeckt, wenn sie den Löffel beim Füttern ins Gläschen taucht. Wir sind machtlos. Wer artig ist, ergibt sich dem Schicksal und kauft teure Cellulitis-Creme und aromatherapisierte Nagelhautentferner.

Wir könnten auch sagen: »Wieso? Ich lebe allein, ich laufe zu Hause nackt rum, und keiner sieht meine Cellulitis. Ich schmeiße meinen Lady Shave in die Tonne und nehme keine Zahnpasta mehr. Ich fresse, was mir passt, und zwar direkt aus der Dose, ich pupse, wann ich will, und habe einen Vibrator, der kein Bier trinkt. Wozu brauche ich einen Mann?«

Was hingegen hat ein Kerl zu befürchten, der sagt, er ist Single? Wird er geächtet und verdammt? Nein, im Gegenteil! Er wird verhätschelt und bemuttert. Jeder will sich um ihn kümmern. Ein Junggeselle wird mit Kochtöpfen beschenkt, findet eine Nichte oder Nachbarin, die ihm die Wäsche macht und die

Hemden bügelt, schnappt sich eine Kollegin, die ihm eingefrorenes Gulasch mitbringt und einmal die Woche zum Hausputz vorbeischaut.

Als Dankeschön wird sie dann auf der zerschlissenen Frotteebettwäsche bis zur Bewusstlosigkeit gevögelt, und wahrscheinlich fühlt sie sich danach sogar besser.

Und weil Männer nicht das jahrtausendealte soziale Stigma mit sich herumtragen, als das schwache Geschlecht unterdrückt, ausgebeutet und abhängig zu sein, empfinden sie dabei weder Schuld noch Scham. Ich mache euch keinen Vorwurf, Jungs. Ich mag Männer. Sehr sogar. Wirklich. Ich mache euch das jetzt alles sogar nach. Ich sage: »Ich bin Single, und ich bin stolz darauf. Ich bin geil wie Nachbars Lumpi, und ich gehe wählen! Jawoll!«

Erst wenn wir dieses Mantra kollektiv verkünden, werden wir frei sein. Es liegt keine Schande darin, alleine zu sein. Es ist uns sogar erlaubt, einen Partner zu haben. Ein Mann ist ein Geschenk Gottes für uns, wenn er weder Borderliner noch Fremdgänger, Alkoholiker, Choleriker, Ausbeuter, Lügner, Betrüger, Messie, Gewalttätiger, Geizkragen, Despot, Phlegmatiker, Junkie oder Faulpelz ist – oder die Zahnpastatube offen liegen lässt.

Dann, aber nur dann, kann ein Mann wirklich ganz drollig sein.

Wie man sein eigenes Happy End inszeniert

Ich kenne niemanden, der ein Experte auf dem Sachgebiet der Liebe ist. Wenn man Lieben tatsächlich lernen kann, wieso wird »Liebe« dann nicht als Studienfach an Hochschulen unterrichtet? Wenn man auf diesem Sektor promovieren könnte, würde ich es sofort tun. Ich wünschte, wir alle würden zu Koryphäen im Fachbereich Liebeswissenschaft werden, aber wahrscheinlich ist der beste Lehrmeister das Leben selbst.

Immer wieder fragt man mich, ob es überhaupt möglich ist, eine erfüllende Liebe zu erfahren, während man an der eigenen Karriere bastelt. Unsere Identität zu erschaffen und gleichzeitig für uns selbst zu sorgen verlangt viel Zeit, Herz, Raum, Geduld und Klugheit. Wir werden Widersachern begegnen, die aus Neid unser Lebenskunstwerk zerschlagen wollen, unsere Erfolge ignorieren und dort einhaken, wo wir Angriffsfläche bieten. Wenn die Luft immer dünner wird und wir erfolgreich werden, begegnen wir auch dem Bösen um uns herum. Intriganten, die mal eben einen Knüppel zwischen unsere Beine schmeißen, falschen Freunden, die gegen uns arbeiten, Kollegen, die die Atmosphäre vergiften.

Abgesehen von ein paar Rückschlägen, Enttäuschungen, Verleumdungen, Intrigen und Nervenzusammenbrüchen werden wir aber auf dem Weg nach oben verdammt viel Spaß haben. Es ist dem Leben immanent, dass nichts so bleibt, wie es ist. Die Dinge wandeln sich. Intriganten werden vom Chaos mitgerissen, Lügner ersticken in ihrem eigenen Netz der Widersprüche, humorlose Widersacher zerbrechen an der Kraft des Guten. Es ist eine große Herausforderung, sich von den beruflichen und familiären Querelen nicht nach unten ziehen zu lassen. Daher sollten wir Prinzipien haben, die uns in den schwierigsten Momenten den richtigen Weg weisen. Als Heldin des Guten werden wir all die natürlichen Feuerwerke des Lebens überstehen, wenn wir mit Ehrlichkeit bei uns selbst anfangen.

Seien Sie ehrlich mit sich selbst und denen, die Sie lieben. Das Leben verlangt von uns zu kämpfen, um die Dinge zu erreichen, die uns zustehen. Wenn es die Liebe nicht wert ist, um sie zu kämpfen, wozu nehmen wir dann den ganzen Alltagstrott auf uns?

Das Schönste am Erfolg ist, dass man viele tolle Männer unglücklich machen kann.

Allein dafür lohnt es sich schon, jeden Morgen aufzustehen.

Schreiben Sie sich das an Ihren Spiegel.

1. Ich liebe es, eine Frau zu sein – auch mit ein paar Pfunden zu viel.
2. Ich bin verantwortlich für mich selbst, denn ich weiß, dies ist der einzige Weg zu Sicherheit, Frieden und Freiheit.
3. Wer den Mut hat, den ersten Schritt zu wagen, dem wird man den Weg zum nächsten Schritt weisen.
4. Ich beginne damit, dass ich meine Realität akzeptiere.
5. Ich kann mir mein eigenes Nest auch ohne Mann bauen, mit Kristall und Porzellan, welches ich selbst nach meinem Geschmack aussuche.
6. Wenn ich mich entscheiden muss, stelle ich mir zwei Fragen:
   a. Was habe ich zu verlieren?
   b. Was ist das Schlimmste, was passieren kann?
7. Ich toleriere keinerlei Formen des Missbrauchs.
8. Ich baue nicht darauf, Glück zu haben – ich erschaffe es mir selbst.
9. Ich schaffe mir diverse Quellen und Kontakte, aus denen ich schöpfen kann, und alle haben Potential.

10. Ich betrachte den Erfolg anderer neidfrei als Symbol dessen, was auch ich erreichen könnte.
11. Ich bin stolz auf meine Fähigkeit, Gefühle zeigen zu können.
12. Mein Aussehen spricht Bände, und ich halte, was es verspricht.
13. Ich habe mein eigenes Geld an einem Ort versteckt, den nur ich kenne.
14. Treue, Vertrauen und Respekt sind die Grundpfeiler meiner Beziehung.
15. Natürlich mache ich meinen Kaffee und meine Wäsche selbst.
16. Ich orientiere mich, wen ich wann wie fragen und anrufen kann.
17. Ich unterwerfe mich keinem Modediktat.
18. Netzwerk, Netzwerk, Netzwerk!
19. Meine finanzielle Sicherheit in die Hände eines anderen zu legen ist ein unakzeptables Risiko.
20. Ich habe verstanden, dass allem Schlechten etwas Gutes innewohnt.
21. Ich verdiene es, dass mein Leben Spaß macht, – und ich habe keine Schuldgefühle, wenn ich das Leben genieße!
22. Ich entwickle die Fähigkeit, in jeder Situation entspannt und gelassen zu reagieren.
23. Ich erwarte, dass man mich wie eine Dame behandelt.
24. Ich gebe und empfange großzügig Komplimente.
25. Ich weiß, wie man »nein« sagt.
26. Ich bin kompromissbereit.
27. Wenn mir danach ist, fordere ich Männer zum Tanzen auf.
28. Ich achte mich selbst, nicht meine Position.
29. Ich sorge für mich selbst.
30. Jedes Ziel ist ein wertvolles Ziel.
31. Wenn ich mich in meiner Haut wohl fühle, habe ich die größten Erfolgschancen.

32. Maniküre, Pediküre, Frisör, Fitness, Make-up – das ist kein Luxus, sondern Notwendigkeit. Wenn ich mir Spezialisten nicht leisten kann, lerne ich, es selbst zu machen.
33. Ich tue bei allem ein wenig mehr, als von mir erwartet wird.
34. Ich bekämpfe das Problem, nicht die Person.
35. Wo ich herkomme, definiert nicht, wer ich bin.
36. Ich mache meine Hausarbeiten.
37. Ich bin risikofreudig, solange ich es kalkulieren kann.
38. »Nein« ist für mich keine Antwort – es ist eine Vorlage, an der ich mich abarbeiten kann.
39. Ich mache Fehler – das ist normal.
40. Egal, was die Probleme auch sind, ich mache mich nie zum Opfer.
41. Ich befasse mich nicht mit der Vergangenheit, sondern richte den Blick in die Zukunft.
42. Wenn ich eine Chance verpasst habe, weiß ich, dass um die Ecke eine bessere auf mich wartet.
43. Ich setze einen Schritt vor den anderen, so lange, bis ich angekommen bin.
44. Ich gebe niemals meine Würde auf.
45. Selbstmitleid ist Energieverschwendung.
46. Ich erreiche Erfolg, indem ich Misserfolge nicht akzeptiere.
47. Ich werde keinen Mann lieben, der mich nicht verdient hat.
48. Ich verbringe Zeit allein.
49. Ich verdiene Liebe und Zuneigung, und ich verschaffe sie mir.
50. Ich verschwende nicht wertvolle Lebenszeit, indem ich mich mit Kleinigkeiten aufhalte.
51. Auch ohne Geld habe ich Stil.
52. Wenn ich es mir zum Ziel mache, kann ich eine Menge Geld verdienen – Hauptsache, ich bin bereit, den Preis dafür zu zahlen.
53. Ich weiß, dass sich harte Arbeit immer auszahlt.
54. Ich packe meinen eigenen Fallschirm.

55. Man kann mich nennen, wie man will – ich weiß, wer ich bin.
56. Ich verlasse mich auf meine Instinkte, um zu wissen, wie ich in entscheidenden Situationen reagiere.
57. Meine innere Kraft ist stärker als meine Angst.
58. Kein Mensch ist zu Hilflosigkeit verdammt.
59. Meine Erwartungen waren immer größer als meine Lebensumstände.
60. Ich weiß, dass jeder Tag des Lebens voll von Möglichkeiten und Chancen ist.
61. Die weibliche Kraft ist in mir.
62. Ich werde immer an die Liebe glauben – trotz allem.
63. Das Leben ist ungerecht – na und?

ENDE

(ach nee, doch nicht!)

Ein Wort an die Männer

Wenn Sie ein Mann sind, wird auch für Sie eines Tages der Moment kommen, wo Ihnen die Dame Ihres Herzens die alles entscheidende Frage für den Verlauf der gemeinsamen Zukunft stellt:

»Wie sehe ich aus?«

Wen Ihnen Ihr Leben lieb ist, dann beantworten Sie diese Frage behutsam.

Ich empfehle Ihnen, eine Überlebenstechnik zu entwickeln, oder auch einen Workshop zu absolvieren, der den sicheren Umgang mit derlei Tretminen vermittelt.

Die erfolgreichste Antwort wäre, einfühlsam und sensibel zu reagieren, indem Sie einen wortreichen, blumigen Anlauf nehmen, um Ihre geschätzte Meinung kundzutun und, noch bevor Sie den Satz beendet haben, auf dem Boden in einer Art Herzanfall zu kollabieren.

Nun muss die Frau den Notarzt rufen und wird Ihrer Antwort nicht weiter nachgehen. Sie hat jetzt andere Sorgen.

Glauben Sie mir, das ist der sicherste Weg, aus dieser fatalen Fangfrage rauszukommen.

Mit jeder anderen Antwort können Sie nur scheitern. Keine Antwort dieser Welt wird gut genug sein, um Sie heil aus der Geschichte rauskommen zu lassen.

Das Problem beginnt damit, dass Frauen über Äußerlichkeiten völlig anders urteilen als Männer.

Die meisten Männer bilden sich ein Urteil über ihre persönliche Attraktivität in der Oberstufe, und dieser pubertären Meinung über sich selbst bleiben sie treu bis ans Lebensende.

Einige Männer leben in dem Glauben, dass sie agile Deckhengste sind, selbst dann noch, wenn sie, statt ihr in den Po zu kneifen, einer Frau mit der Krücke nachwinken.

Die Mehrzahl aller Männer hält sich für einigermaßen normal-attraktiven Durchschnitt.

Das sagen erwiesenermaßen sogar Top-Models von sich, vor denen die Weiber in die Knie gehen, wenn sie die Disco betreten. Normalität erschreckt Männer nicht. Durchschnittlichkeit vermittelt Männern das Gefühl von Geborgenheit, sie fühlen sich wohl damit. Normal auszusehen ist für Männer schon O.K. Deshalb fragen sie auch nie voller Selbstzweifel, wie wir Frauen es tun: »Bin ich hübsch?« Ihre Schönheitsmaßnahme beschränkt sich darauf, sich zu rasieren, und wenn es hoch kommt, ein wenig Gesichtswasser auf die Haut zu sprenkeln, was die gleiche Investition an Pflege ist, die sie mit dem Rasenmäher ihrer Wiese zukommen lassen.

Wenn ein Mann am Ende dieser täglichen Prozedur es geschafft hat, die Rasiercreme abzuwischen, ohne sie sich in den Haaransatz zu schmieren, und sich nicht so geschnitten hat, dass er blutet wie Frankenstein, hat er das Gefühl, dass er alles getan hat, um gepflegt das Haus zu verlassen. Nun muss er vierundzwanzig Stunden nicht mehr in den Spiegel schauen und kann sich unbelastet wirklich wichtigen Themen widmen, wie beispielsweise dem Formel-1-Rennen.

Frauen funktionieren da ganz anders. Was Frauen über ihr Aussehen denken, lässt sich in drei Worten zusammenfassen: »Nicht gut genug«.

Egal wie toll eine Frau selbst auf ihre Konkurrentinnen wirkt, wenn sie vorm Spiegel steht, denkt sie automatisch: »Auweia«.

Sie rechnet, wenn sie über die Straße geht, jedes Mal fest damit, dass gleich ein Wagen mit Hundefängern um die Ecke kommt, ein Netz über sie wirft und sie ins nächste Tierheim deportiert.

Dieses Geheimnis muss Walt Disney erahnt haben, als er Susi und Strolch erfand und genau wusste, dass alle Frauen dieser Welt glücklich sein werden, sich mit der Hundedame Susi identifizieren zu dürfen.

Warum haben Frauen so ein niedriges Selbstwertgefühl?

Nun, es gibt unzählige soziologische und psychologische Gründe – aber der Hauptgrund ist Barbie. Wir identifizieren uns mit einer Puppe, die so proportioniert ist, dass sie, wenn sie erwachsen wäre, 180 cm groß wäre, eine 10-cm-Taille hätte, Beine bis unter die Achseln und 50 kg wiegen würde, wovon 25 kg aus Brüsten besteht. Barbie besteht jeden Bleistifttest.

Jedes Mädchen wächst auf und glaubt, diesem Standard entsprechen zu müssen, um als einigermaßen normal zu gelten. Jungs spielen hingegen mit Playmobil und Bob the Builder, kantigen kleinen Kerlen, die sich nur in zwei Richtungen drehen können und mehr oder weniger Scheiße aussehen.

Jeder Vierjährige denkt: »Die müssen nicht hübsch aussehen, weil es Jungs sind. Es ist egal, wie die aussehen, solange die gewinnen.« Bob the Builder und Playmobil-Figuren sind unscheinbar, aber extrem selbstbewusst. So wie alle Action-Comics. Wer hässlich aussieht, wird trotzdem Sieger. Die stärksten und beliebtesten der Action-Toys sind sogar hässliche Monster.

Man kann sich nicht vorstellen, dass eine Playmobil-Figur sagt: »Glaubst du, dass Barbie mir den Laufpass gibt, weil ich zu kurze, dicke Beine habe?«

Für Jungs ist es sehr gut möglich, später besser auszusehen als eine Playmobil-Figur.

Für uns arme Frauen ist es unmöglich, jemals an Barbie heranzureichen.

Und deshalb fühlen wir uns als Fehlpressung.

Hier klinkt sich ein Multimilliarden-Geschäft ein, welches uns Frauen vorgaukelt: »Auch wenn ihr nie werdet wie Barbie, ihr könnt es wenigstens versuchen – wir helfen euch dabei.«

Gratulation Kosmetik-Industrie!

Ich habe mal Cindy Crawford gesehen, wie sie in einer amerikanischen TV-Show Frauen aus dem Volk geschminkt hat, um ihre Kosmetiklinie zu promoten. Sie hat demonstriert, wie die Frauen in einer speziellen Art und Weise das Make-up mit den Fingerspitzen verteilen sollen.

Cindy Crawford, die beinahe schon widernatürlich gut aussieht und deren Look eine abartige genetische Mutation zugrunde liegen muss, hat ihr Geld damit verdient, dass diese Frauen tatsächlich dachten, durch das Make-up Cindy eine Spur ähnlicher zu werden.

So was kann man nur mit Frauen machen. Jeder Kerl, der sich dafür hergeben würde, wäre beruflich und persönlich disqualifiziert.

Ich will damit nicht sagen, dass Männer uns überlegen sind. Ich sage nur, dass ich tot umfallen will, wenn es auf dieser Welt eine Gruppe von fünfundfünfzigjährigen Kerlen mit Bauch gibt, die unter der Anleitung von Brad Pitt im Kreis sitzt und sich Farbe ins Gesicht schmiert in dem Glauben, dadurch auszusehen wie er. Männer würden sich dafür nicht hergeben, weil sie sagen würden, diese Übung sei diskriminierend und sinnlos. Sie würden Argumente anführen, die dazu dienen, ihr Selbstbewusstsein aufzubauen, indem sie klarstellen, dass es besser ist, nicht so auszusehen wie Brad Pitt.

Zu Brad Pitt würden sie sagen: »Na und? Kannst du auch ordentlich die Dielen abschleifen und einen verstopften Ausguss reparieren, mein Junge?«

Natürlich sagen die Damen jetzt, dass der Grund, warum sie die Anstrengung unternehmen, so auszusehen wie Cindy Crawford, darin liegt, dass sie den Männern, welche nun mal geil, hohl und dumm sind, besser gefallen wollen.

Meine Damen, Contenance: Ich sage, dass achtundneunzig Prozent aller Männer die Anstrengungen, die wir unternehmen, um besser auszusehen, nicht einmal bemerken.

Ein Beispiel: Die durchschnittliche Frau verbringt fünfhundert Stunden pro Jahr damit, sich um ihre Fingernägel zu kümmern. In den mehr als dreißig Jahren, in denen ich Männerrunden belausche, habe ich nicht ein einziges Mal gehört, dass Männer sagen: »Sie hat ein tolles Set von French-Manicure-Nägeln.« Wenn Frauen einen geilen Arsch haben, würden Männer es nicht einmal bemerken, wenn Sie im Handstand ins Zimmer gelaufen kämen.

Fazit: Wenn Sie ein Mann sind und die Frau fragt, wie sie aussieht, droht Ihre Beziehung zu zerbrechen. Machen Sie Ihr klugerweise Komplimente, bevor es zu dieser prekären Frage überhaupt kommen kann. Nehmen Sie Ihrer Liebsten jeglichen Wind aus den Segeln, bevor die Zerreißprobe droht, indem Sie großzügig Komplimente verteilen.

Was bleibt Ihnen sonst übrig? Sie haben keine andere Chance! Dass sie hässlich aussieht, können Sie ihr nicht sagen.

Aber dass sie gut aussieht, können Sie auch nicht sagen, denn das wird sie Ihnen nicht glauben.

Sie wird Ihnen stattdessen unterstellen, dass Sie lügen, und wissen wollen, warum Sie das nötig haben. Es wird zu einem Streit kommen, der Ihre Beziehung infrage stellt.

Und ich kann das gut verstehen. Ja, ich halte zu den Frauen, komme, was da wolle, denn wir haben die Hälfte unseres Lebens damit verbringen müssen, eine Multi-Billion-Dollar-Industrie zu unterstützen und darüber nachzudenken, wie wir die Unterschiede zwischen Cindy Crawford und uns vertuschen können.

Im Übrigen – egal was Sie auch sagen, Ihre Frau wird immer finden, dass Sie als Mann nicht qualifiziert sind, über ihr Aussehen zu urteilen.

Schließlich haben Sie Rasiercreme im Haaransatz.

ENDE

(Jetzt aber wirklich)

Der Zickenalarm geht weiter

Laurie Notaro
MÄNNER UND ANDERE
DICKMACHER
304 Seiten
ISBN-10: 3-404-15170-4
ISBN-13: 978-3-404-15170-7

»Zeit meines Lebens habe ich mir gewünscht, einen guten Mann kennen zu lernen. Als ich ihn traf, fragte ich mich, was ich mit ihm anfangen sollte. Er rief immer an, machte mir erst Komplimente und dann einen Heiratsantrag. Damit verlor ich auf einen Schlag den bisherigen Sinn meines Lebens: auf Anrufe von Männern zu warten, Diäten zu machen und den Richtigen zu suchen.« Doch keine Angst, vorher muss Laurie noch viele ebenso schreckliche wie witzige Erfahrungen sammeln. Bis es schließlich sogar Nachwuchs gibt ... bei ihrer Schwester.

Hier sind sie, die neuen Abenteuer von Laurie, unserer frisch gebackenen Braut in XXL!

Bastei Lübbe Taschenbuch

»Newcomerin Wollie ist komisch, mutig, clever – und alles in allem die meitreißendste Krimi-Heldin seit Stephanie Plum«

KIRKUS REVIEW

Harley Jane Kozak
MEINE ERSTE LEICHE
Ein Wollie-Shelley-Krimi
BLT
384 Seiten
ISBN-10: 3-404-92198-4
ISBN-13: 978-3-404-92198-0

L.A., miese Vorortgegend, ein Postkartenladen. Die Frau hinter der Theke: Mary Wollstonecraft Shelley, kurz genannt Wollie, hat ein überzogenes Konto, tolle Beine und den aufreibendsten Nebenjob, den man sich vorstellen kann: Als Versuchskaninchen einer Radiopsychologin muss sie 40 Männer in 60 Tagen daten und das alles irgendwie überleben. Was nicht einfach ist. Denn nach einem äußerst merkwürdigen Anruf stolpert Wollie mit ihren hübschen Beinen über ihre erste Leiche. Um Minuten später dem Mann ihres Lebens über den Weg zu laufen. Der vielleicht der Mörder ist. Oder doch nicht? Wollie beschließt, den Fall der Fälle selbst zu lösen.